■2025年度中学受験用

藤嶺学園藤沢中学校

4年間スーパー過去問

●収録内容一覧

入試問題と解説・解答の収録内容

2024年度 ２科・４科	算数・社会・理科・国語	実物解答用紙DL
2024年度　２科	算数・国語 （解答のみ）	実物解答用紙DL
2023年度 ２科・４科１回	算数・社会・理科・国語	実物解答用紙DL
2023年度　２科	算数・国語 （解答のみ）	実物解答用紙DL
2022年度 ２科・４科１回	算数・社会・理科・国語	実物解答用紙DL
2022年度　２科	算数・国語 （解答のみ）	実物解答用紙DL
2021年度 ２科・４科１回	算数・社会・理科・国語	

～本書ご利用上の注意～　以下の点について，あらかじめご了承ください。

★別冊解答用紙は巻末にございます。実物解答用紙は，弊社サイトの各校商品情報ページより，一部または全部をダウンロードできます。

★編集の都合上，学校実施のすべての試験を掲載していない場合がございます。

★当問題集のバックナンバーは，弊社には在庫がございません（ネット書店などに一部[illegible]り）。

合格を勝ち取るための
『スーパー過去問』の使い方

本書に掲載されている過去問をご覧になって，「難しそう」と感じたかもしれません。でも，多くの受験生が同じように感じているはずです。なぜなら，中学入試で出題される問題は，小学校で習う内容よりも高度なものが多く，たくさんの知識や解き方のコツを身につけることも必要だからです。ですから，初めて本書に取り組むさいには，点数を気にしすぎないようにしましょう。本番でしっかり点数を取れることが大事なのです。

過去問で重要なのは「まちがえること」です。自分の弱点を知るために，過去問に取り組むのです。当然，まちがえた問題をそのままにしておいては意味がありません。

本書には，長年にわたって中学入試にたずさわっているスタッフによるていねいな解説がついています。まちがえた問題はしっかりと解説を読み，できるようになるまで何度も解き直しをしてください。理解できていないと感じた分野については，参考書や資料集などを活用し，改めて整理しておきましょう。

このページも参考にしてみましょう！

◆どの年度から解こうかな　「入試問題と解説・解答の収録内容一覧」

本書のはじめには収録内容が掲載されていますので，収録年度や収録されている入試回などを確認できます。

※著作権上の都合によって掲載できない問題が収録されている場合は，最新年度の問題の前に，ピンク色の紙を差しこんでご案内しています。

◆学校の情報を知ろう!!「学校紹介ページ」

このページのあとに，各学校の基本情報などを掲載しています。問題を解くのに疲れたら息ぬきに読んで，志望校合格への気持ちを新たにし，再び過去問に挑戦してみるのもよいでしょう。なお，最新の情報につきましては，学校のホームページなどでご確認ください。

◆入試に向けてどんな対策をしよう？「出題傾向＆対策」

「学校紹介ページ」に続いて，「出題傾向＆対策」ページがあります。過去にどのような分野の問題が出題され，どのように対策すればよいかをアドバイスしていますので，参考にしてください。

◇別冊「入試問題解答用紙編」

本書の巻末には，ぬき取って使える別冊の解答用紙が収録してあります。解答用紙が非公表の場合などを除き，（注）が記載されたページの指定倍率にしたがって拡大コピーをとれば，実際の入試問題とほぼ同じ解答欄の大きさで，何度でも過去問に取り組むことができます。このように，入試本番に近い条件で練習できるのも，本書の強みです。また，データが公表されている学校は別冊の１ページ目に過去の「入試結果表」を掲載しています。合格に必要な得点の目安として活用してください。

本書がみなさんの志望校合格の助けとなることを，心より願っています。

株式会社　声の教育社　編集部

藤嶺学園藤沢中学校

所在地	〒251-0001 神奈川県藤沢市西富1-7-1
電　話	0466-23-3150
ホームページ	https://www.tohrei-fujisawa.ed.jp
交通案内	JR東海道線・小田急江ノ島線・江ノ島電鉄線「藤沢駅」より徒歩15分 小田急江ノ島線「藤沢本町駅」より徒歩15分

くわしい情報は
ホームページへ

トピックス

★藤嶺祭（文化祭）は10月26日・27日の９：30～15：00に開催予定。
★複数回受験の優遇措置は，同時出願の場合，科目ごとに最も高い得点の合計で判定する。

創立年
平成13年

男子校

高校募集
あり

応募状況

年度	募集数		応募数	受験数	合格数	倍率
2024	2科4科	60名	31名	29名	85名	1.5倍
	2科		102名	101名		
	得意A	25名	103名	68名	53名	1.3倍
	得意B	10名	74名	31名	21名	1.5倍
	得意C	10名	55名	18名	10名	1.8倍
2023	2科4科①	60名	37名	35名	110名	1.5倍
	2科		135名	132名		
	得意A	25名	108名	63名	45名	1.4倍
	2科4科②	10名	57名	22名	11名	2.0倍
	得意B	10名	63名	18名	13名	1.4倍

入試情報（参考：昨年度）

・試験日程：
２科・４科入試　2024年２月１日午前
２科入試　2024年２月１日午後
得意２科目選択型入試A　2024年２月２日午後
得意２科目選択型入試B　2024年２月３日午後
得意２科目選択型入試C　2024年２月５日午前
・試験科目：
２科・４科入試　　国算・国算社理
２科入試　　国算
得意２科目選択型入試　　国算・国社・国理・算社・算理

入試関連行事等日程（※予定）

学校説明会
10月５日　10：30～
11月９日　10：30～
11月29日　10：30～
・学校生活や指導方針が中心になります。
入試問題対策説明会
12月21日　10：30～
・入試問題の傾向と対策が中心になります。
ファイナル説明会
１月25日　14：00～
・本校の説明会に一度もお越しでない方が対象。
サマースクール
６月29日　10：00～
※小学４年生以上対象
オープンスクール
10月12日　10：00～
※小学４年生以上対象
藤嶺祭
10月26日・27日　９：30～15：00
※相談コーナーあり

2024年春の主な大学合格実績

＜国公立大学＞
北海道大
＜私立大学＞
慶應義塾大，早稲田大，上智大，東京理科大，明治大，青山学院大，中央大，法政大，学習院大，成城大，明治学院大，國學院大，武蔵大，芝浦工業大，東京都市大

編集部注―本書の内容は2024年6月現在のものであり，変更されている場合があります。正確な情報は，学校のホームページ等で必ずご確認ください。

算数　出題傾向＆対策

◆基本データ（2024年度２科・４科）

試験時間／満点	50分／100点
問題構成	・大問数…５題 計算１題（５問）／応用小問１題（８問）／応用問題３題 ・小問数…19問
解答形式	計算問題と応用小問は解答のみだが，応用問題は途中式などを記入するものもある。
実際の問題用紙	Ａ４サイズ，小冊子形式
実際の解答用紙	Ｂ４サイズ

◆出題傾向と内容

▶過去３年の出題率トップ３
１位：四則計算・逆算17％　２位：角度・面積・長さ７％　３位：濃度６％
▶今年の出題率トップ３
１位：四則計算・逆算22％　２位：角度・面積・長さ14％　３位：割合と比８％

計算問題では，小数・分数の四則計算，単位の計算のほか，□にあてはまる数を求めるものもあります。応用小問では，速さ，年齢算，約数と倍数など，おもに数量分野から各単元の基本的な例題レベルの問題が出されています。

応用問題でも，割合と比（食塩水の濃度，仕事算など），速さ（旅人算，通過算），規則性，場合の数といった数量分野がメインになっています。図形分野からの出題は比較的少なめとはいえ，グラフから体積を求めさせる問題など，図形に親しんでいないと解きにくい問題が取り上げられています。

◆対策～合格点を取るには？～

計算力は算数の基本的な力です。標準的な計算問題集を１冊用意して，毎日５問でも10問でも欠かさずに練習すること。数量分野では，単位の計算，割合と比，数の性質，場合の数などに注目しましょう。図形分野では，角度・面積・長さ・体積を求める基本的な考え方や解き方をはば広く身につけ，すばやく解けるようになること。また，グラフの問題は，水の深さと体積を組み合わせた問題の基本をおさえておきましょう。特殊算もよく出題されているので，ひと通りの公式とその仕組みを習得しておいてください。

分野 ＼ 年度		2024		2023		2022	
		1回	2科	1回	2科	1回	2科
計算	四則計算・逆算	●	●	●	●	●	●
	計算のくふう			○	○		
	単位の計算		○		○		○
和と差	和差算・分配算		○		◎		
	消去算						
	つるかめ算	○		○	○		
	平均とのべ						
	過不足算・差集め算	○	○	○		○	◎
	集まり						
	年齢算	○	○	○	○	○	○
割合と比	割合と比	○	◎	○		○	
	正比例と反比例			○			
	還元算・相当算				○		
	比の性質						
	倍数算						
	売買損益						
	濃度		○		○	○	◎
	仕事算		○	●			
	ニュートン算					○	
速さ	速さ	○	○	◎	○		
	旅人算			◎		○	
	通過算	○					○
	流水算						
	時計算						
	速さと比					○	
図形	角度・面積・長さ	●	○	○	◎	○	◎
	辺の比と面積の比・相似		◎			○	
	体積・表面積						
	水の深さと体積						
	展開図						
	構成・分割						
	図形・点の移動				◎		◎
表とグラフ						○	○
数の性質	約数と倍数	○	○	○	○	○	○
	N進数						
	約束記号・文字式						
	整数・小数・分数の性質					○	
規則性	植木算						
	周期算	○		◎			
	数列						
	方陣算	◎					
	図形と規則		◎		◎	○	
場合の数							◎
調べ・推理・条件の整理							
その他							

※　○印はその分野の問題が１題，◎印は２題，●印は３題以上出題されたことをしめします。

社会 出題傾向＆対策

◆基本データ（2024年度２科・４科）

試験時間／満点	40分／70点
問題構成	・大問数…３題 ・小問数…52問
解答形式	記号選択と用語の記入を中心とした出題となっている。記述問題は見られない。
実際の問題用紙	Ａ４サイズ，小冊子形式
実際の解答用紙	Ｂ４サイズ

分野＼年度			2024	2023	2022	2021
日本の地理		地図の見方				
		国土・自然・気候	○	○	○	○
		資源				
		農林水産業	○	★	○	
		工業	○		○	○
		交通・通信・貿易		○	○	○
		人口・生活・文化		○		
		各地方の特色				
		地理総合	★		★	★
世界の地理						
日本の歴史	時代	原始～古代	○	○	○	○
		中世～近世	○	○	○	○
		近代～現代	○	○	○	○
	テーマ	政治・法律史				
		産業・経済史				
		文化・宗教史				
		外交・戦争史				
		歴史総合	★	★	★	★
世界の歴史						
政治		憲法	○	○	○	
		国会・内閣・裁判所	○		○	★
		地方自治			○	
		経済	○	○	○	○
		生活と福祉				
		国際関係・国際政治	○	○	○	○
		政治総合				
環境問題			○	○		
時事問題			○	○	★	○
世界遺産			○	○	○	
複数分野総合			★	★		

※　原始～古代…平安時代以前，中世～近世…鎌倉時代～江戸時代，近代～現代…明治時代以降

※　★印は大問の中心となる分野をしめします。

◆出題傾向と内容

●地理…何らかのテーマに沿った資料を用いた問いが出題されています。国土と自然，農林水産業を中心に，さまざまな分野から出されるのが特ちょうです。また，時事的な内容を選択肢に含めていたり，文化に関係することがらについて出題されていたりするので，注意が必要です。

●歴史…国内や世界のようすなど一つのテーマにそって，さまざまな時代や分野に関することがらについて問う問題が出されています。単純なことがらのみでなく，同時代の様子を問う文章も見られます。問われる内容はいずれも標準的なものばかりです。

●政治…世界遺産や日本国憲法，税制などについて出題されています。ほかに，近年話題となったできごとや，それに関係することがらも見られます。国内だけでなく世界のできごとも取り上げられており，国際関係についての出題がめだちます。

◆対策～合格点を取るには？～

問題のレベルは標準的ですから，まず，基礎を固めることを心がけてください。教科書のほか，説明がていねいでやさしい標準的な参考書を選び，基本事項をしっかりと身につけましょう。

地理分野では，資料としての数値のデータが欠かせません。つねにデータを参照しながら，白地図作業帳を利用して，特に産業（農林水産業・工業）のようす（もちろん統計表も使います）を重点的に学習していってください。

歴史分野では，教科書や参考書を読むだけでなく，自分で年表を作って覚えると学習効果が上がります。できあがった年表は，各時代，各分野のまとめに活用できます。本校の歴史の問題にはさまざまな時代や分野が取り上げられていますから，この作業はおおいに威力を発揮するはずです。

政治分野からの出題も多いので，日本国憲法の基本的な内容と三権（国会・内閣・裁判所）について，確実におさえておくとよいでしょう。また，時事問題については，新聞やテレビ番組などでニュースを確認し，国の政治や経済の動き，環境問題や世界各国の情勢などについて，ノートにまとめておきましょう。

理科 出題傾向＆対策

◆基本データ（2024年度２科・４科）

試験時間／満点	40分／70点
問題構成	・大問数…４問 ・小問数…58問
解答形式	すべて記号選択問題が出題されている。
実際の問題用紙	Ａ４サイズ，小冊子形式
実際の解答用紙	Ｂ４サイズ

分野 ＼ 年度		2024	2023	2022	2021
生命	植物	★	★	★	★
	動物	★	★		
	人体		★	★	★
	生物と環境				
	季節と生物				
	生命総合				
物質	物質のすがた				
	気体の性質	★		★	
	水溶液の性質		★	★	★
	ものの溶け方				
	金属の性質	★			
	ものの燃え方				
	物質総合				
エネルギー	てこ・滑車・輪軸			★	
	ばねののび方				
	ふりこ・物体の運動				
	浮力と密度・圧力				
	光の進み方	★	★		
	ものの温まり方				★
	音の伝わり方				
	電気回路	★	★		★
	磁石・電磁石			★	
	エネルギー総合				
地球	地球・月・太陽系	★		★	
	星と星座				
	風・雲と天候		★	★	★
	気温・地温・湿度		○		
	流水のはたらき・地層と岩石	★			★
	火山・地震		★		
	地球総合				
実験器具					
観察					
環境問題			★		
時事問題					
複数分野総合					

※　★印は大問の中心となる分野をしめします。

◆出題傾向と内容

各分野からかたよりなく出題されています。解答記入箇所は50以上ありますが，試験時間は40分ですので，スピーディーに解き進める必要があります。時間配分にも気をつけましょう。

●**生命**…植物のからだのつくり，メダカや人のたんじょう，蒸散，血液の成分とはたらき，動物のなかまわけ，植物の葉のはたらきなどが出題されています。

●**物質**…プラスチック，水溶液の性質と識別，水溶液の中和，ものの溶け方，水溶液と金属の反応，ものの重さと体積，気体の性質などが取り上げられています。

●**エネルギー**…ものの温まり方，かん電池と豆電球の回路，ふりこ，光の進み方などから出題されています。特に電気回路についてはよく取り上げられています。

●**地球**…たい積岩，日本の季節による天気，流水のはたらきと地形，地球・月・太陽系（惑星，小惑星），地震，気象についての問題などが出題されています。

◆対策～合格点を取るには？～

基礎力を問う標準的なものが大半です。したがって，まず基本的な知識をしっかり身につけることが大切です。各単元の教科書レベルの知識や解き方を完全にマスターするとともに，ふだんから身近なものに対して関心をよせて観察したり，調べたりしていくことも重要です。観察力とすじみちを立てて考える力が理科の学習の基本です。

一般的に，理科の学習のなかでは，実験や観察が大きなウェートをしめています。したがって，それをふまえて実験や観察に関する問題が多くなっています。まず，水溶液の性質を調べる実験やかん電池と豆電球のつなぎ方と明るさの変化についての実験など，入試でひんぱんに出題されるものから始めましょう。次に，植物や動物の成長，光合成や蒸散，気体の発生，磁石，地球・月・太陽などのさまざまな実験・観察についてノートにまとめていくとよいでしょう。実験・観察方法と結果，そして，そこからどのような結論が導き出されるかということを整理しておきましょう。

また，本校の特ちょうは計算問題が多く出されることです。水溶液の濃度，てこのつり合い，滑車やばね，ふりこなどの問題は，じゅうぶんな練習が必要です。

国語 出題傾向＆対策

◆基本データ(2024年度２科・４科)

試験時間／満点	50分／100点
問題構成	・大問数…４題 文章読解題２題／知識問題２題 ・小問数…23問
解答形式	記号選択と適語・適文の書きぬきが大半をしめるが，100字程度の自由記述も出題されている。
実際の問題用紙	Ａ４サイズ，小冊子形式
実際の解答用紙	Ｂ４サイズ

◆出題傾向と内容

▶過去の出典情報(著者名)
説明文：槌田　劭　山口真美　稲垣栄洋
小　説：橋本　紡　戸森しるこ　重松　清

●読解問題…説明文では，論旨の展開を理解しているかどうかを見る設問として，空らんに入ることばを考えて書くものや，言いかえの表現，考えの理由，具体的な説明の部分の指摘などの問いが見られます。また，小説・物語文では場面や登場人物の性格，動作，行動などとからめて心情や理由の読み取りなどの問いが中心となっています。

●知識問題…漢字の読み書き以外に，故事成語，熟語，慣用句，対義語，漢字の画数部首などが出されています。

◆対策～合格点を取るには？～

読解問題の対策としては，多くの文章に接して，読解力をじゅうぶんにつけておくことが大切です。そのさい，登場人物の性格や気持ち，背景などを通してえがかれる，作者が伝えたいことがら(主題)をくみ取りながら読み進めるとよいでしょう。

表現力を養うためには，読書の後に，要旨や感想を50～100字程度でまとめてみるのが効果的です。主述の対応は問題ないか，漢字や接続語は正しく使えているかなどに注意しましょう。

知識問題については，漢字と語句・文法の問題集を一冊仕上げてください。その場合，漢字なら部首や熟語などもいっしょに覚えられるように，関連知識をまとめたノートを作成すると効果的です。

分野 ＼ 年度			2024		2023		2022	
			1回	2科	1回	2科	1回	2科
読	文章の種類	説明文・論説文	★	★	★	★	★	★
		小説・物語・伝記	★	★	★	★	★	★
		随筆・紀行・日記						
		会話・戯曲						
		詩						
		短歌・俳句						
解	内容の分類	主題・要旨	○	○	○	○	○	○
		内容理解	○	○	○	○	○	○
		文脈・段落構成	○	○		○		
		指示語・接続語					○	○
		その他		○	○			
知	漢字	漢字の読み	○	○	○	○	○	○
		漢字の書き取り	○	○	○	○	○	○
		部首・画数・筆順	○					○
	語句	語句の意味						
		かなづかい						
		熟語		○	○	○	○	○
		慣用句・ことわざ	○	○	○		○	
	文法	文の組み立て						
		品詞・用法						
		敬語	○					
識	形式・技法							
	文学作品の知識					○		
	その他							
	知識総合		★	★	★	★	★	★
表現	作文		○		○		○	
	短文記述							
	その他							
放送問題								

※　★印は大問の中心となる分野をしめします。

2024年度 藤嶺学園藤沢中学校

【算　数】〈２科・４科入試〉（50分）〈満点：100点〉

（注意事項）１．1～3は解答のみ，4・5は途中の式も書きなさい。
２．円周率を使う場合は，3.14で計算しなさい。

1 □にあてはまる数を答えなさい。

(1)　$1.75 \div 3\frac{3}{4} = \square$

(2)　$2024 \times \left(\frac{1}{2} + \frac{1}{4} + \frac{1}{8} + \frac{1}{11} + \frac{1}{23}\right) = \square$

(3)　$(12 \times 21 - 10 \times 24) \div \square = 9$

(4)　$\frac{3}{5} \div \frac{1}{3} - \frac{5}{7} \div \square = 1$

(5)　(半径５cmの円の面積) ＝ (半径６cmで中心角□度のおうぎ形の面積)

2 次の問いに答えなさい。

(1)　1個120円の商品Aと1個150円の商品Bを同じ個数だけ買うと、Aの代金とBの代金の差が210円になりました。Aの代金とBの代金の合計はいくらですか。

(2)　生徒全員にアメを8個ずつ配ると36個足りなくなり、5個ずつ配ると3個余ります。アメは全部で何個ありますか。

(3)　1.6 mの重さが $\frac{3}{8}$ kgである縄《なわ》があります。この縄の3 mの重さは何kgですか。

(4)　花子さんとお父さんの年れいの差は26才です。5年後、お父さんの年れいは花子さんの年れいの3倍になります。現在、花子さんは何才ですか。

(5)　長さ 120 m の列車が 360 m の鉄橋に渡《わた》り始めてから完全に渡り終わるまでに 32 秒かかります。列車の速さは秒速何 m ですか。

(6)　$\dfrac{1}{7}$ を小数で表したとき、小数第 10 位はいくつですか。

(7)　約数をちょうど 5 つもつ整数のうちで、もっとも小さい偶数《ぐうすう》はいくつですか。

(8)　図のように、円を 4 等分したおうぎ形を、もとの円の中心が円周上にくるように折りました。このとき、㋐の角の大きさは何度ですか。

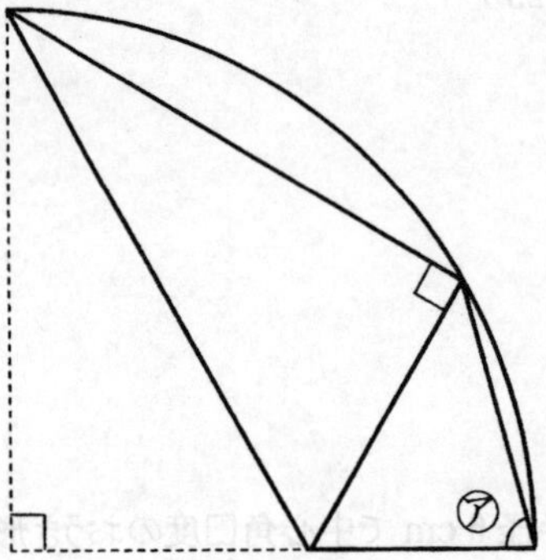

3　図のように白石と黒石を交互《こうご》に、規則的に並べていきます。次の問いに答えなさい。

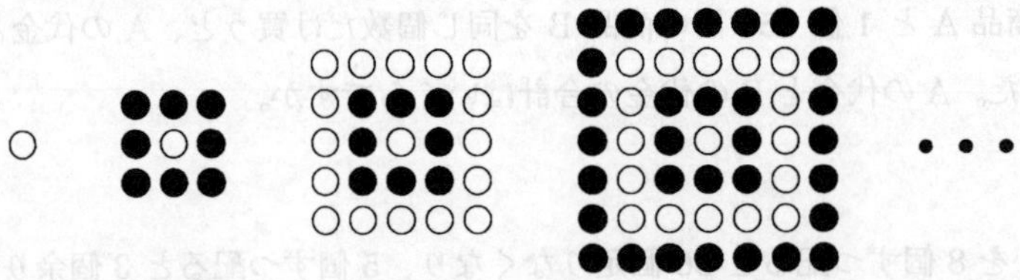

1番目　　2番目　　3番目　　4番目

(1)　6 番目のとき、白石と黒石の数の合計はいくつですか。

(2)　10 番目のとき、白石と黒石の数はそれぞれいくつですか。

4　太郎さんは一周 400 m のトラックを２周しました。１周目はスタートのＡ地点から 240 m 離《はな》れたＢ地点まで時速 14.4 km で走り、Ｂ地点からゴールのＡ地点まで時速 3.6 km で歩きました。２周目はＡ地点から途中《とちゅう》のＣ地点まで時速 12 km で走り、Ｃ地点からゴールのＡ地点まで時速 3 km で歩きました。このとき２周目は４分 15 秒かかりました。次の問いに答えなさい。

(1)　１周目にかかった時間は何分何秒ですか。

(2)　Ｃ地点からゴールのＡ地点まで何ｍありますか。

5　図はある中学校の茶室の図面です。図の a の部分は畳《たたみ》が敷《し》かれている部分、b の部分は板の間（フローリング部分）、c の部分は床《とこ》の間（掛《か》け軸《じく》などを飾《かざ》る部分）となっており、a の部分の点線で区切られた長方形は縦が 182 cm，横が 91 cm の畳一枚分の大きさを表しています。a ,b ,c の面積の合計は 72.968 m² で、 b と c の縦の長さは同じです。次の問いに答えなさい。

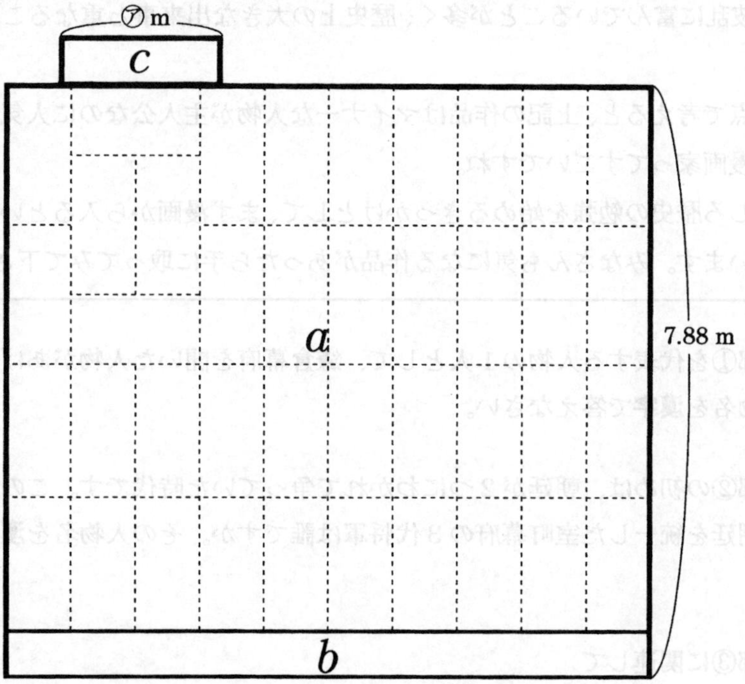

(1)　a の部分の面積の合計は何 m² ですか。

(2)　㋐に入る数はいくつですか。

【社　会】〈２科・４科入試〉（40分）〈満点：70点〉

1　次の文章を読んで、下線部に関する問いに答えなさい。

みなさんは、『週刊少年ジャンプ』というマンガ雑誌を知っていますか？数々の人気作品が掲載《けいさい》されている有名な雑誌ですね。その雑誌に「逃《に》げ上手の若君」という作品が連載されています。①鎌倉時代～②室町時代に実在した③北条時行という人物を主人公にした作品です。ただ、この人物を知っているという人は少ないのではないでしょうか。

歴史上の人物をモチーフにした漫画《まんが》は今までもたくさんかかれてきました。その主人公は、比較的誰《ひかくてきだれ》でも知っている人物である方が多いように思います。

代表的なところでは、④弥生時代の⑤卑弥呼や飛鳥時代の⑥聖徳太子、⑦平安時代末期の⑧源義経などが思いつきます。また⑨織田信長や⑩徳川家康などの武将たち、⑪江戸時代末期に活躍《かつやく》した⑫新選組などもよく取り上げられています。⑬明治以降の近代をテーマにした作品では、実在の人物を主人公にしたものより、一般《いっぱん》の人を主人公にして⑭戦争などの大きなテーマを扱《あつか》うものが多いように思えます。

なぜ⑮歴史上の人物を主人公にするのかというと、多くの人が知っていることで読む人が親しみやすく、作品に入りやすいということがあげられます。また、そういった人物の人生は波乱に富んでいることが多く、歴史上の大きな出来事と重なることも多いからでしょう。

そういう点で考えると、上記の作品はマイナーな人物が主人公なのに人気作となるのですから、漫画家ってすごいですね。

いずれにしろ歴史の勉強を始めるきっかけとして、まず漫画から入るというのはよい方法だと思います。みなさんも気になる作品があったら手に取ってみて下さい。

問１　下線部①を代表する人物の１人として、鎌倉幕府を開いた人物があげられます。その人物名を**漢字**で答えなさい。

問２　下線部②の初めは、朝廷が２つにわかれて争っていた時代です。この争いをおわらせて朝廷を統一した室町幕府の３代将軍は誰ですか。その人物名を**漢字**で答えなさい。

問３　下線部③に関連して

⑴　下線部③の一族は、代々鎌倉幕府で将軍の補佐《ほさ》をする役職につき幕府の実権をにぎっていました。その役職とは何ですか。次の中から１つ選び、記号で答えなさい。

ア．管領　　　イ．執権　　　ウ．関白　　　エ．蔵人

⑵　下線部③は鎌倉幕府再興を目指し、幕府をたおした天皇に対して反乱をおこしました。この天皇はだれですか。

問４　下線部④についてのべた次の文章のうち、**間違《まちが》っている**ものを１つ選び、記号で答えなさい。

ア．古墳の副葬品《ふくそうひん》として、埴輪の生産がさかんになった。

イ．水稲《すいとう》耕作がさかんに行われるようになった。

ウ．集落のまわりに濠《ほり》をめぐらす環濠集落が出現した。

エ．青銅製の銅鐸が、祭りの道具として使用された。

問５　下線部⑤についてのべた次の文章のうち、**間違っている**ものを１つ選び、記号で答えなさい。

ア．大阪府にある大仙古墳に葬《ほうむ》られた。

イ．女王として邪馬台国を統治した。

ウ．中国の魏につかいを送り、“親魏倭王”の称号《しょうごう》をうけた。

エ．結婚《けっこん》はせず、弟の助けを借りて国を治めた。

問６　下線部⑥の行ったこととして、**間違っている**ものを１つ選び、記号で答えなさい。

ア．おばである推古天皇を補佐して政治を行った。

イ．十七条の憲法を定め、天皇のもとで働く心構えをといた。

ウ．中国の隋に使節を送り、対等な立場で交渉《こうしょう》した。

エ．中臣鎌足と協力し、蘇我氏を滅《ほろ》ぼした。

問７　下線部⑦について

⑴　この時代を代表する人物の１人として、藤原道長があげられます。彼についてのべた文章として、**間違っている**ものを次の中から１つ選び、記号で答えなさい。

ア．京都の宇治に平等院鳳凰堂をつくった。

イ．３人の娘を天皇の妃《きさき》にして権力をにぎった。

ウ．息子の頼通はおよそ５０年にわたって摂政・関白をつとめた。

エ．藤原氏の栄華《えいが》を満月（望月）にたとえた和歌をつくった。

⑵　この時代の文化についてのべた文章として、正しいものを次の中から１つ選び、記号で答えなさい。

ア．貴族の家は校倉造という日本風のつくりになった。

イ．光源氏を主人公にした「源氏物語」が清少納言によって書かれた。

ウ．遣隋使が廃止《はいし》された結果、日本風の文化が発展した。

エ．かな文字が発明され、日本語の表現がしやすくなった。

問８　下線部⑧は、東北地方の平泉で亡くなっています。その地にある、世界遺産の寺院名を答えなさい。

問９　下線部⑨の行った政策で、商工業者がだれでも自由に商売できるようにしたことを何といいますか。**漢字２字**で答えなさい。

問10　下線部⑩は１６００年の戦いに勝利したことで、全国の大名をしたがえることになります。この戦いを何といいますか。

問 11　下線部⑪についてのべた文章として、正しいものを次の中から1つ選び、記号で答えなさい。

ア．鎖国中は長崎の出島にポルトガルの商館がおかれ、貿易を行った。

イ．参勤交代により、各大名は1年交代で江戸と領地を往復することになった。

ウ．安藤広重の「東海道中膝栗毛」などたくさんの小説がつくられた。

エ．街道には宿場が設けられ、また関所は全て廃止されたので多くの人が行きかった。

問 12　下線部⑫が活躍していた江戸時代のおわりごろ、江戸幕府をたおすために薩摩藩と長州藩が同盟を結ぶなかだちをした、土佐藩出身の人物はだれですか。**漢字**で答えなさい。

問 13　下線部⑬の時代についてのべた次の文章のうち、**間違っている**ものを1つ選び、記号で答えなさい。

ア．2度の外国との戦争に勝利し、国際的地位も高くなった。

イ．朝鮮や台湾などを植民地にし、大陸へも進出した。

ウ．国際連盟の常任理事国になり、国際平和のために尽力《じんりょく》した。

エ．憲法を制定して議会を開き、立憲政治の体制を整えた。

問 14　下線部⑭に関連して、日本が最後に戦った戦争の終結を、天皇の放送で国民が知ったのは西暦《せいれき》何年の何月何日ですか。

問 15　下線部⑮のような漫画作品を学習の参考にする場合、どのようなことに気をつけるべきか、次の中から適切なものを1つ選び、記号で答えなさい。

ア．その作品を何度も読み直し、教科書など他の本には手を出さない。

イ．あくまでも漫画なので、事実ではないことも書いてあることに気を付ける。

ウ．必ず古い時代を扱った作品から読み始めなければならない。

エ．小さい会社の作品はミスがあるかもしれないので、有名な会社のものを選ぶ。

２ 次の表は、観測史上における日本の最高気温を高い順に示したものです（一つの地点では１位の値のみを掲載）。これを見ながら、あとの問いに答えなさい。

順位	観測地点	所在地	観測値（℃）
1	浜松	（　①　）A浜松市中区	４１．１
〃	熊谷	（　②　）熊谷市	４１．１
3	美濃	（　③　）美濃市	４１．０
〃	金山	（　③　）下呂市	４１．０
〃	江川崎	高知県B四万十市	４１．０
6	天竜	（　①　）浜松市C天竜区	４０．９
〃	多治見	（　③　）D多治見市	４０．９
8	中条	新潟県胎内市	４０．８
〃	青梅	東京都青梅市	４０．８
〃	山形	E山形県山形市	４０．８

（気象庁ホームページのデータより作成）

問１　表中の①～③にあてはまる都道府県名を、次の中からそれぞれ選び、記号で答えなさい。

ア．静岡県　　イ．岐阜県　　ウ．京都府　　エ．沖縄県

オ．埼玉県　　カ．鹿児島県

問２　表のような高温の要因に関連して、以下の問いに答えなさい。

⑴　乾燥《かんそう》した高温の風が山から吹《ふ》き下ろす現象を何といいますか。

⑵　都市部の気温が周辺よりも高くなる現象を何といいますか。

⑶　南米ペルー沖《おき》から太平洋赤道付近の海面水温がいつもの年より高くなり、それが１年ほど続く現象を何といいますか。

⑷　日本付近の上空で、一年中変わらず西から東に吹いている風を何といいますか。

問３　地球温暖化の進行も、高気温の原因と考えられます。地球温暖化をとめる対策として**間違っている**ものを次の中から１つ選び、記号で答えなさい。

ア．夏にエアコンの設定温度を高めに設定する。

イ．再生可能エネルギーの利用を増やす。

ウ．公共交通機関よりも自家用車を利用する。

エ．植物を育て緑を増やす。

問４　下線部**A**の主要産業として**間違っている**ものを次の中から**２つ**選び、記号で答えなさい。

ア．織物　　イ．楽器　　ウ．めがね　　エ．陶磁器

オ．オートバイ

問５　下線部**B**を流れる四万十川は日本三大清流の１つです。次の中から他の日本三大清流を１つ選び、記号で答えなさい。

ア．石狩川　　イ．長良川　　ウ．木曽川　　エ．信濃川

問６　下線部**C**を流れる天竜川の水源である湖を次の中から１つ選び、記号で答えなさい。

ア．芦ノ湖　　イ．琵琶湖　　ウ．諏訪湖　　エ．浜名湖

問７　下線部**D**の名産品を次の中から１つ選び、記号で答えなさい。

ア．鉄器　　イ．楽器　　ウ．陶磁器《とうじき》　　エ．漆器《しっき》

問８　下線部**E**が生産量日本一のものを次の中から**２つ**選び、記号で答えなさい。

ア．西洋なし　　イ．さくらんぼ　　ウ．りんご　　エ．みかん

オ．いちご

3 次の表は、藤沢市役所のホームページに記載されている主な窓口と内容です。表を見てあとの問いに答えなさい。

窓口	主な内容
防災・防犯	通報・緊急連絡《きんきゅうれんらく》 ①防災 消防 防犯 交通安全
暮らし・手続き	戸籍《こせき》・住民の手続き ②税金 保険・年金 ③ゴミ・リサイクル 生活環境《かんきょう》 市民・地域活動 消費生活 ④人権・男女共同参画 ⑤選挙 ⑥平和事業 多文化共生《きょうせい》
健康・福祉《ふくし》・子育て	⑦健康・医療《いりょう》 福祉 妊娠《にんしん》・出産 子育て
教育・文化・スポーツ	教育 生涯《しょうがい》学習・社会教育 ⑧文化 レジャー・⑨スポーツ
まちづくり・環境	住まい 土地 都市計画 ⑩環境 下水道 建築・開発 交通
仕事・産業	就職・⑪労働 産業 ⑫農業 水産業 入札・⑬契約《けいやく》 広告募集《ぼしゅう》
市政情報	⑭予算・⑮財政 情報公開・⑯個人情報保護 条例・規則

問１　下線部①について、昨年、関東大震災から１００年が経過しました。震災当日の様子として正しいものを、次の中から１つ選び、記号で答えなさい。

ア．早朝の地震発生で多くの人が寝ていたため、建物の倒壊《とうかい》で被害《ひがい》が拡大した。

イ．昼食時間帯の地震発生と強風によって、火災による被害が拡大した。

ウ．夕方の地震発生により、交通機関が停止し帰宅困難者が続出した。

エ．深夜の地震発生と台風による影響《えいきょう》で、高潮など豪雨《ごうう》による被害が多かった。

問２　下線部②について、日本で累進《るいしん》課税のしくみ（制度）が適用されている税金の種類を、次の中から１つ選び、記号で答えなさい。

ア．消費税　　イ．ガソリン税　　ウ．酒税　　エ．所得税問３　下線部③について、次の**Ａ**～**Ｃ**は以下のア～エのうちどれに当てはまりますか。それぞれ記号で答えなさい。

Ａ　着なくなった古着をフリーマーケットに出品する。

Ｂ　業者が牛乳パックを回収して、トイレットペーパーとして商品化する。

Ｃ　買い物に行く時にマイバッグを持参し、無駄《むだ》になるものは受け取らない。

ア．リデュース　　イ．リユース　　ウ．リフューズ　　エ．リサイクル

問４　下線部④について、「男性は外で働き家族を養い、女性は子どもを育て家事をする」というような男女の役割を区別する考え方を何といいますか。**カタカナ**で答えなさい。

問５　下線部⑤について、次の文章を読んで、（　　）に当てはまる数字の組み合わせとして正しいものを、次の中から１つ選び、記号で答えなさい。

「１８９０年に実施《じっし》された第１回衆議院総選挙の有権者は、直接国税（ **あ** ）円以上納める（ **い** ）歳《さい》以上の男子だけで、国民のわずか（ **う** ）％でした。」

ア．（ **あ** ）＝５　　（ **い** ）＝１８　　（ **う** ）＝0.1

イ．（ **あ** ）＝１０　　（ **い** ）＝２０　　（ **う** ）＝0.5

ウ．（ **あ** ）＝１５　　（ **い** ）＝２５　　（ **う** ）＝1.1

エ．（ **あ** ）＝２０　　（ **い** ）＝３０　　（ **う** ）＝2.2

問６　下線部⑥に関連して、日本国憲法第９条の条文に定める内容として**当てはまらない**ものを、次の中から１つ選び、記号で答えなさい。

ア．非核三原則　　イ．戦争の放棄《ほうき》　　ウ．戦力の不保持　　エ．交戦権の否認

問７　日本の行政機関には、下線部⑦の内容について取り扱う省があります。省の名称を**漢字**で答えなさい。

問８　下線部⑧に関連して、世界文化遺産に登録されているものを次の中から**２つ**選び、記号で答えなさい。

ア．白神山地　　　イ．屋久島　　　ウ．厳島神社　　　エ．日光の社寺

オ．知床　　　カ．小笠原諸島

問９　下線部⑨に関連して、今年開催されるパリ・オリンピックに採用された新競技には、平和をめざす精神からうまれ、自由に身体表現ができ、どこでも競えるという特徴《とくちょう》を持つ競技があります。その新競技を次の中から１つ選び、記号で答えなさい。

ア．ドッジボール　　イ．ブレイキン　　ウ．スケートボード　　エ．トランポリン

問10　下線部⑩に関連して、環境破壊の説明として**間違っている**ものを、次の中から１つ選び、記号で答えなさい。

ア．砂漠化は、降水量の減少などの自然現象も原因の一つであるが、過放牧や過耕作、都市開発や森林伐採《ばっさい》など人為《じんい》的なことが大きな原因である。

イ．酸性雨は、化石燃料の燃焼などによって放出される窒素《ちっそ》酸化物や硫黄《いおう》酸化物が大気中の水分と結びつくことが原因である。

ウ．熱帯雨林の減少は、野生動物の保護の結果、増えすぎた動物による生態系の破壊が原因である。

エ．オゾン層の破壊は、冷蔵庫やエアコン、スプレーの噴射剤《ふんしゃざい》などに使用されていたフロンガスが原因である。

問11　下線部⑪について、日本で労働三権がすべて認められていない職業を、次の中から１つ選び、記号で答えなさい。

ア．警察職員　　　イ．看護師　　　ウ．公立学校職員　　　エ．プロ野球選手

問12　下線部⑫に関連して、食料の国内消費に対して国内生産の割合を示した指標のことを何といいますか。**漢字５字**で答えなさい。

問 13　下線部⑬について、消費者が商品の申し込《こ》みや契約《けいやく》をした場合でも、一定期間内であれば申し込みの撤回《てっかい》や解約をできる制度を何といいますか。**カタカナ**で答えなさい。

問 14　下線部⑭について、令和５年度の日本の一般会計予算歳出項目《こうもく》で、最も歳出額が大きい項目を、次の中から１つ選び、記号で答えなさい。

ア．公共事業関係費　　イ．防衛関係費　　ウ．教育関係費　　エ．社会保障関係費

問 15　下線部⑮に関連して、今年から新紙幣《しへい》が発行されます。新１万円札の肖像《しょうぞう》として正しいものを、次の中から１つ選び、記号で答えなさい。

ア．津田梅子　　イ．北里柴三郎　　ウ．渋沢栄一　　エ．大隈重信

問 16　下線部⑮について、国（政府）が公共事業やサービスの資金を補《おぎな》うなどの理由で、財源の一部をまかなうために発行するものを何というか答えなさい。

問 17　下線部⑯について、日本では効率的な情報の連携《れんけい》を図るために、住民票を持つすべての人に１２桁《けた》の番号が付けられています。この制度を**カタカナ６字**で答えなさい。

【理　科】〈２科・４科入試〉（40分）〈満点：70点〉

1

A

ソケット付き豆電球とかん電池をリード線でつなぐと豆電球が光りました。図１はその回路図です。かん電池と豆電球はすべて同じ新品だとします。図１の回路の豆電球の明るさを１とすると，(1)～(10) の回路の豆電球１つの明るさはいくらになりますか。あとの**ア～ク**から選び，記号で答えなさい。ただし，同じ記号をくり返し選んでもよいとします。

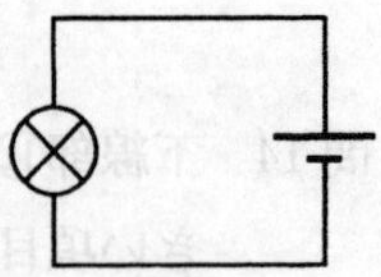

図１

(1)

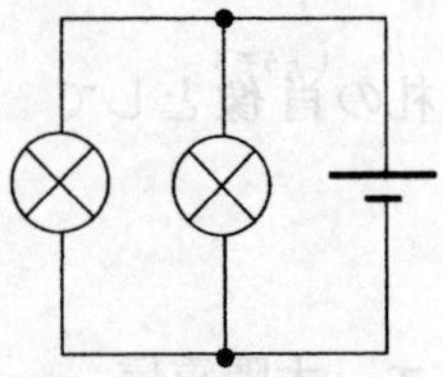

(2)

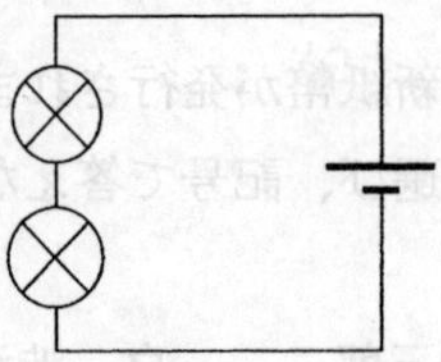

(3)

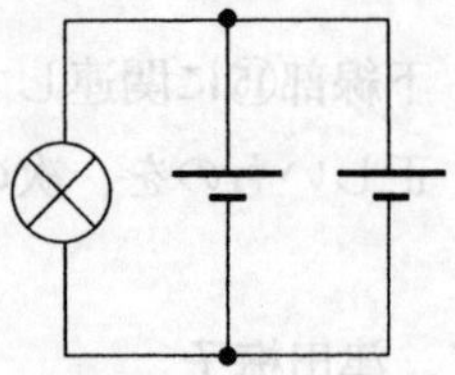

(4)

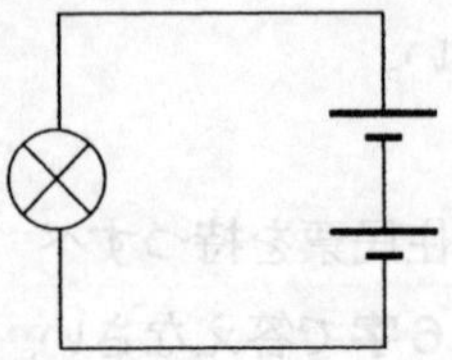

(5)

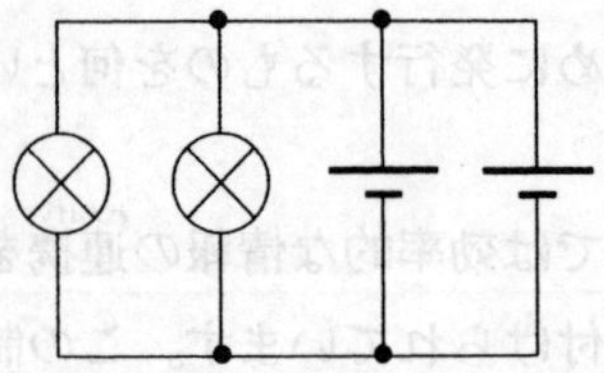

(6)

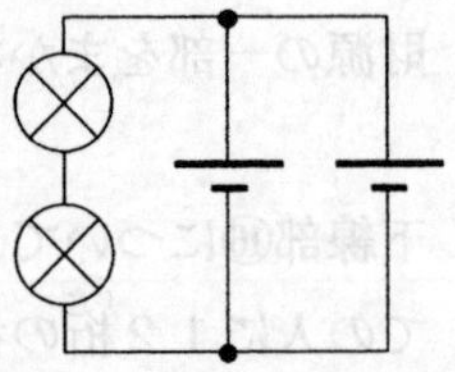

(7)

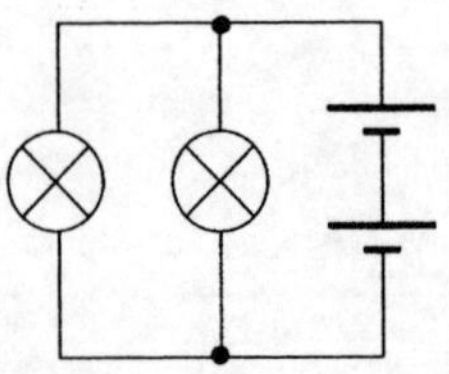

(8)

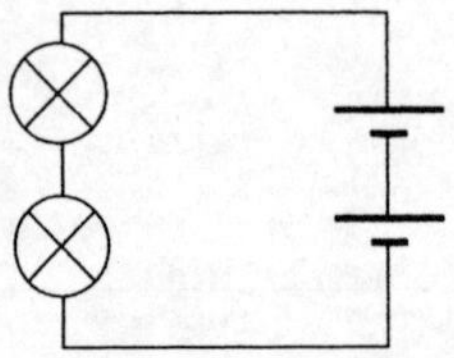

(9)

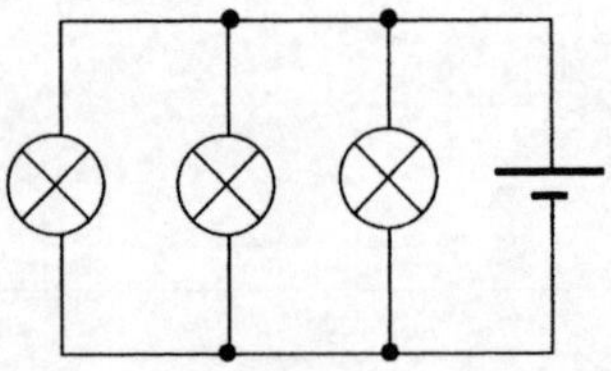

(10)

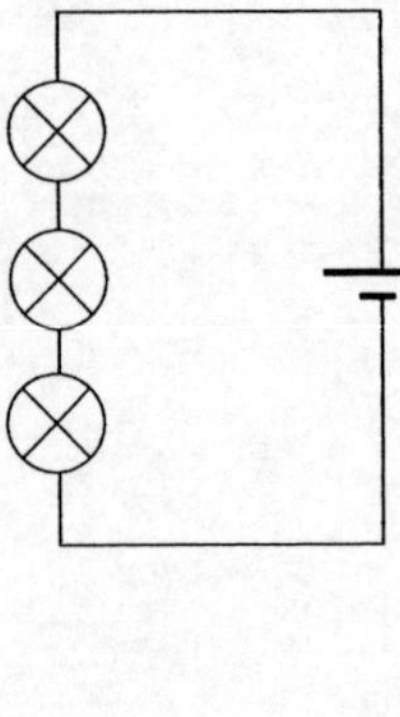

ア $\frac{1}{4}$　　**イ** $\frac{1}{3}$　　**ウ** $\frac{1}{2}$　　**エ** 1

オ 2　　**カ** 3　　**キ** 4　　**ク** 0

B

物体，凸《とつ》レンズ，スクリーンを光じく上に並べて，物体を置く位置を変えたときにできる像の位置，大きさ，向き，種類を調べました。つぎの（11）～（15）について，像のでき方が正しく書かれたものを組み合わせるとどうなりますか。あとの**ア～シ**から選び，記号で答えなさい。

(11) しょう点より内側に物体を置いたとき

(12) しょう点の位置に物体を置いたとき

(13) しょう点きょりの２倍の位置に物体を置いたとき

(14) しょう点きょりの２倍よりも遠い位置に物体を置いたとき

(15) しょう点としょう点きょりの２倍の位置の間に物体を置いたとき

① スクリーンにうつる（実像）
② スクリーンにうつらない（きょ像）
③ 像はできない
④ 物体と同じ向き
⑤ 物体とは逆向き
⑥ 物体がある方とはレンズをはさんで反対側で，しょう点きょりの２倍の位置
⑦ 物体がある方とはレンズをはさんで反対側で，しょう点きょりの２倍の位置よりレンズからはなれた位置
⑧ 物体がある方とはレンズをはさんで反対側で，しょう点きょりの２倍の位置よりレンズに近い位置
⑨ 物体がある方と同じ側
⑩ 物体よりも小さい
⑪ 物体よりも大きい
⑫ 物体と同じ大きさ

ア ②④⑨⑩　**イ** ②④⑨⑪　**ウ** ①⑤⑥⑩　**エ** ①⑤⑥⑪　**オ** ①⑤⑥⑫
カ ①⑤⑦⑩　**キ** ①⑤⑦⑪　**ク** ①⑤⑦⑫　**ケ** ①⑤⑧⑩　**コ** ①⑤⑧⑪
サ ①⑤⑧⑫　**シ** ③

2

A

試験管にＡ～Ｅの気体が入っています。気体は「水素・アンモニア・ちっ素・酸素・二酸化炭素」のいずれかです。それぞれの性質を調べると，つぎのことが分かりました。あとの問いに答えなさい。

・Ａ，Ｃ，Ｅは空気より軽い気体である。
・Ｂ，Ｃは水にとけやすい気体だが，Ｃの方がとけやすい。
・ＢがとけたものにБ

(1) Ａの気体は何ですか。つぎの**ア**～**オ**から選び，記号で答えなさい。

ア 水素　**イ** アンモニア　**ウ** ちっ素　**エ** 酸素　**オ** 二酸化炭素

(2) Ｂの気体は何ですか。つぎの**ア**～**オ**から選び，記号で答えなさい。

ア 水素　**イ** アンモニア　**ウ** ちっ素　**エ** 酸素　**オ** 二酸化炭素

(3) Ｃの気体は何ですか。つぎの**ア**～**オ**から選び，記号で答えなさい。

ア 水素　**イ** アンモニア　**ウ** ちっ素　**エ** 酸素　**オ** 二酸化炭素

(4) Ｄの気体は何ですか。つぎの**ア**～**オ**から選び，記号で答えなさい。

ア 水素　**イ** アンモニア　**ウ** ちっ素　**エ** 酸素　**オ** 二酸化炭素

(5) Ｅの気体は何ですか。つぎの**ア**～**オ**から選び，記号で答えなさい。

ア 水素　**イ** アンモニア　**ウ** ちっ素　**エ** 酸素　**オ** 二酸化炭素

(6) Ａの気体を発生させる方法を，つぎの**ア**～**エ**から選び，記号で答えなさい。

ア あえんにうすい塩酸を加える

イ 塩化アンモニウムと水酸化カルシウムの混合物を加熱する

ウ 貝がらに塩酸を加える

エ 二酸化マンガンに過酸化水素水を加える

(7) つぎのものを燃やしたときにＢの気体が発生しないものはどれですか。つぎの**ア**～**オ**から選び，記号で答えなさい。

ア 木炭　**イ** かわいた木の枝　**ウ** 石油

エ スチールウール　**オ** ペットボトルのふた

(8) Cの気体を発生させる方法を，つぎの**ア～エ**から選び，記号で答えなさい。

ア　あえんにうすい塩酸を加える

イ　塩化アンモニウムと水酸化カルシウムの混合物を加熱する

ウ　貝がらに塩酸を加える

エ　二酸化マンガンに過酸化水素水を加える

(9) Dの気体について書いたものとして正しいものを，つぎの**ア～オ**から選び，記号で答えなさい。

ア　石灰水を白くにごらせる

イ　植物が光合成により出す気体である

ウ　空気中の約78%をしめる

エ　鼻をさすようなにおいがする

オ　気体中で最も軽い

(10) より純すいなEの気体を集める方法として，正しいものはどれですか。つぎの**ア～ウ**から選び，記号で答えなさい。

ア　上方置かん法　　**イ**　下方置かん法　　**ウ**　水上置かん法

B

夏休みにホームセンターへ行くと，金属の針金を売っているコーナーがありました。ちょうど理科の授業で金属について学習したので興味がわき，3種類の金属の針金をこう入しました。つぎのような実験をして性質を調べました。表はその結果をまとめたものです。あとの問いに答えなさい。

実験1	金属の針金に磁石を近づけ，磁石に引きつけられるかを調べた。
実験2	それぞれ30g切り取り，水を入れたメスシリンダーに金属を入れて体積を調べた。

種類	実験1	実験2
金属の針金A	引きつけられなかった	11.1 cm^3
金属の針金B	引きつけられなかった	3.3 cm^3
金属の針金C	引きつけられた	3.8 cm^3

(11) 実験の結果から，金属の針金A～Cはそれぞれ何からできていますか。つぎの**ア～カ**から選び，記号で答えなさい。

ア　A アルミニウム　B 銅　C 鉄　　　**イ**　A アルミニウム　B 鉄　C 銅

ウ　A 銅　B アルミニウム　C 鉄　　　**エ**　A 銅　B 鉄　C アルミニウム

オ　A 鉄　B アルミニウム　C 銅　　　**カ**　A 鉄　B 銅　C アルミニウム

(12) 金属の針金A～Cにそれぞれ電流を流しました。電流が流れたのはどれですか。つぎの**ア**～**キ**から選び，記号で答えなさい。

ア　Aのみ流れた　　**イ**　Bのみ流れた　　**ウ**　Cのみ流れた
エ　AとBのみ流れた　　**オ**　AとCのみ流れた　　**カ**　BとCのみ流れた
キ　A，B，C全て流れた

(13) 金属の針金A～Cを密度の大きい順に並べたものはどれですか。つぎの**ア**～**カ**から選び，記号で答えなさい。

ア　A＞B＞C　　**イ**　A＞C＞B　　**ウ**　B＞A＞C
エ　B＞C＞A　　**オ**　C＞A＞B　　**カ**　C＞B＞A

(14) 金属の針金A～Cの体積を同じにしました。このとき，重さの大きい順に並べたものはどれですか。つぎの**ア**～**カ**から選び，記号で答えなさい。

ア　A＞B＞C　　**イ**　A＞C＞B　　**ウ**　B＞A＞C
エ　B＞C＞A　　**オ**　C＞A＞B　　**カ**　C＞B＞A

(15) 金属の針金A～Cを水銀の入ったビーカーに入れました。金属の針金はうきますか，しずみますか。つぎの**ア**～**カ**から選び，記号で答えなさい。ただし，水銀の密度は13.6 g/cm³とします。

ア　Aだけがしずみ，BとCがういた　　**イ**　Bだけがしずみ，AとCがういた
ウ　Cだけがしずみ，AとBがういた　　**エ**　AとBがしずみ，Cだけがういた
オ　BとCがしずみ，Aだけがういた　　**カ**　A，B，C全てがういた

3

A

つぎの表は，様々な動物のからだのつくりに関してまとめたもので，はねの数，足の数，足の出るところは，いずれの動物も成体についてのものです。これについて，あとの問いに答えなさい。

グループ	動物	はねの数	足の数	足が出るところ
A	バッタ	4枚	（ ① ）	（ ③ ）
	ハエ	2枚		
	アリ	0枚		
B	クモ	0枚	（ ② ）	（ ④ ）
	ダニ			
C	ミジンコ	0枚	10本	頭胸部
	ダンゴムシ		14本	胸部

(1)（ ① ）にあてはまるものとして正しいものはどれですか。つぎの**ア**～**エ**から選び，記号で答えなさい。

ア　4本　　**イ**　6本　　**ウ**　8本　　**エ**　10本

(2) (　②　) にあてはまるものとして正しいものはどれですか。つぎの**ア**～**エ**から選び，記号で答えなさい。

ア　４本　　　**イ**　６本　　　**ウ**　８本　　　**エ**　１０本

(3) (　③　) にあてはまるものとして正しいものはどれですか。つぎの**ア**～**オ**から選び，記号で答えなさい。

ア　胸腹部　　**イ**　頭胸部　　**ウ**　頭部　　**エ**　腹部　　**オ**　胸部

(4) (　④　) にあてはまるものとして正しいものはどれですか。つぎの**ア**～**オ**から選び，記号で答えなさい。

ア　胸腹部　　**イ**　頭胸部　　**ウ**　頭部　　**エ**　腹部　　**オ**　胸部

(5) 表について正しいものはどれですか。つぎの**ア**～**オ**から選び，記号で答えなさい。

ア　バッタとハエは，はねの数と足の数は同じであるが，足の出るところは異なる
イ　ダニとダンゴムシは，はねの数と足の数は同じであるが，足の出るところは異なる
ウ　アリとクモは，足の数と足の出るところは同じであるが，はねの数は異なる
エ　ミジンコとクモは，はねの数と足の出るところは同じであるが，足の数は異なる
オ　アリとミジンコは，はねの数と足の数は同じであるが，足の出るところは異なる

(6) 表の動物の分類について正しいものはどれですか。つぎの**ア**～**オ**から選び，記号で答えなさい。

ア　ハエとアリは，はねの数が異なるのでグループＡはこん虫類ではない
イ　バッタは，はねの数が４枚なので，グループＡのうちバッタだけがこん虫類である
ウ　はねの数が０枚なので，グループＢとグループＣはどちらもクモ類である
エ　ダンゴムシが名前に「ムシ」をふくむので，グループＣはこん虫類である
オ　クモとダニは足の数と足の出ているところが同じなので，グループＢはクモ類である

B

植物の葉に関するつぎの実験について，あとの問いに答えなさい。

日光をあてたホウセンカの葉で行われるはたらきを調べるために，つぎの実験をした。

【実験】

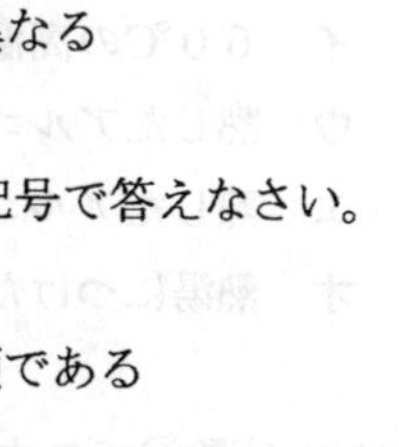

① 葉のついたホウセンカを一昼夜暗い部屋においた。
② 翌日，葉の一部を右図のようにアルミニウムはくでおおった。
③ ②の葉に日光があたる場所で，数時間おいた。
④ ③の葉をつみとり，アルミニウムはくをはがして，しばらく熱湯でゆでた。
⑤ ④の葉を，６０℃くらいに熱したアルコールにつけておくと白っぽくなった。
⑥ ⑤の葉を水で洗ったのち，ヨウ素液につけた。

(7) 実験①で，一昼夜暗い部屋においた理由として正しいものはどれですか。つぎの**ア**～**エ**から選び，記号で答えなさい。

ア　葉にあるデンプンをなくすため

イ　葉にある緑色の色素をなくすため

ウ　葉のかたちを整えるため

エ　葉をよく冷やすため

(8) 実験④で，しばらく熱湯でゆでた目的として正しいものはどれですか。つぎの**ア**～**エ**から選び，記号で答えなさい。

ア　細ぼう内で，光合成を活発に行わせるため

イ　細ぼう内で，呼吸する量を減らすため

ウ　葉をやわらかくして，細ぼうの中まで液体が入りやすくするため

エ　葉をかたくして，細ぼうの中の水分を追い出すため

(9) 実験⑤で葉が白っぽくなった理由として正しいものはどれですか。つぎの**ア**～**オ**から選び，記号で答えなさい。

ア　６０℃の高温によって，葉の水分が蒸発したため

イ　６０℃の高温によって，葉のせんいがやわらかくなったため

ウ　熱したアルコールと葉の成分が反応して，白い物質ができたため

エ　熱したアルコールによって，葉の緑色の成分がとかし出されたため

オ　熱湯につけたあと，６０℃くらいに温度が下がったことで葉の成分が固まったため

(10) 実験⑥でヨウ素液につけたあと，アルミニウムはくでおおいをしなかった部分は何色ですか。つぎの**ア**～**オ**から選び，記号で答えなさい。

ア　緑色　**イ**　白色　**ウ**　赤色　**エ**　黒色　**オ**　むらさき色

(11) 実験⑥でヨウ素液につけたあと，アルミニウムはくでおおいをした部分は何色ですか。つぎの**ア**～**オ**から選び，記号で答えなさい。

ア　緑色　**イ**　白色　**ウ**　赤色　**エ**　黒色　**オ**　むらさき色

(12) アルミニウムはくでおおいをしなかった部分が，(10) の色になった理由として正しいものはどれですか。つぎの**ア**～**オ**から選び，記号で答えなさい。

ア　日光が直接あたることで，葉の表面がやわらかくなりヨウ素液を多く吸収したから

イ　日光が直接あたることで，その熱によってできた物質とヨウ素液が反応したから

ウ　日光が直接あたることで蒸散が行われ，出てきた水分とヨウ素液が反応したから

エ　呼吸が行われ，呼吸によりできた物質がヨウ素液を分解したから

オ　光合成が行われ，光合成によりできた物質とヨウ素液が反応したから

(13) アルミニウムはくでおおいをした部分が，(11) の色になった理由として正しいものはどれですか。つぎの**ア〜カ**から選び，記号で答えなさい。

ア　アルミニウムはくを通して熱が伝わり，その熱でできた物質とヨウ素液が反応したから
イ　アルミニウムはくにより蒸散ができず，たまった水分がヨウ素液をうすめたから
ウ　呼吸が行われ，呼吸によりできた物質とヨウ素液が反応したから
エ　呼吸が行われず，気体が出入りしないためヨウ素液が分解したから
オ　光合成が行われ，光合成によりできた物質とヨウ素液が反応したから
カ　光合成が行われず，ヨウ素液が反応しなかったから

4

A

(1) 図のようなまっすぐ流れている川と曲がって流れている川があったとき，流れが速いのはどこですか。あとの**ア〜ケ**から選び，記号で答えなさい。

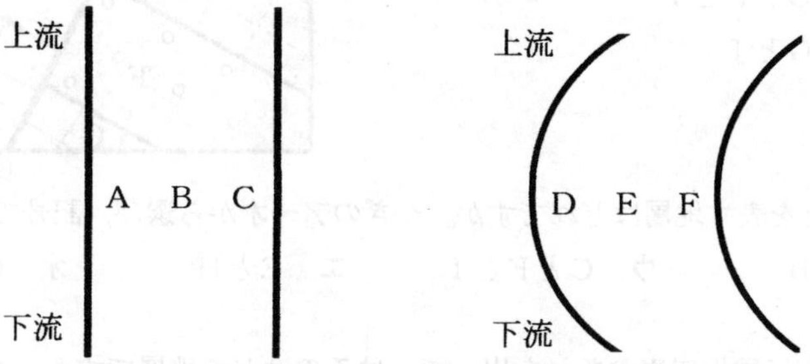

ア　AとD　**イ**　AとE　**ウ**　AとF　**エ**　BとD　**オ**　BとE
カ　BとF　**キ**　CとD　**ク**　CとE　**ケ**　CとF

つぎの文は川の上流の特ちょうを説明したものです。(　2　)〜(　4　)に当てはまる語句をあとの**ア〜キ**から選び，記号で答えなさい。

川の流れが（　2　）く，（　3　）の作用が大きい。(3) の作用が大きいので（　4　）ができることがある。

ア　おそ　**イ**　速　**ウ**　しん食・運ぱん　**エ**　たい積
オ　せん状地　**カ**　三角州　**キ**　V字谷

(5) 水を入れた大型試験管に砂，小石，どろを流しこんで良くかき混ぜました。しばらくして観察するとどのような結果になりますか。つぎのア～エから選び，記号で答えなさい。

ア　　　イ　　　ウ　　　エ

図はあるがけのようすをスケッチしたものである。あとの問いに答えなさい。なお，Ａ～Ｊの層は下に表した通りです。また，①―②は断層面，③―④は不整合面を表しています。

図

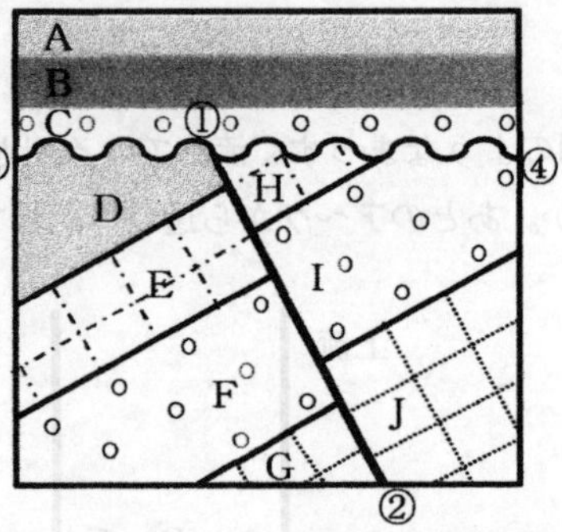

でい岩の層　・・・ＡとＤ
ぎょう灰岩の層　・・・Ｂ
砂岩の層　・・・ＥとＨ
れき岩の層　・・・ＣとＦとＩ
石灰岩の層　・・・ＧとＪ

(6) 火山活動があったことを表す地層はどれですか。つぎのア～オから選び，記号で答えなさい。

ア　ＡとＤ　　イ　Ｂ　　ウ　ＣとＦとＩ　　エ　ＥとＨ　　オ　ＧとＪ

(7) うすい塩酸を加えると二酸化炭素のあわを出してとけるのはどの地層ですか。つぎのア～オから選び，記号で答えなさい。

ア　ＡとＤ　　イ　Ｂ　　ウ　ＣとＦとＩ　　エ　ＥとＨ　　オ　ＧとＪ

(8) Ｇの層からサンゴの化石が多く発見されました。Ｇの層ができたころは，どのような場所であったことが考えられますか。つぎのア～ウから選び，記号で答えなさい。

ア　河口・湖　　イ　寒冷な海　　ウ　温暖で浅い海

(9) Ｄ，Ｅ，Ｆの層がこのようにたい積しているのは，この場所がどのように変化したことが理由だと考えられますか。つぎのア・イから選び，記号で答えなさい。

ア　海の中にあり，海の深さが年代と共に深くなった
イ　海の中にあり，海の深さが年代と共に浅くなった

(10) ①―②のずれができたのはどこの地層ができたあとですか。つぎのア～オから選び，記号で答えなさい。

ア　Ｃ　　イ　Ｄ　　ウ　ＥとＨ　　エ　ＦとＩ　　オ　ＧとＪ

(11) この地層は少なくとも何回地表に出てきましたか。つぎのア～エから選び，記号で答えなさい。

ア　１回　　イ　２回　　ウ　３回　　エ　４回

B

図は地球の北半球から見た金星のようすを表しています。あとの問いに答えなさい。

図

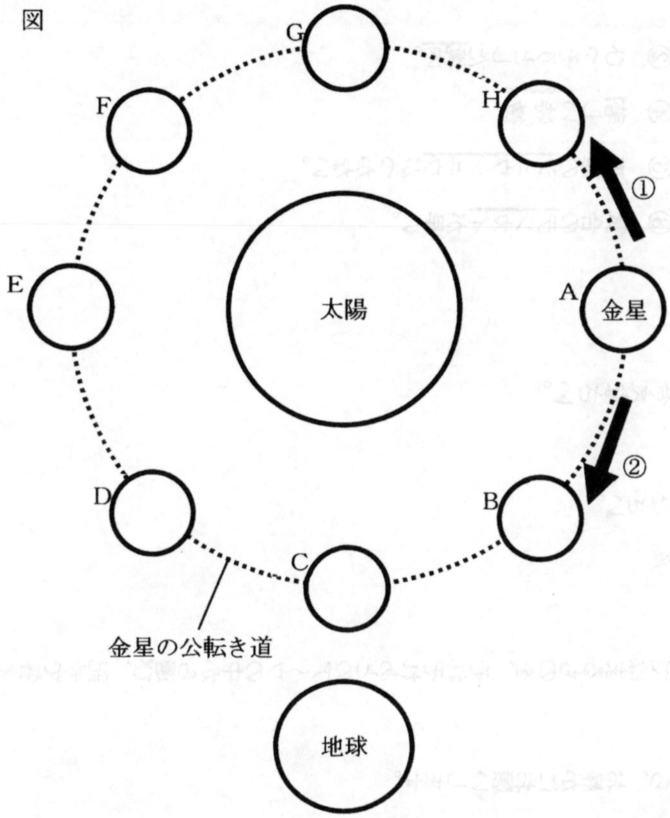

(12) 金星の公転の向きはどちらになりますか。つぎの**ア**・**イ**から選び，記号で答えなさい。

ア ①　**イ** ②

(13) 地球から金星を見ることができないのは金星がどの位置にあるときですか。つぎの**ア**～**ウ**から選び，記号で答えなさい。

ア BとCとD　**イ** CとG　**ウ** FとGとH

(14) 地球から金星が夕方西の空に見ることができるのは金星がどの位置にあるときですか。つぎの**ア**～**ウ**から選び，記号で答えなさい。

ア AとBとH　**イ** BとCとD　**ウ** DとEとF

(15) 地球から天体望遠鏡で観測すると金星が下図のように見えるのは金星がどの位置にあるときですか。あとの**ア**～**ク**から選び，記号で答えなさい。ただし，肉眼で見たときと同じ向きに揃えて表しています。

ア A　**イ** B　**ウ** C　**エ** D

オ E　**カ** F　**キ** G　**ク** H

【国　語】〈二科・四科入試〉（五〇分）〈満点：一〇〇点〉

一　次の①〜⑧の――線の漢字はひらがなに、カタカナは漢字に直しなさい。

① 体裁を整える。
② ひっそりとした境内。
③ 率直な感想。
④ 著しい特徴《とくちょう》。
⑤ センモン家の意見を聞く。
⑥ 事態のシュウシュウがつかない。
⑦ 安全をホショウする。
⑧ 試合のテンカイが早い。

二　次の1・2のそれぞれの問いに答えなさい。

1　次の漢字の総画数を算用数字で答えなさい。

① 退　② 局　③ 興　④ 糸

2　次の①〜④の（　　　）にあてはまるものを、それぞれあとのア〜ウの中から選び、記号で答えなさい。

① 他のお客様が（　　　）から、お静かにお願いします。

ア ご迷惑《めいわく》いたされます　イ 迷惑申し上げます　ウ 迷惑されます

② たいへん混雑しておりますので、しばらく（　　　）ください。

ア お待ち　イ お待ちして　ウ お待ちいたして

③ 北海道に（　　　）ことがありますか。

ア まいられた　イ おいでになった　ウ まいった

④ 社長が明日そちらにごあいさつに（　　　）。

ア いかれます　イ いらっしゃいます　ウ うかがいます

三　次の文章を読み、あとの問いに答えなさい。

（特に指示がない場合、句読点や記号は一字に数えます）

「わたし、ここがいい。これから、ここで暮らす。友達もできたんだよ。大縄跳《なわと》びだって、二重跳びだって、教えてもらえる。お父さんやお母さんといるより、ずっと楽しいよ。あのね、橋を渡《わた》ってると、風が吹《ふ》いてくるの。水の匂《にお》いがするし、たまに海の匂いもする。橋から叫《さけ》ぶと、向こうの橋にいる友達に声が届くんだよ。魚が泳いでいるのだって見える。世田谷の家に戻《もど》ったって、エレベーターで上がったり下がったりするだけじゃない。わたしはここがいい。①エンジと一緒《いっしょ》に住む」

ギイギイと音が聞こえるのには、なんとなく気付いていた。誰《だれ》かが階段を上ってきたんだ。お父さんもそっちを気にする素振《そぶ》りを見せた。だけど今は、ふたりとも、それどころじゃなかった。

直後、轟音《ごうおん》が家中に響《ひび》いた。なにかが階段を転げ落ちたのだ。

なにかって――。

先に動いたのはお父さんだった。ものすごく早かった。襖《ふすま》を開け、階段を覗《のぞ》き込《こ》んだ。

「オヤジ！」

叫《さけ》んだ。

続いて千恵《ちえ》が覗き込むと、エンジが階段の下にうずくまっていた。

千恵も叫《さけ》んだ。

「エンジ！　ねえ！　エンジ！」

いろいろあった。全部は覚えてられなかった。救急車がやって来た。うわんうわんとサイレンを鳴らしてた。近所の人が集まってきた。もちろんシゲさんも来た。前から救急車に乗ってみたいと思ってたけど、いざ乗ってみたら、中を観察する余裕《よゆう》なんかなかった。

「骨に異常はないですね」

レントゲンを見ながら、お医者さんは言った。②お父さんは息を吐《は》いた。本当に、本当に、たくさんの息だった。（　ア　）

「じゃあ大丈夫《だいじょうぶ》なんですか」

「大きな怪我《けが》ではないのは確かです。ただ、お年がお年ですから、簡単ではないかもしれません。お父さまはおひとりでお住まいですか」

「ええ、わたしは離《はな》れて住んでまして」

お医者さんとお父さんがそんな話をしてる最中、後ろのベッドに寝《ね》転がっていたエンジが手招きした。

迷いつつ、千恵はそちらに向かった。

「③道具箱を片付けておいてくれ」

妙《みょう》なことを言われた。

「え……」

「あれがあると、ばれちまうかもしれないからな。階段の下に転がってる」

「道具箱、なにに使ったの」

「投げ落とした」

「なんで」

「息子と孫娘《まごむすめ》がああだこうだ言ってんのは好きじゃねえ。本当のことをいうと、俺《おれ》はなんともねえんだ」

エンジは、お父さんとお医者さんの姿を横目で確認してから、痛い痛いと訴《うった》えていた右膝《ひざ》を曲げ、足を浮かせてみせた。足は軽々と動いた。そしてエンジは笑った。してやったりという顔だった。

ようやく、からくりに気付いた。

階段から落ちたのはエンジじゃなかったんだ。階段を何段か上ったあと、道具箱を放り投げた。それから慌《あわ》ててエンジは階段の下まで行って、うずくまった。よくもまあ、そこまで頭がまわったものだ。呆《あき》れつつ、感心した。（　イ　）④なぜか泣くような顔になってしまったけど。エンジは、口に人差し指を当てた。黙《だま》ってろってことだ。千恵は頑張《がんば》って、笑い声を抑《おさ》えた。

やがてお母さんがやってきた。家族全員が集まった。まるでエンジが今にも死ぬみたいだった。エンジはそんな厳粛《げんしゅく》な雰囲気《ふんいき》の中、全員を呼び寄せた。

「俺になにかあったら、あの家は売ってくれ」

「怖《こわ》いこと言わないでください」

お母さんの顔は真っ青で、声はうわずっていた。

そんなの初めて見た。びっくりした。

「あそこは二十七坪《つぼ》ある。狭《せま》いが、角地だから、そこそこ値がつくだろう。千恵の学費くらいは出るはずだ。千恵の好きなところに行かせてやれ」（　ウ　）

エンジ、と千恵は叫《さけ》びたかった。学費なんてどうでもいいよ。あんまり会えないし、仲がいいのかどうかわからないけど、エンジがこの町でずっと生きていてくれる方がいいよ。だって、ここはエンジの町なんだよ。エンジが死んだおかげで私立中学校に行けるんなら、わたしは行かなくていいよ。どんなに強く思っても、言葉は出てこなかった。［　⑤　］、千恵は唇《くちびる》を噛《か》んだ。そのうち鉄錆臭《てつさびくさ》い味が広がった。様子に気付いたのはお母さんだった。

「どうしたの、千恵。唇を切ってるわ」

「なんでもない」

「剝《む》けかかった唇の皮を、むりやり取ったんでしょう」

「うん」

違《ちが》うけど、そういうことにした。

「気を付けないと。女の子なんだから」

「うん」

「ほら、ハンカチで血を拭《ふ》いて」

「どうでもいい！」

大声を出したのは、お父さんだった。

「血なんかどうでもいい！」

「だけど——」

「血なんか放っておけばとまる！　今はそんなことを話すときじゃないだろう！」

「でも——」

「うるさい！　黙ってろ！」

お父さんがそういう乱暴な言葉を使うのは初めて聞いた。お母さんはびっくりしていた。千恵も同じだった。⑥お父さんは明らかに怒《おこ》っていた。お母さんと喧嘩《けんか》したときとは比べられないくらいだった。

オヤジ、とお父さんは言った。

「下らないことを気にすんな。うちの家計が面倒《めんどう》なのは確かだけど、俺がなんとかするんだよ。あんただって、そんな覚悟《かくご》で俺やオフクロを養ってきたんだろうが。千恵のことも、家のことも、俺の責任だ。あれは俺の家なんだ」

エンジは目を丸くしていたけど、そのうち真面目な顔になった。

「できるのか」

「当たり前だ。頑張るさ」

そうか、とエンジは呟いた。いつもの、団扇《うちわ》を扱《あつか》っているときの調子だった。（　エ　）

「変なことを言って悪かったな」

（橋本　紡『橘をめぐる　いつかのきみへ、いつかのぼくへ』「永代橘」より）

問一　——部①「エンジ」から見て、千恵はどのような関係にあたる人物ですか。本文中から二字でぬき出して答えなさい。

問二　――部②「お父さんは息を吐いた。本当に、本当に、たくさんの息だった。」とありますが、このときの「お父さん」の心情としてもっともふさわしいものを次の中から一つ選び、記号で答えなさい。

ア　父親の無事を医者から知らされ、心の底から安心している。

イ　父親に余計な心配をかけさせられて腹立たしく思っている。

ウ　父親が無事だと信じられず、自分を落ち着かせようとしている。

エ　父親のことで医者に嘘《うそ》をつかれて、いやな気持ちになっている。

問三　――部③「道具箱を片付けておいてくれ」とありますが、なぜこのように言ったのですか。四十字以内で考えて答えなさい。

問四　――部④「なぜか泣くような顔になってしまったけど」とありますが、なぜそうなったのですか。その説明としてふさわしくないものを次の中から一つ選び、記号で答えなさい。

ア　「エンジ」が体を張って守ろうとしてくれたものが、「わたし」だと気付いたから。

イ　「エンジ」のしかけた「からくり」に気付いて、今までの緊張《きんちょう》が一気にほどけたから。

ウ　「エンジ」が実はケガをしていないということがわかって、安心したから。

エ　「エンジ」の頭の回転に感心しつつも、一歩間違《まちが》えば危険な状況《じょうきょう》になったから。

問五　[　⑤　]に入ることばとしてもっともふさわしいものを次の中から一つ選び、記号で答えなさい。

ア　嬉《うれ》しくて　　イ　悔《くや》しくて　　ウ　切なくて　　エ　恐《おそ》ろしくて

問六　――部⑥「お父さんは明らかに怒っていた」とありますが、その理由を説明したものとしてもっともふさわしいものを次の中から一つ選び、記号で答えなさい。

ア　「千恵」が唇から血が出たという小さなことでさわいでいるから。

イ　「お医者さん」が出血している「千恵」に手当てをしないから。

ウ　「エンジ」に家庭内のことで余計な口出しをされたと感じたから。

エ　「お母さん」が大事な話の途中《とちゅう》に関係ない話を始めたから。

問七　本文からは次の一文がぬけています。文が入るのにもっともふさわしい場所を本文中の（ア）～（エ）の中から一つ選び、記号で答えなさい。

少しだけ希望も失ってしまった。

四　次の文章を読み、あとの問いに答えなさい。

（特に指示がない場合、句読点や記号は一字に数えます）

ジュースを飲んだら空き缶《かん》が残りますね。それをポイとゴミ箱に捨てる。その先、そのゴミがどこでどのように処分されているのかを知らなくても、私たちが学校で、家で、街で出したゴミは誰かがどこかに持っていってくれています。

だからいままで、みんな知らん顔をしてすんでいました。少なくとも、自分たちの生活している範囲《はんい》には、ゴミがあふれていない。ゴミが「　①　」なっているのです。ところがいま、ゴミの行き先がパンクしつつあります。もう②無関心ではいられなくなった。ものがあふれる、現代の使い捨て時代では、ものとおなじだけゴミもあふれているのです。ゴミが増えたから、ゴミ焼却炉《しょうきゃくろ》を新しくつくったり、新しいゴミ埋《う》立て地を増やすという、まるでいたちごっこが、日本中で繰《く》り広げられています。しかし、それには必ず限界があるのです。

じゃあ、ゴミ問題を解決する手立てはあるのだろうか。私たちは何をすればいいのだろうか。ゴミ問題の根本的な解決策を考える前に、まずなぜこんなにゴミが増えてしまったのだろうか。そんなところから、考えることをはじめてみたいと思います。

私たちは一週間に何回かビニールの袋《ぶくろ》に入ったゴミを出します。ゴミ収集所にゴミを持っていくとわかるのですが、普通《ふつう》の家から持ち出されるゴミがびっくりするほど多いんです。ビニール袋に一杯《いっぱい》入ったものがいくつもいくつも積み上げられている。いったい何がその中に入っているのか。とにかく大変なかさだし、重さでしょう。ゴミは、生活すれば当然出るものだといえば出るものです。しかし、あんなにたくさん出さなければ本当に生きていけないのでしょうか。いまの私たちの暮らしがあたりまえだと思えば、たくさんのゴミが出るのもあたりまえなんですが、ちょっと振《ふ》り返ってみると、③戦時中、あるいは戦後しばらくはこんなにゴミの量は多くなかったんです。

むかし、私が子どもだったころは「石炭箱」に※コールタールを塗《ぬ》って作られた木製のゴミ箱がぽつんと家の角に置かれていて、そこにゴミを入れました。そして実はそこに入れるゴミなんてほとんどなかったんです。

ます。いまのように紙くずがたくさん出る生活でもなかったし、清涼《せいりょう》飲料水を飲むという生活でもなかった。喉《のど》が乾《かわ》けば水を飲み、お茶を飲みましたから。いまは、瓶《びん》、缶に入った飲み物を飲む生活になっているから、当然空き缶、空き瓶が出るわけです。その空き瓶も、回収してもう一度使うという瓶だったらゴミにはならないんだけれども、品目ごとにそれぞれ違ったデザインをして形が違っていれば、回収して使うのはコストがかかるというわけで、ガラスゴミになる。缶も、アルミ缶、スチール缶と、飲んだ後はゴミになってしまう。

食べ物でも、④私たちがいまスーパーマーケットに買い物に行けば、なんでもトレイにのり、あるいはビニールでパックされていますね。それをスーパーのビニール袋に入れて持って帰ってくる。むかしは八百屋さんで新聞紙にくるっと丸めて「まいどあり」という形で買っていた。魚でも、古新聞に包んだ魚の切り身を分けてもらってくる。

ひとつには、人々の生活のペースが変わったということでしょうね。八百屋さんや魚屋さんや肉屋さんと冗談《じょうだん》をいいあったりしながら、ゆっくり買い物なんかしていられない。包装してもらうあいだ、待つのも惜《お》しい。パックされた品物をさっさと選ぶ形にしたほうが、買うほうにも売るほうにも合理的だ。

しかしやはりゴミは増えます。台所のゴミ箱をのぞいてみてもらえばわかりますが、包装用のビニールや紙のゴミが、ほんとに多い。

だいたい、「スーパーのビニール袋」なんてのもむかしはなかったんですね。しかしこれも生活の変化で、家から買い物カゴを持って出掛《でか》けるというのではなく、勤め帰りに駅のそばのスーパーで買い物をすませる、というようなケースが多くなったからでしょうか。そこでどのスーパーでも、袋に入れてくれるようになったんですね。

もっとも、スーパーのビニール袋は、ゴミを出すときにもういっぺん使うからいいじゃないかと思うかもしれない。それはそうです。しかし、その、ゴミ袋と化したスーパーのビニール袋に入っているゴミとはなにか？　スーパーで過剰《かじょう》包装されたときの、ビニールや紙です。こうしてゴミ袋は増える。私たちの生活の体系が、ゴミを出すように出来上がってしまっているのです。

買い物の量についてもそうです。いまは食べ切れないほど買って帰ってきて、だから食べ残しがどんどん出て、それらはゴミ袋へ直行するのです。いま私たちは、ゴミの出る材料にかこまれて、なおかつ必要以上のものを買って食べているわけです。そして食べるよりは食べ残す。食べられる部分も工夫せず捨ててしまう。それがゴミとなっています。そういう生活が、台所からゴミをどんどん増やしてきたのです。世界には飢《う》えた人たちがいるのにと思うと、ため息がでます。

台所のゴミだけではなくて、大型ゴミもどんどん出ています。むかしは、電気洗濯《せんたく》機にしてもテレビにしても、それまでの生活の中になかったものだから、買いたくて欲しくてやっとのことで手に入れた。だから大事に使いました。非常に貴重なものだ、いつまでも使いたいという思いがあったから、そういう商品は「耐久《たいきゅう》消費財」と呼ばれていたんです。ところがいまは、テレビにしても洗濯機にしてもオーディオにしてもすぐにモデルチェンジし、新しい製品がどんどん出る。まだまだ使えるものでも捨てていって、つぎつぎ買い替えていくわけです。

家具でもそうです。ちょっと古くなってくると、新しいものに目がいきます。古くなった、くすんだものは捨てられる。だから大型ゴミを捨てる場所には、そういうものが積み上がっていますね。⑤まだ使えるのにもったいないと思うものがいっぱい出されている。こうやってゴミの量はどんどん増えてきました。

(槌田　劭『地球をこわさない生き方の本』より)

※コールタール：石炭を高温で乾燥《かんそう》させた時に出る茶色状の液体。防腐剤《ぼうふざい》として使用された。

問一　[　①　]にあてはまることばを次の中から一つ選び、記号で答えなさい。

ア　少なく　　イ　いらなく　　ウ　見えなく　　エ　増えなく

問二　――部②「無関心」とありますが、これと似たような意味で使われている表現を本文中から四字でぬき出して答えなさい。

問三　――部③「戦時中、あるいは戦後しばらくはこんなにゴミの量は多くなかったんです」とありますが、その理由としてふさわしくないものを次の中から一つ選び、記号で答えなさい。

ア　あまり紙くずが出る生活ではなかったから。
イ　使った瓶や缶をリサイクルしていたから。
ウ　八百屋などで新聞紙を活用していたから。
エ　清涼飲料水ではなく水やお茶をよく飲んでいたから。

問四　――部④「私たちがいまスーパーマーケットに買い物に行けば、なんでもトレイにのり、あるいはビニールでパックされていますね」とありますが、スーパーマーケットでこのような売り方をされているのはなぜですか。「〜から」につながるように本文中から十六字でぬき出して答えなさい。

問五 ——部⑤「まだ使えるのにもったいないと思うものがいっぱい出されている」とありますが、「まだ使える」ものを買いかえてしまう理由を「〜から」につながるように本文中から二十四字でぬき出して答えなさい。

問六 SDGsの取り組みの一環《いっかん》として、二〇二〇年七月一日からレジ袋の有料化が始まりました。本文の内容を参考に、レジ袋の有料化に対するあなたの考えを一〇〇字程度でまとめなさい。

2024年度

藤嶺学園藤沢中学校 ▶解説と解答

算数 ＜２科・４科入試＞（50分）＜満点：100点＞

解答

1 (1) $\frac{7}{15}$ (2) 2043 (3) $1\frac{1}{3}$ (4) $\frac{25}{28}$ (5) 250度 2 (1) 1890円 (2) 68個 (3) $\frac{45}{64}$kg (4) 8才 (5) 秒速15m (6) 8 (7) 16 (8) 75度 3 (1) 121個 (2) 白…161個，黒…200個 4 (1) 3分40秒 (2) 150m 5 (1) 66.248m^2 (2) 2.1m

解説

1 四則計算・逆算，面積

(1) $1.75\div 3\frac{3}{4}=1\frac{3}{4}\div\frac{15}{4}=\frac{7}{4}\times\frac{4}{15}=\frac{7}{15}$

(2) $2024\times\left(\frac{1}{2}+\frac{1}{4}+\frac{1}{8}+\frac{1}{11}+\frac{1}{23}\right)=2024\times\left(\frac{4}{8}+\frac{2}{8}+\frac{1}{8}+\frac{1}{11}+\frac{1}{23}\right)=2024\times\left(\frac{1012}{2024}+\frac{506}{2024}+\frac{253}{2024}+\frac{184}{2024}+\frac{88}{2024}\right)=1012+506+253+184+88=2043$

(3) $(12\times 21-10\times 24)\div\square=9$ より，$(252-240)\div\square=9$，$12\div\square=9$，よって，$\square=12\div 9=\frac{12}{9}=\frac{4}{3}=1\frac{1}{3}$

(4) $\frac{3}{5}\div\frac{1}{3}-\frac{5}{7}\div\square=1$ より，$\frac{3}{5}\times 3-\frac{5}{7}\div\square=1$，$\frac{9}{5}-\frac{5}{7}\div\square=1$，$\frac{5}{7}\div\square=\frac{9}{5}-1=\frac{9}{5}-\frac{5}{5}=\frac{4}{5}$，よって，$\square=\frac{5}{7}\div\frac{4}{5}=\frac{5}{7}\times\frac{5}{4}=\frac{25}{28}$

(5) 半径５cmの円の面積は，$5\times 5\times 3.14=25\times 3.14(\text{cm}^2)$，半径６cmで中心角□度のおうぎ形の面積は，$6\times 6\times 3.14\times\frac{\square}{360}=36\times 3.14\times\frac{\square}{360}=\frac{\square}{10}\times 3.14(\text{cm}^2)$である。２つの面積は等しいので，$25=\frac{\square}{10}$となり中心角は，$\square=250$(度)とわかる。

2 割合と比，過不足算，年齢算《ねんれいざん》，通過算，周期算，約数と倍数，角度

(1) 商品Ａ，Ｂを，それぞれ１つずつ買うと，代金の差は30円になるので，代金の差が210円になるのは，$210\div 30=7$(冊)ずつ買ったときである。よってＡの代金とＢの代金の合計は，$(120+150)\times 7=1890$(円)と求められる。

(2) １人に８個ずつ配るにはあと36個足りない。また，１人に５個ずつ配ると３個余る。よって右の図１より，１人に配るアメの個数の差が，$8-5=3$(個)のとき，生徒全員に配るのに必要な個数の差が，$36+3=39$(個)となるので生徒の人数は，$39\div 3=13$(人)とわかる。そのとき，アメの個数は，$5\times 13+3=68$(個)とわかる。

図１

	8個	8個	…	8個	➡ 36個不足
	5個	5個	…	5個	➡ 3個余る
差	3個	3個	…	3個	39個

(3) 縄《なわ》の１mあたりの重さは，$\frac{3}{8}\div 1.6=\frac{3}{8}\div\frac{8}{5}=\frac{3}{8}\times\frac{5}{8}=\frac{15}{64}$(kg)なので，この縄の３mの重さは，$\frac{15}{64}\times 3=\frac{45}{64}$(kg)とわかる。

(4) 現在でも５年後でも年れいの差は変わらず，５年後の２人の年れいの比が３：１なので，５年後の花子さんは，26÷（３－１）＝13(才)である。よって現在，花子さんは，13－５＝８(才)とわかる。

⑸　右の図２において，列車の先頭は32秒間で，360＋120＝480(m)進む。よって，列車の速さは秒速，480÷32＝15(m)とわかる。

図２

⑹　１÷７＝0.142857142…となり，小数第１位から１，４，２，８，５，７の６個の数字を周期として繰《く》り返す。すると，小数第10位の数字は，10÷６＝１あまり４より，周期の４番目の数なので８とわかる。

⑺　約数を奇数個もつ整数は，平方数である。平方数の約数の個数を小さい方から調べると，１が１個，４が３個，９が３個，16が５個となるので約数を５つもつ偶数は16である。

⑻　右の図３で，図形の折り返しなのでAOとABの長さは等しい。また，おうぎ形の半径なので，AOとBOの長さも等しい。よって，三角形AOBは正三角形なので，㋑の角の大きさは60度である。そのとき，㋒の角の大きさは，90－60＝30(度)となる。また，OB＝OCなので，三角形BOCは二等辺三角形であり，㋐の角の大きさは，(180－30)÷２＝75(度)と求められる。

図３

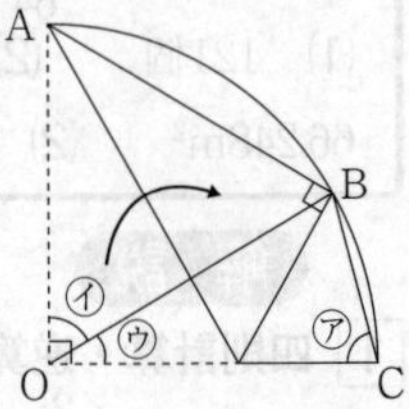

３　方陣算

⑴　問題文中の図から，１辺にならぶ石の個数は，１番目が１個，２番目が３個，３番目が５個のように，２個ずつ増える。すると，１，３，５，７，９，11より，６番目のとき１辺にならぶ石の個数は11個である。正方形の形に石をならべるので，６番目のとき石の個数の合計は，11×11＝121(個)とわかる。

図１

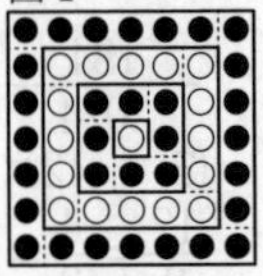

⑵　右の図１で，中心から１周目には白石が１個，２周目には黒石が，（３－１）×４＝８(個)，３周目には白石が，（５－１）×４＝16(個)，…のようにならぶ。すると右の図２より，10番目の図において，白石の個数は，１＋16＋32＋48＋64＝１＋(16＋64)＋(32＋48)＝１＋80×２＝161(個)，黒石の個数は，８＋24＋40＋56＋72＝（８＋72）＋(24＋56)＋40＝80×２＋40＝200(個)と求められる。

図２

周目	色	１辺の個数	合計個数
1	白	1	1
2	黒	3	（３－１）×４＝８
3	白	5	（５－１）×４＝16
4	黒	7	（７－１）×４＝24
5	白	9	（９－１）×４＝32
6	黒	11	(11－１)×４＝40
7	白	13	(13－１)×４＝48
8	黒	15	(15－１)×４＝56
9	白	17	(17－１)×４＝64
10	黒	19	(19－１)×４＝72

４　速さ，つるかめ算

⑴　１km＝1000m，１時間＝60分より，時速14.4kmは分速，14.4×1000÷60＝240(m)，時速3.6kmは分速，3.6×1000÷60＝60(m)である。Ａ地点からＢ地点までの240mを分速240mで走るのにかかる時間は，240÷240＝１(分)，１周の残りの道のり，400－240＝160(m)を分速60mで歩くのにかかる時間は，160÷60＝$\frac{160}{60}$＝$2\frac{2}{3}$(分)である。よって，１周目にかかった時間は，１＋$2\frac{2}{3}$＝$3\frac{2}{3}$(分)であり，$\frac{2}{3}$分は60×$\frac{2}{3}$＝40(秒)なので，３分40秒と求められる。

⑵　走る速さである時速12kmは分速，12×1000÷60＝200(m)，歩く速さである時速３kmは分速，３×1000÷60＝50(m)である。また，15秒は，$\frac{15}{60}$＝$\frac{1}{4}$(分)より，４分15秒＝$4\frac{1}{4}$分となる。$4\frac{1}{4}$分間すべてを走ったとすると，200×$4\frac{1}{4}$＝850(m)進むので，実際より，850－400＝450(m)長い。１分間走るかわりに歩くと，１分間で進む道のりは，200－50＝150(m)短くなる。よって歩いた時

間は，450÷150＝３(分)であり，歩いた道のり(Ｃ地点からＡ地点)は，50×３＝150(m)と求められる。(なお，１周400mなので，Ｃ地点からＡ地点までの道のりを，400－150＝250(m)と答えてもよい。)

5 面積・長さ

⑴　１m＝100cmより，畳の縦は，182cm＝1.82m，横は，91cm＝0.91mであり，右の図のようになる。ａの長方形の縦は，1.82×４＝7.28(m)，横は，0.91×10＝9.1(m)なので，ａの面積は，7.28×9.1＝66.248(m^2)とわかる。

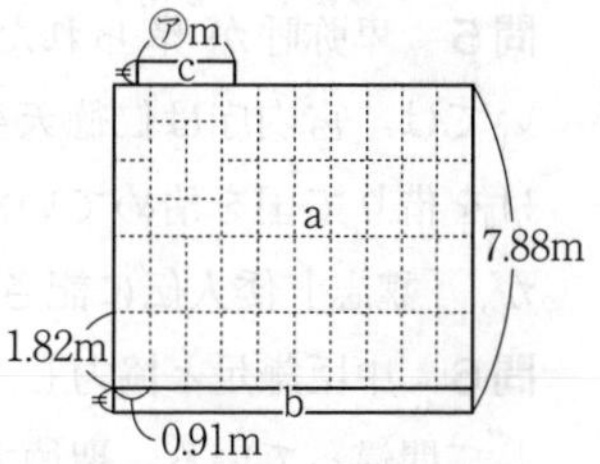

⑵　ａの縦は，⑴より7.28mなので，図より，ｂの縦は，7.88－7.28＝0.6(m)である。また，ｂの横はａの横と等しく，⑴より9.1mなので，ｂの面積は，0.6×9.1＝5.46(m^2)となる。問題文より，ａ，ｂ，ｃの面積の合計は72.968m^2，ａの面積は⑴より66.248m^2なので，ｃの面積は，72.968－(66.248＋5.46)＝72.968－71.708＝1.26(m^2)である。ｃの縦は，ｂの縦と等しいので0.6mであり，ｃの横は，㋐＝1.26÷0.6＝2.1(m)と求められる。

社会　＜２科・４科入試＞(40分)＜満点：70点＞

解答

1 問１　源頼朝　問２　足利義満　問３　⑴　イ　⑵　後醍醐(天皇)　問４　ア　問５　ア　問６　エ　問７　⑴　ア　⑵　エ　問８　中尊寺　問９　楽市　問10　関ヶ原(の戦い)　問11　イ　問12　坂本龍馬　問13　ウ　問14　1945(年)８(月)15(日)　問15　イ　2 問１　①　ア　②　オ　③　イ　問２　⑴　フェーン(現象)　⑵　ヒートアイランド(現象)　⑶　エルニーニョ(現象)　⑷　偏西風　問３　ウ　問４　ウ，エ　問５　イ　問６　ウ　問７　ウ　問８　ア，イ　3 問１　イ　問２　エ　問３　Ａ　イ　Ｂ　エ　Ｃ　ウ　問４　ジェンダー　問５　ウ　問６　ア　問７　厚生労働(省)　問８　ウ，エ　問９　イ　問10　ウ　問11　ア　問12　食料自給率　問13　クーリングオフ(制度)　問14　エ　問15　ウ　問16　国債(公債)　問17　マイナンバー(制度)

解説

1 歴史上の人物をモチーフにした漫画を題材とした歴史の問題

問１　鎌倉幕府を開いたのは，源頼朝《みなもとのよりとも》である。源頼朝は，1192年に征夷大将軍《せいいたいしょうぐん》に任じられている。

問２　室町幕府の３代将軍で，南北朝を統一したのは，足利義満《あしかがよしみつ》である。

問３　⑴　北条氏一族が代々ついた，鎌倉幕府で将軍を補佐する役職は，イの執権である。アの管領は室町幕府で将軍を補佐する役職。ウの関白は天皇の成人後に後見役として補佐する役職。エの蔵人は天皇の近くに仕え，機密文書を扱うなどした役職。　⑵　鎌倉幕府をたおした天皇は，後醍醐天皇である。なお，北条時行が鎌倉幕府の再興を目指して起こした乱は，中先代《なかせんだい》の乱という。

問４　古墳は弥生時代より後の古墳時代につくられたものなので，アが弥生時代について述べた文章として間違っている。イの水稲耕作がさかんに行われるようになったのは弥生時代である。ウの環濠《かんごう》集落が出現したのは弥生時代である。エの青銅製の銅鐸《どうたく》が，祭りの道具として使用されたのは弥生時代である。

問５　卑弥呼《ひみこ》が葬《ほうむ》られた場所はわかっておらず，アが間違っている。大阪府にある大仙古墳については，宮内庁は仁徳天皇陵《りょう》であるとしている。卑弥呼は邪馬台国《やまたいこく》の女王で，結婚はせず弟の助けを借りて国を治めていたことや，中国の魏につかいをおくり，“親魏倭王”の称号をうけたことが，「魏志」倭人伝に記されているので，イ，ウ，エは正しい。

問６　中臣鎌足と協力し，蘇我氏を滅ぼしたのは中大兄皇子なので，エが聖徳太子の行ったこととして間違っている。聖徳太子はおばである推古《すいこ》天皇を補佐して政治を行い，役人の心構えを示した十七条の憲法を定め，遣隋使《けんずいし》を派遣《はけん》して中国の隋と対等な立場で交渉したので，ア，イ，ウは聖徳太子が行ったこととして正しい。

問７　(1)　京都の宇治《うじ》に平等院鳳凰堂《びょうどういんほうおうどう》をつくったのは，藤原道長《ふじわらのみちなが》の子である藤原頼通《よりみち》なので，アが藤原道長についてのべた文章として間違っている。藤原道長は３人の娘を天皇の妃《きさき》にして権力をにぎったので，イは適当。藤原道長の子である藤原頼通は，およそ50年にわたって摂政《せっしょう》・関白《かんぱく》をつとめたので，ウは適当。藤原道長は，藤原氏の栄華を満月(望月)にたとえた「この世をば　わが世とぞ思う　望月の欠けたることも無しと思えば」という和歌をつくったので，エは適当。

(2)　平安時代には，かな文字が発明され，日本語の表現がしやすくなったので，エが正しい。平安時代には，貴族は校倉造《あぜくらづくり》ではなく寝殿造《しんでんづくり》の邸宅《ていたく》に住んだので，アは誤り。光源氏を主人公にした「源氏物語」は，清少納言《せいしょうなごん》ではなく紫式部《むらさきしきぶ》によって書かれたので，イは誤り。平安時代の894年に遣隋使ではなく遣唐使が停止された結果，日本風の文化が発展したので，ウは誤り。

問８　平泉《ひらいずみ》は，「平泉―仏国土《ぶっこくど》(浄土《じょうど》)を表す建築・庭園及《およ》び考古学的遺跡《いせき》群―」として2011年に世界文化遺産に登録されており，構成資産には中尊寺や毛越寺《もうつうじ》がある。

問９　織田信長《おだのぶなが》が行った，商工業者がだれでも自由に商売できるようにした政策は，楽市という。

問10　徳川家康《とくがわいえやす》は1600年の関ヶ原《せきがはら》の戦いで勝利したことで，全国の大名をしたがえることになる。関ヶ原の戦いは，徳川家康が率いる東軍と，石田三成《いしだみつなり》が率いる西軍の戦いである。

問11　江戸時代には，参勤交代《さんきんこうたい》により大名《だいみょう》は１年ごとに江戸と領地を往復することになったので，イが正しい。江戸時代，鎖国中は長崎の出島にオランダの商館がおかれ，貿易を行ったが，ポルトガル船は1639年に来航が禁止されているので，アは誤り。「東海道中膝栗毛《とうかいどうちゅうひざくりげ》」は安藤広重《あんどうひろしげ》ではなく十返舎一九《じっぺんしゃいっく》の作品なので，ウは誤り。安藤広重は江戸時代の浮世絵師である。江戸時代には，街道には宿場が設けられたが，箱根《はこね》などには関所があり，関所は廃止されていないので，エは誤り。

問12　薩摩藩《さつまはん》と長州《ちょうしゅう》藩が同盟を結ぶなかだちをした，土佐《とさ》藩出身の人物は，坂本龍馬《さかもとりょうま》と中岡慎《なかおかしん》太郎《たろう》である。

問13　明治時代は1868年から1912年までの期間となる。国際連盟《れんめい》は大正時代の1920年に発足しており，ウが明治時代について述べた文章として間違っている。明治時代には日清戦争(1894～1895年)と日露戦争(1904～1905年)の２度の外国との戦争に勝利しており，アは適当。日清戦争の講和条約である下関条約(1895年)で台湾《たいわん》を清《しん》から獲得《かくとく》して植民地としており，1910年には韓国併合《かんこくへいごう》を行っているので，イは適当。1889年に大日本帝国《ていこく》憲法が制定され，1890年には第一回帝国議会が開かれているので，エは適当。

問14　日本が最後に戦った戦争の終結を，天皇の放送(玉音放送)で国民が知ったのは，1945年８月15日である。

問15　漫画作品を学習の参考にする場合，あくまで漫画なので，事実でないことも書いてある場合があることに注意する必要があり，イが適当。漫画作品を学習の参考にする場合には，教科書など他の本と併用《へいよう》する方が効果的である場合も多く，アは適当でない。漫画作品を学習の参考にする場合，興味のある時代から読み始めても良く，必ずしも古い時代を扱った作品から読み始めなければならないわけではないので，ウは適当でない。漫画作品に限らず，ミスの有無は小さい会社か有名な会社かは関係ないので，エは適当でない。

2　観測史上における日本の最高気温の高い地点を題材とした問題

問１　①　浜松《はままつ》市は静岡県にあるので，アとなる。　②　熊谷市は埼玉県にあるので，オとなる。　③　美濃《みの》市や下呂《げろ》市，多治見《たじみ》市は岐阜県にあるので，イとなる。

問２　⑴　乾燥《かんそう》した高温の風が山から吹《ふ》き下ろす現象は，フェーン現象という。　⑵　都市部の気温が周辺よりも高くなる現象は，ヒートアイランド現象という。　⑶　南米のペルー沖から太平洋赤道付近の海面水温が平年より高くなり，それが１年ほど続く現象を，エルニーニョ現象という。なお，同じ海域で海面水温が平年より低くなり，その状態が続く現象は，ラニーニャ現象という。　⑷　日本付近の上空で，一年中変わらず西から東に吹いている風は，偏西風《へんせいふう》という。

問３　自家用車を利用することは，公共交通機関を利用するよりも，地球温暖化の原因と考えられている二酸化炭素などの温室効果ガスの一人あたりの排出《はいしゅつ》量が多くなるので，ウが地球温暖化をとめる対策として間違っていると考えられる。アの夏にエアコンの設定温度を高めに設定することは，電力使用量を減らすことにつながり，地球温暖化をとめる対策としては適当と考えられる。イの再生可能エネルギーの利用を増やすことは，温室効果ガスの排出量を減らすことにつながり，地球温暖化をとめる対策としては適当と考えられる。エの植物を育て緑を増やすことは，二酸化炭素の吸収量の増加につながり，地球温暖化をとめる対策としては適当と考えられる。

問４　浜松市はイの楽器やオのオートバイの生産が盛んなことで知られる。また，浜松市などでは「遠州《えんしゅう》織物」と呼ばれる織物が生産されている。よって，ア，イ，オが浜松市の主要産業として適当であり，ウのめがねとエの陶磁器《とうじき》が間違っている。

問５　日本三大清流は，高知県を流れる四万十《しまんと》川，静岡県を流れる柿田《かきた》川，岐阜県などを流れるイの長良《ながら》川である。

問６　天竜《てんりゅう》川の水源は，長野県にあるウの諏訪《すわ》湖である。なお，アの芦ノ《あしの》湖は神奈川県に，イの琵琶《びわ》湖は滋賀県に，エの浜名《はまな》湖は静岡県にある。

問７　多治見市はウの陶磁器の生産が盛んである。

問８　アの西洋なしとイのさくらんぼは，山形県が生産量日本一(2021年)である。ウのりんごは青森県が，エのみかんは和歌山県が，オのいちごは栃木県が，生産量日本一(2021年)となっている。

3　市役所の窓口とその主な内容を題材とした問題

問１　1923年９月に発生した関東大震災《だいしんさい》は，昼食時間帯に地震が発生したことや強風によって，火災による被害が拡大したので，イが正しい。

問２　日本で累進《るいしん》課税のしくみ(制度)が適用されている税金には，エの所得税がある。所得税は国税の直接税である。アの消費税，イのガソリン税，ウの酒税はいずれも累進課税のしくみ(制度)は適用されていない間接税である。

問３　**A**　着なくなった古着をフリーマーケットに出品することは，使用済みのものを繰《く》り返し使用することから，イのリユースに当てはまる。　**B**　業者が牛乳パックを回収して，資源として再利用し，トイレットペーパーとして商品化することは，廃棄《はいき》物を再資源化することなので，エのリサイクルが当てはまる。　**C**　買い物に行く時にマイバッグを持参し，無駄《むだ》になるものは受け取らないことは，ごみとなるものの受け取りを断るウのリフューズが当てはまる。なお，アのリデュースはごみとなる廃棄物の発生を減らすことをいう。

問４　「男性は外で働き家族を養い，女性は子どもを育て家事をする」というような男女の役割を区別する考え方を，ジェンダーという。

問５　1890年に実施された第１回衆議院議員総選挙における有権者は，直接国税15円以上を納める満25歳《さい》以上の男子だけであり，国民のわずか1.1％であった。よって，ウの組み合わせが正しい。

問６　非核《ひかく》三原則は国会決議はされているが，日本国憲法には規定されていないので，アが日本国憲法第９条の条文に定める内容として当てはまらない。日本国憲法第９条は第１項で「日本国民は，正義と秩序を基調とする国際平和を誠実に希求し，国権の発動たる戦争と，武力による威嚇《いかく》又は武力の行使は，国際紛争を解決する手段としては，永久にこれを放棄《ほうき》する。」としてイの戦争の放棄を規定しており，第２項で「前項の目的を達するため，陸海空軍その他の戦力は，これを保持しない。国の交戦権は，これを認めない。」としてウの戦力の不保持やエの交戦権の否認を規定している。

問７　健康・医療《いりょう》，福祉《ふくし》，妊娠《にんしん》・出産，子育てなどは，中央省庁においては厚生労働省が取り扱《あつか》っている。

問８　ウの厳島《いつくしま》神社は1996年に，エの日光《にっこう》の社寺は1999年に，いずれも世界文化遺産に登録されている。なお，アの白神《しらかみ》山地とイの屋久島《やくしま》は1993年に，オの知床《しれとこ》は2005年に，カの小笠原《おがさわら》諸島は2011年に，それぞれ世界自然遺産に登録されている。

問９　2024年のパリ・オリンピックに採用された新競技で，自由に身体表現ができ，どこでも競えるという特徴をもつ競技は，イのブレイキンである。ブレイキンは，ブレイクダンスとも呼ばれ，音楽に乗せて身体のあらゆるところを使ってアクロバティックな動きをするダンスである。

問10　熱帯雨林の減少は，開発などによる熱帯雨林の破壊などが原因であり，野生動物の保護は関係しないので，ウが環境破壊の説明として間違っている。

問11　日本で労働三権がすべて認められていない職業としては，アの警察職員や消防職員，自衛隊員がある。なお，ウの公立学校職員は，団結権は認められており，団体交渉権についても一部は認められているが，団体行動権については認められていない。イの看護師とエのプロ野球選手は労働三権がすべて認められている。

問12　食料の国内消費に対して国内生産の割合を示した指標を，食料自給率という。

問13　消費者が商品の申し込みや契約をした場合でも，一定期間内であれば申し込みの撤回や解約をできる制度は，クーリングオフ制度という。

問14　令和５年度の日本の一般会計予算歳出項目で最も歳出額が大きい項目は，エの社会保障関係費である。

問15　2024年から発行される新1万円札の肖像は，ウの渋沢栄一《しぶさわえいいち》である。なお，アの津田梅子《つだうめこ》は新5千円札の肖像，イの北里柴三郎《きたさとしばさぶろう》は新千円札の肖像である。

問16　国(政府)が公共事業やサービスの資金を補うなどの理由で，財源の一部をまかなうために発行するのは，国債《こくさい》(公債)である。

問17　日本において，効率的な情報の連携《れんけい》を図るために住民票を持つすべての人に12桁《けた》の番号がつけられている制度は，マイナンバー制度という。

理　科　＜2科・4科入試＞（40分）＜満点：70点＞

解　答

1　(1) エ　(2) ウ　(3) エ　(4) オ　(5) エ　(6) ウ　(7) オ　(8) エ　(9) エ　(10) イ　(11) イ　(12) シ　(13) オ　(14) ケ　(15) キ

2　(1) ア　(2) オ　(3) イ　(4) エ　(5) ウ　(6) ア　(7) エ　(8) イ　(9) イ　(10) ウ　(11) ア　(12) キ　(13) エ　(14) エ　(15) カ

3　(1) イ　(2) ウ　(3) オ　(4) イ　(5) エ　(6) オ　(7) ア　(8) ウ　(9) エ　(10) オ　(11) イ　(12) オ　(13) カ

4　(1) エ　(2) イ　(3) ウ　(4) キ　(5) ウ　(6) イ　(7) オ　(8) ウ　(9) ア　(10) イ　(11) イ　(12) ア　(13) イ　(14) ウ　(15) エ

解　説

1　豆電球の明るさ，凸レンズについての問題

(1)　豆電球を並列につないでも，豆電球1つの明るさは図1のときと変わらない。

(2)　豆電球2つを直列につなぐと，豆電球1つの明るさは図1のときの$\frac{1}{2}$になる。

(3)　かん電池を並列につないでも，豆電球1つの明るさは図1のときと変わらない。

(4)　かん電池2つを直列につなぐと，豆電球1つの明るさは図1のときの2倍になる。

(5)　豆電球を並列につないでも，豆電球1つの明るさは図1のときと変わらず，かん電池を並列につないでも，豆電球1つの明るさは図1のときと変わらないので，豆電球1つの明るさは図1のときと変わらない。

(6)　豆電球2つを直列につなぐと，豆電球1つの明るさは図1のときの$\frac{1}{2}$になり，かん電池を並列につないでも，豆電球1つの明るさは図1のときと変わらないので，豆電球1つの明るさは図1のときの$\frac{1}{2}$になる。

(7)　豆電球を並列につないでも，豆電球1つの明るさは変わらないが，かん電池2つを直列につなぐと，豆電球1つの明るさは図1のときの2倍になる。

(8)　豆電球2つを直列につなぐと，豆電球1つの明るさは図1のときの$\frac{1}{2}$になり，かん電池2つを直列につなぐと，豆電球1つの明るさは図1のときの2倍になるので，豆電球1つの明るさは図1のときと変わらない。

(9)　豆電球を並列につないだときは，豆電球の数には関係なく，豆電球1つの明るさは図1のときと変わらない。

(10)　豆電球3つを直列につなぐと，豆電球1つの明るさは図1のときの$\frac{1}{3}$になる。

⑾　しょう点より内側に物体を置いたときは，スクリーンには像はうつらないが，物体がある方と同じ側に，物体と同じ向きで物体よりも大きいきょ像が見える。

⑿　しょう点の位置に物体を置いたときは，スクリーンには像はうつらず，きょ像も見えない。

⒀　しょう点きょりの２倍の位置に物体を置いたときは，スクリーンに，物体と同じ大きさで，上下左右が逆向きの実像がうつる。

⒁　しょう点きょりの２倍よりも遠い位置に物体を置いたときは，スクリーンに，物体よりも小さい，上下左右が逆向きの実像がうつる。

⒂　しょう点としょう点きょりの２倍の位置の間に物体を置いたときは，スクリーンに，物体よりも大きい，上下左右が逆向きの実像がうつる。

2　気体や金属の性質についての問題

⑴　空気より軽い気体には，水素やアンモニア，ちっ素がある。A，C，Eの気体のうち，Cは水にとけやすい気体だからアンモニア，Eは呼吸ではき出す空気の中に約８割ふくまれている気体だからちっ素とわかる。よって，Aの気体は水素であることがわかる。

⑵　緑色のBTBよう液に酸性の気体を加えると，BTBよう液は黄色になる。二酸化炭素が水にとけると，その水よう液は酸性を示すので，Bの気体は二酸化炭素であることがわかる。

⑶　Cの気体は，空気よりも軽く，水にとけやすい気体なので，アンモニアであることがわかる。

⑷　Dの中に火のついた線こうを入れると，激しく燃えることから，Dの気体は，ものを燃やすはたらきのある酸素であることがわかる。

⑸　ちっ素は，空気中に約８割ふくまれている気体である。呼吸では，酸素を体に取り入れて，二酸化炭素を体から出すので，呼吸ではき出す気体にふくまれるちっ素の割合は変わらない。

⑹　あえんにうすい塩酸を加えると水素が発生する。

⑺　木炭や木の枝，石油，ペットボトルのふたを燃やすと二酸化炭素が発生するが，スチールウールのような金属を燃やしても二酸化炭素は発生しない。

⑻　塩化アンモニウムと水酸化カルシウムの混合物を加熱すると，アンモニアが発生する。

⑼　植物が光合成を行うときは，空気中の二酸化炭素が使われ，酸素が出される。

⑽　上方置かん法や下方置かん法では集めた気体に空気が混ざることがある。水上置かん法で気体を集めると，より純すいな気体を集めることができる。

⑾　磁石に引きつけられる金属は鉄だから，針金Cは鉄でできていることがわかる。また，同じ重さのアルミニウムと銅では，アルミニウムの方が体積が大きいので，針金Aはアルミニウムで，針金Bは銅でできているとわかる。

⑿　金属には電気を通す性質があるので，A，B，C全ての針金に電流が流れる。

⒀　１cm^3あたりの重さを密度という。針金Aの密度は，30÷11.1＝2.702…より，約2.70 g/cm^3，針金Bの密度は，30÷3.3＝9.090…より，約9.09 g/cm^3，針金Cの密度は，30÷3.8＝7.894…より，約7.89 g/cm^3である。

⒁　密度は１cm^3あたりの重さだから，体積が同じときは，密度が大きいほど重さは重い。

⒂　物体を液体の中に入れたとき，液体の密度よりも物体の密度が小さければ，物体は液体にうく。水銀の密度は13.6 g/cm^3で，針金A～Cの密度よりも大きいから，A，B，C全ての針金がうく。

3　動物のなかまわけ，植物の葉のはたらきについての問題

⑴，⑶　バッタやハエ，アリはこん虫類である。こん虫類は，からだが頭部，胸部，腹部の３つにわかれていて，胸部には６本の足がある。

⑵，⑷，⑹　クモやダニはクモ類である。クモ類は，からだが頭胸部と腹部の２つにわかれていて，頭胸部には８本の足がある。

⑸　ミジンコとクモを比べると，足の数は異なるが，はねの数や足が出るところは同じである。

⑺　葉にデンプンが残っていると，光合成のはたらきで葉にデンプンがつくられることが確かめられないので，一昼夜暗い部屋において，葉にあるデンプンをなくしてから実験を行う。

⑻　葉を熱湯でゆでると，葉の細ぼうのかべがこわれてやわらかくなり，アルコールが葉の細ぼうの中へ入りやすくなる。

⑼　熱したアルコールに葉をつけると，葉の緑色がぬけて白っぽくなる。葉の緑色をぬくことで，ヨウ素液の色の変化が見やすくなる。

⑽，⑿　アルミはくでおおいをしなかった部分では光合成が行われる。光合成ではデンプンがつくられるので，ヨウ素液につけるとむらさき色になる。

⑾，⒀　アルミはくでおおいをした部分では光合成が行われないので，葉の色は変化せず白っぽいままである。

４　流れる水のはたらきや地層，金星の見え方についての問題

⑴　まっすぐ流れる川では川の中央ほど，曲がって流れる川では曲がっている部分の外側ほど流れが速くなる。

⑵～⑷　流れが速いところでは，しん食や運ぱんの作用が大きくなり，流れがおそいところではたい積の作用がさかんになる。川の上流では，川の流れが速いため，しん食や運ぱんの作用が大きくなり，Ｖ字谷のような地形がつくられやすくなる。

⑸　粒の重さが重いほど先にしずむので，小石，砂，どろの順にしずむ。

⑹　ぎょう灰岩は，火山のふん火で降った火山灰がたい積してできる岩石である。

⑺　石灰岩にうすい塩酸を加えると二酸化炭素が発生する。

⑻　サンゴは温暖で浅い海に生息しているので，サンゴの化石が発見された層から，たい積した当時の環境を知ることができる。

⑼　Ｄ，Ｅ，Ｆの層は，下にいくほど岩石をつくる粒の大きさが大きくなっているので，海岸からしだいに遠くなり，海の深さが深くなっていったと考えられる。

⑽　Ｃの層にはずれがなく，Ｄの層にはずれがあることから，①－②のずれができたのは，Ｄの層ができたあとであると考えられる。

⑾　③－④のような不整合面は，地層が地上へあらわれて風雨でしん食されたり，風化したりしてできたものである。したがって，このがけの地層は，③－④の不整合面ができたときと現在の，合わせて２回地表に出てきたと考えられる。

⑿　金星は太陽のまわりを地球の北極側から見て反時計回りに公転している。

⒀　Ｃの位置にある金星は太陽の光を反射している面を地球からは見られないため，地球から見ることができない。また，Ｇの位置にある金星も，金星が地球から見て太陽の裏側にあるので，地球からは観察できない。

⒁　金星は，太陽の光を反射して光って見える。地球は，北極側から見て反時計回りに自転してい

るため，金星が，D，E，Fの位置にあるときは，夕方西の空に見える。

⒂　金星の明るく光って見える部分は太陽の光が反射している部分なので，Dの位置に金星があるとき，金星は左側が大きくかけた形で見える。

国　語　＜２科・４科入試＞（50分）＜満点：100点＞

解　答

一 ①　ていさい　②　けいだい　③　そっちょく　④　いちじる(しい)　⑤〜⑧　下記を参照のこと。　二 **1**　①　9　②　7　③　16　④　6　**2**　①　ウ　②　ア　③　イ　④　ウ　三 **問1**　孫娘　**問2**　ア　**問3**　口論を止めるために道具箱をわざと投げ落としたことを，知られたくなかったから。　**問4**　エ　**問5**　イ　**問6**　ウ　**問7**　イ　四 **問1**　ウ　**問2**　知らん顔　**問3**　イ　**問4**　買うほうにも売るほうにも合理的だ(から)　**問5**　すぐにモデルチェンジし，新しい製品がどんどん出る(から)　**問6**　（例）本文では，ゴミの増加によりゴミの行き先はパンクしつつあると書かれている。レジ袋の有料化でエコバッグを持参する人が増え，ゴミになるレジ袋は減った。ゴミ問題を身近なものとして一人ひとりに考えさせる意味でも，有意義な取り組みだと思う。

●漢字の書き取り

一 ⑤　専門　⑥　収拾　⑦　保障　⑧　展開

解　説

一 漢字の読み書き

①　外から見た形や状態。　②　寺社の囲いの中。　③　素直で，かくしごとなどがないようす。　④　音読みは「チョ」で，「著名」などの熟語がある。訓読みにはほかに「あらわ(す)」がある。　⑤　一つの分野をもっぱら研究したり，それに従事したりするようす。　⑥　混乱した物事をとりまとめること。　⑦　危険や災いから，責任をもって守ること。　⑧　物事が進展すること。

二 画数の知識，敬語の知識

1　①　「しんにょう」以外の部分をまず６画で書き，「しんにょう」は３画で書くので，総画数は９画である。　②　一番上の「コ」のような部分が２画，続いて左側の「ノ」を１画で書く。残った部分は上から順に４画で書くので，総画数は７画となる。　③　横ぼうの「一」とその下の「ハ」は３画だが，その上の部分を先に左から順に書く。左はらいの「ノ」を１画と数えることに注意する。左部分が４画，中央の「同」に似た部分が６画，右部分が３画なので，総画数は16画である。　④　上から下に書いていくのが書き順の大原則の一つである。最初の「く」に似た部分は１画で書くので上半分が３画，「小」に似た下半分が３画で，総画数は６画となる。

2　①　「迷惑《めいわく》する」のは「他のお客様」なので，「迷惑する」に尊敬の助動詞「れる」と丁寧《ていねい》の助動詞「ます」をつけたウがあてはまる。アの「いたす」は「する」の，イの「申し上げる」は「言う」の謙譲語《けんじょうご》である。　②　「待つ」のはお客様なので，尊敬表現の「お〜ください」の形になるアがよい。イの「お〜する」は謙譲表現，ウの「いたす」は「する」の謙譲表現なのでふさわしくない。 ③ 北海道に相手が「行った」かどうかを聞いているので，「行く」の尊敬語の「おいでになる」を使ったイがあてはまる。アとウの「まいる」は「行く」の謙譲語なので，ふさわしくない。 ④ 先方に対し，自分側の「社長」の行動について話しているので，「行く」の謙譲語の「うかがう」を使ったウがあてはまる。「行く」に尊敬の助動詞「れる」をつけたア，「行く」の尊敬語の「いらっしゃる」を使ったイはふさわしくない。

三 **出典：橋本《はしもと》 紡《つむぐ》「永代橋」（『橋をめぐる　いつかのきみへ，いつかのぼくへ』所収）**。祖父のエンジと暮らした千恵《ちえ》は，家に帰らずエンジと暮らしたいと父に言うが，そんなやり取りの最中にエンジが階段から落ちて大さわぎになる。

問１ 千恵の父がエンジを「オヤジ」と呼んでいること，千恵の父と千恵のことをエンジが「息子と孫娘」と言っていることから，エンジから見て千恵は「孫娘」にあたるとわかる。

問２ 何かが階段を転げ落ちた轟音《ごうおん》がしたとき，すぐに階段をのぞきこみ，「オヤジ！」と叫《さけ》んだことから，年取ったエンジの体をお父さんがとても心配していたことがわかる。医者から無事を知らされ，心の底からほっとして大きな息を吐《は》いたものと思われるので，アがふさわしい。

問３ ぼう線部③のあとに続くエンジの言葉からまとめる。千恵が父と言い争いになるのをきらい，口論を止めるために道具箱をわざと投げ落として大きな音を立て，自分が階段から落ちたように装ってエンジは注意をひこうとした。だが，自分がそう仕組んだことを知られたくなかったのである。

問４ 実は階段から落ちたのはエンジではなく，道具箱だったと知った後の千恵のようすである。エンジは危険な状況《じょうきょう》にあったわけではないので，エがふさわしくない。

問５ 空欄《くうらん》の直後に「千恵は唇《くちびる》を噛《か》んだ」とあることを押さえる。「唇を噛む」は，悔《くや》しさや怒《いか》りをこらえるときのしぐさなので，イがよい。エンジに言いたいことがあるのに言葉が出ず，悔しかったのである。

問６ 「お父さんは明らかに怒《おこ》っていた」と過去形で表現されていることに注目する。ぼう線⑥の前で千恵の出血と母とのやり取りに「うるさい！　黙《だま》ってろ！」と言っているが，このことに対して怒っているのではなく，この前から怒っていたのである。この前では，エンジが自分になにかあったときには家を売って千恵の学費にしてほしいと言っている。それに対して，お父さんはぼう線⑥のあとで「下らないことを気にすんな」と，家計のことは自分が責任をもってどうにかすると言っているので，ウが合う。

問７ もどす文には「千恵も笑ってしまった」とあるので，ほかにも笑っている人がいる場面にもどせばよい。よって，自分のしかけたからくりを明かしたあとで「エンジは笑った」と前にあるイに入れるのがふさわしい。イの四文後には，「千恵は～笑い声を抑《おさ》えた」ともある。

四 **出典：槌田《つちだ》 劭《たかし》『地球をこわさない生き方の本』**。深刻さを増すゴミ問題について，なぜゴミが増えたのかを昔の暮らし方と比較《ひかく》しながら述べている。

問１ ゴミはどこかに持っていって処分されると直前の段落にある。そのため，自分たちの生活する範囲《はんい》には，ゴミが「見えなく」なっているといえる。

問２ もうゴミ処理に関して「無関心」ではいられなくなったとは，以前は「無関心」ですんでいたことを意味する。同じ段落の最初の文に，ゴミはどこかに持ち運ばれて処分されていたという直前の段落の内容を受けて，いままでは「知らん顔をしてすんでい」たと書かれている。

問３ 続く部分で，子どものころをふり返った筆者は，自分の家の角に置かれていたゴミ箱に入れるゴミさえ「ほとんどなかった」と前置きしたうえで，「戦時中，あるいは戦後しばらく」の間，ゴミの量が「多くなかった」理由について考察している。そもそも「紙くずがたくさん出る生活」ではなかったこと，「喉《のど》が乾《かわ》けば」水やお茶を飲み，空き缶《かん》や空き瓶《びん》の出る心配がなかったこと，八百屋《やおや》などでも新聞紙を包装として使い，トレイやビニールを捨てずにすんでいたことが，当時，ゴミが少なかった理由ではないかと筆者は述べている。よって，ア，ウ，エは正しい。「使った瓶や缶をリサイクル」するのは，清涼《せいりょう》飲料水を飲むようになった「いま」のことなので，イが正しくない。

問４　ぼう線④の次の段落に，人々の生活のペースが変わったのが一つの原因で，パックされた品物をさっさと選ぶ形にしたほうが，「買うほうにも売るほうにも合理的だ」からと書かれている。

問５　ぼう線⑤の直前の段落に，テレビや洗濯機《せんたくき》やオーディオなども「すぐにモデルチェンジし，新しい製品がどんどん出る」から，まだ使えるものでも買い替えてしまうと述べられている。

問６　レジ袋の有料化は，買い物のたびにわたされ，ゴミとなるレジ袋の代わりにエコバッグを持参することでゴミを減らす目的で始まった。「ゴミの行き先がパンクしつつあ」る現状を考えると，「ゴミを出すように出来上がってしまっている」生活を見直す必要があるのは確かだろう。ゴミ問題の現状に関する本文の内容をふまえ，レジ袋の有料化に対して考えを述べればよい。解答は一例である。

2024 年度 藤嶺学園藤沢中学校

【算　数】〈２科入試〉（50分）〈満点：100点〉

（注意事項）１．１～３は解答のみ，４・５は途中の式も書きなさい。
２．円周率を使う場合は，3.14で計算しなさい。

1 □にあてはまる数を答えなさい。

(1)　$272 \div 17 + 266 \div 14 = \square$

(2)　$\frac{1}{2} \div 0.125 + \frac{3}{4} \div 0.375 - \frac{3}{8} \div 0.625 = \square$

(3)　$4 \times (2 \times \square - 6) \times 23 = 2024$

(4)　$\left(\square - \frac{2}{3}\right) \times \frac{24}{25} = \frac{1}{5}$

(5)　2時間46分39秒＝□秒

2 次の問いに答えなさい。

(1)　8と9の公倍数のうち、3桁《けた》の数は全部で何個ありますか。

(2)　太郎さんと花子さんの持っているお金を合わせると2000円になります。太郎さんが花子さんより500円多く持っているとき、花子さんはいくら持っていますか。

(3)　太郎さんとお父さんの年れいの差は28才です。5年後、2人の年れいの合計は68才になります。現在、お父さんは何才ですか。

(4)　生徒全員に鉛筆《えんぴつ》を1人5本ずつ配ると24本余り、6本ずつ配ると6本不足します。鉛筆は全部で何本ありますか。

(5)　ある仕事を太郎さんが行うとちょうど７日、次郎さんが行うとちょうど 11 日かかります。この仕事を２人で行うと何日目で終わりますか。

(6)　家から駅まで 1500 m の道のりを、家を出たときは時速 12 km で進み、途中《とちゅう》から時速 18 km で進むと７分で駅に着きました。時速 12 km で進んだ時間は何分ですか。

(7)　120 g の水に食塩を混ぜると、20 %の食塩水ができました。混ぜた食塩は何 g ですか。

(8)　図のような正方形と円でできた図形の斜線《しゃせん》部分の面積は何 cm² ですか。

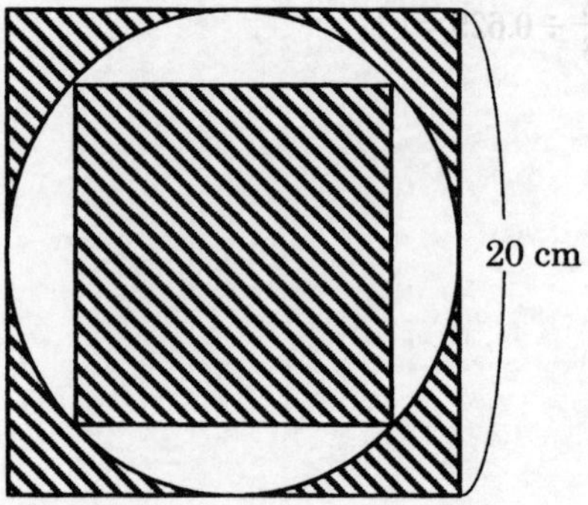

3　同じ大きさの正方形の折り紙を、折ったり切ったりせずに重ねます。図１はA～Dの４枚、図２はA～Gの７枚を重ねました。次の問いに答えなさい。

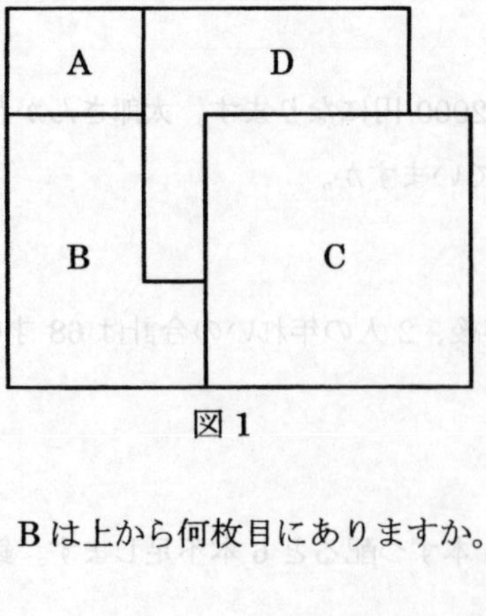

図１

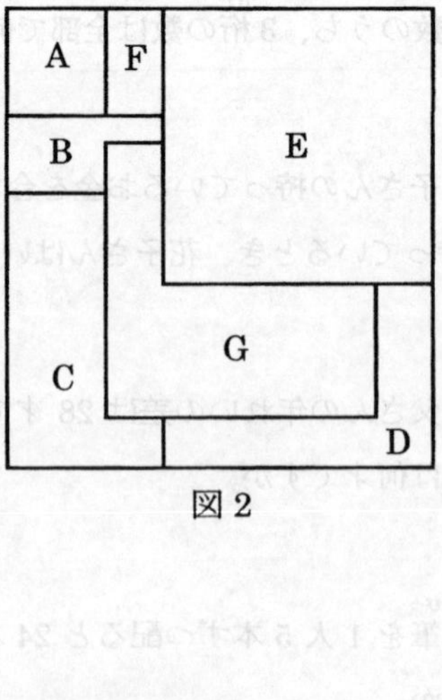

図２

(1)　図１で、Bは上から何枚目にありますか。

(2)　図２で、上から６枚目の折り紙はどれですか。A～Gから選びなさい。

4　入館料が大人は2500円、子供は1200円の水族館があります。ある３日間の大人の人数の合計は5180人で、来館した人数は次のようになりました。次の問いに答えなさい。

１日目　大人の人数は1680人だった。

２日目　大人の人数は１日目より20人増え、子供の人数は１日目より4%減っていた。

３日目　大人と子供の人数の比は３：２で、入館料の合計は１日目よりも1%減っていた。

(1)　１日目の入館料の合計はいくらですか。

(2)　２日目の入館料の合計はいくらですか。

5　高さ60 cmの直方体の形をした空の水そうがあります。図のように水そうの底面を小さな直方体で底面Ａ，底面Ｂに分け、底面Ａの上から水を入れます。グラフは、このときの時間と底面Ａから水面までの高さの関係を表しています。次の問いに答えなさい。

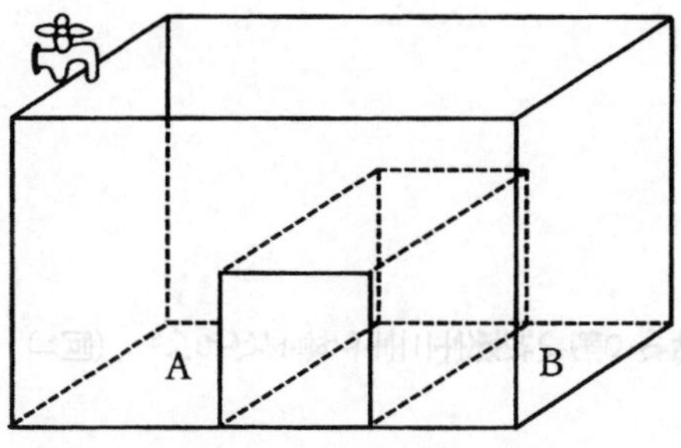

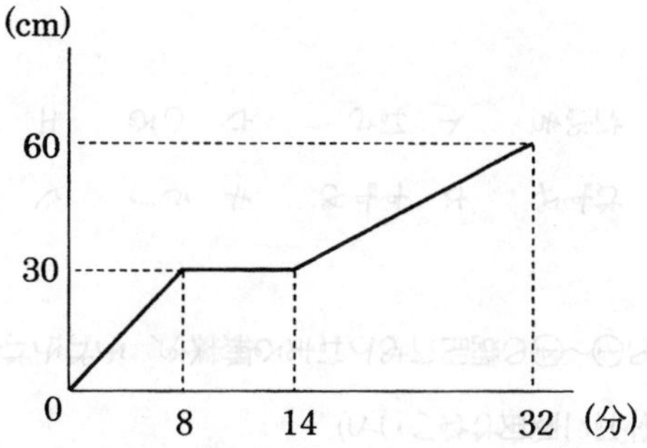

(1)　（底面Ａの面積）:（底面Ｂの面積）をもっとも簡単な整数の比で表しなさい。

(2)　満水になってから小さな直方体を取りのぞくと、水面の高さは何cmになりますか。

【国　語】〈二科入試〉（五〇分）〈満点：一〇〇点〉

一　次の①〜⑧の——線の漢字はひらがなに、カタカナは漢字に直しなさい。

① 自分の素性をさらけ出せる。　② 教室の窓から冬木立が見える。
③ 彼は偏屈だ。　④ 大きな地震《じしん》に備える。
⑤ フランスの人権センゲン。　⑥ お寺の本堂をハイカンする。
⑦ コウギ形式の授業。　⑧ 飛行機をソウジュウする。

二　次の1・2のそれぞれの問いに答えなさい。

1 次の文は慣用句を説明したものです。かかわりのある動物を、あとのア〜クの中からそれぞれ選び、記号で答えなさい。

① 量がきわめてすくないこと。　② おとなしいふりをすること。
③ 相手と気が合うこと。　④ 急に大さわぎになること。

ア たぬき　イ はち　ウ つる　エ ねこ
オ ねずみ　カ すずめ　キ うし　ク うま

2 次の①〜④の説明にあてはまる職業を、それぞれ後の語群から選んだ漢字二字で答えなさい。（同じ漢字は二度使わないこと）

① 国または地方の事務などを担当する者
② 演劇《えんげき》や映画などの上演のもとになる本を書く人
③ 依頼《いらい》を受けて、他人の訴訟《そしょう》やその他の法律事務を行う人
④ 医者の処方箋《しょほうせん》にしたがって薬を調合したりする人

語群	務・会・剤・作・本・書・薬・員・計
	公・家・師・士・弁・護・看・脚

三 次の文章を読み、あとの問いに答えなさい。

(特に指示がない場合、句読点や記号は一字に数えます)

「もう十分に看病しただろう。いいかげんにしたらどうだ」

①おとうさんのおこった声が聞こえて、ぼくは緊張《きんちょう》した。目ざまし時計を見ると、六時十五分だった。

「課長のおれが帰宅時間を気にしながら働いているようじゃあ、仕事が進まないんだよ」

病院から帰ってきたおかあさんと、会社に行こうとするおとうさんがケンカをはじめたんだ。その声で、ぼくは目をさましたらしい。

「昼間はともかく、夜に家をあけるのは、もうやめてくれ。健斗《けんと》がかわいそうだし、おれだって限界なんだ」

おかあさんもなにか言いかえしているようだったけれど、声が小さいので、はっきりとは聞こえなかった。

「ふざけるな。もういい。おまえがその程度のこともわからないバカな女だとはおもわなかった」

そのあと玄関《げんかん》のドアが大きな音を立てて、おとうさんは会社に行ったようだった。

――なんだよ、これ。どうしてこんなことになるんだよ。

ぼくはかけぶとんを頭までかぶり、からだを丸めた。

七時ちょうどにおきていくと、おかあさんが鼻歌を歌いながら、テーブルに朝ごはんをならべていた。ソーセージに目玉焼きという、ぼくの大好物だ。

「おはよう、健ちゃん。よくねむれた?」

おかあさんの声はへんに明るかった。

「うん、よくねた」

ぼくはそう答えて、トイレに行った。それから、おかあさんが出しておいてくれた服に着替《きが》えた。朝ごはんを食べているあいだ、おかあさんがいろいろ話しかけてきたけど、ぼくはずっとテレビを見ていた。

「おいしかった、ごちそうさま」

歯をみがき、ランドセルをせおって玄関でクツをはくと、おかあさんが外の廊下《ろうか》までついてきた。

「いいよ、ここで」

「たまにはいいじゃない、したまで見送りに行っても」

つぎの瞬間《しゅんかん》、ぼくはどなっていた。

「いいって言ってるじゃないか」

ぼくは廊下を走って、階段をかけおりた。マンションの出入り口に、小学生たちはまだ集まっていなかった。ぼくは深呼吸を何度もして、②泣きだしそうになるきもちをおさえた。

昼休みに、ぼくはひとりで図書室に行った。雨の日にはみんなとくるけど、晴れの日の昼休みに図書室にきたのは初めてだ。

——おかあさん、悲しかっただろうな。どうやってあやまろうかな。

そう考えながら本棚《ほんだな》のあいだを歩いていると、大きな机で高学年の女子が低学年の女の子と絵本を読んでいた。ならんですわった二人はとてもよく似ていて、名札の色からするとお姉さんは六年生で、妹は一年生だ。

妹はうれしくてしかたがないようで、絵本を指さしてケタケタ笑っている。お姉さんのほうは恥《は》ずかしいらしく、人差し指を自分の口に当てて、妹を静かにさせようとしていた。

ぼくは二人がうらやましかった。きょうだいがいたら、けさのようにおとうさんとおかあさんがケンカをしても、ぼくはあんなにイライラしなかっただろう。そういえば、太一くんにはお姉さんがいたはずだ。

〈わたしが生まれた日〉という授業を二年生の三学期にした。先生がつくった質問にしたがって、自分が生まれたときのことをおとうさんやおかあさんにきいてくる。生まれた日にちと場所、どうしてその名前にしたのか、どんな赤ちゃんだったのか。生まれたときに、おとうさんやおかあさんはどうおもったのか。質問への回答を一枚の紙にまとめて、生まれたばかりのころの写真もはって、最後に自分の感想を書く。そして、授業参観のときにひとりずつまえに出て発表をするという授業だった。

太一くんは自分が生まれたときに、お姉さんがとてもよろこんだという話をした。おとうさんとおかあさんもよろこんだけど、お姉さんが一番よろこんだそうだ。

お姉さんは四つうえで、太一くんは小学校に入学したばかりのころ、休み時間のたびに、お姉さんがいる五年生のクラスに行ってしまったという。

「理由は、心細かったからです」

太一くんが言うと、みんなが笑って、ぼくもちょっとだけ笑ったけど、自分にとって恥ずかしいことをみんなのまえで話せる太一くんをすごいとおもった。

あのとき、ひときわ大きな声で笑ったのは、太一くんのおとうさんだった。お姉さんのほかにもあんなおとうさんがいるから、太一くんはおじいちゃんを亡くした悲しみから立ちなおれたんだと、ぼくはいまになっておもいついた。

——どうすれば、おとうさんとおかあさんを仲なおりさせられるのかな?

誰《だれ》かに相談したくても、こんな話は友だちをこまらせてしまうだけだ。太二くんだったら聞いてくれるかもしれないけど、いまはクラスがちがうし、ぼくは太二くんとそこまで仲良くはなかった。

――お兄ちゃんかお姉ちゃんがいてくれたらいいのになあ。

そうおもったら、③涙《なみだ》がこぼれそうになった。

昼休みのおわりをしらせるチャイムが鳴って、ぼくは教室にもどった。

おばあちゃんが退院したのは、つぎの週の火曜日だった。元気になったからではなくて、これ以上は病院にいても治療《ちりょう》のしようがないからだ。それなら自宅で介護《かいご》をしようと、おかあさんのきょうだいで話しあって決めたという。

千夏おばさんがおばあちゃんの家でくらして、みんなもできるはんいで手助けをする。ヘルパーさんの手も借りるし、近くのお医者さんも協力してくれて、おばあちゃんのようすが急変したときには夜中でも診察《しんさつ》にきてくれるとのことだった。

「健ちゃん。そういうわけだから、今度の金曜日はおばあちゃんのうちに泊《と》まらない？」

おかあさんにきかれて、ぼくの胸がドキンと鳴った。

――その夜に、おばあちゃんが死んだらどうしよう。

考えただけで、ぼくはこわかった。

「おとうさんも一緒《いっしょ》ならいいよ」

とっさに答えると、おかあさんが目をそらした。

「だって、ほら。おばあちゃんにもしものことがあったら、おかあさんひとりじゃたいへんでしょ。ぼくじゃあ、たよりにならないし」

せっかくいいアイデアをおもいついたのに、おかあさんは目をそらしたままだった。

おとうさんとケンカをしてから、おかあさんはおばあちゃんの病室に泊まっていなかった。だからといって仲なおりをしたわけではなくて、土日のあいだも、おとうさんとおかあさんはほとんど口をきいていなかった。運動会がおこなわれる来週の土曜までには、なんとかして仲なおりをしてほしい。

「④ぼくがおとうさんにお願いしてみようか？　おそい時間になってもいいから、おばあちゃんのうちにきてくださいって。それで三人で泊まろうって」

おかあさんとは反対に、ぼくはワクワクしていた。たしか、おとうさんの会社からおばあちゃんのうちまでは地下鉄一本で行けたはずだ。

「わかったわ。今夜、おかあさんからおとうさんにお願いしてみる。でも、もしもおとうさんが無理だって言っても、おとうさんをきらいになっちゃダメよ」

おかあさんは、自分に言いきかせているようだった。

その晩、⑤ぼくはなかなかねむれなかった。おとうさんとおかあさんがまたケンカをはじめたら、ぼくはすぐに部屋をとびだして、おとうさんにあやまるつもりだった。

十時まではおきていたけど、ぼくはいつのまにかねむってしまったらしい。

「健ちゃん、もう七時になるわよ」

おかあさんの声がして、ぼくは目をさました。おかあさんがドアのところからこっちを見ている。

「おとうさんは?」

「もう会社に行ったわ」

おかあさんの声は明るかった。

「金曜日のことは、どうなったの?」

「すぐには返事ができないって。でも、まえむきに検討してみるって」

「なんだか、会社のひとどうしの話しあいみたいだね」

ぼくが言うと、おかあさんがふきだした。そのあと食べた朝ごはんがおいしくて、ぼくはおかわりをした。

(佐川　光晴『大きくなる日』より)

問一　――部①「おとうさんのおこった声」とありますが、「おとうさん」が「おこった」理由を説明した次の文の(　　　)に入ることばを、本文中からそれぞれぬき出して答えなさい。

「おかあさん」が祖母の看病をしていることはわかってはいるが、「おかあさん」が(　Ⅰ　七字　)と健斗がかわいそうであるうえ、「おとうさん」自身も(　Ⅱ　七字　)から。

問二　――部②「泣きだしそうになるきもち」とありますが、「ぼく」はなぜ「泣きだしそう」なのですか。その理由としてもっともふさわしいものを次の中から一つ選び、記号で答えなさい。

ア　「おかあさん」が自分がおこっている理由に気づいてくれないことが悲しかったから。

イ　「おかあさん」が自分を子どもあつかいしていることが腹立たしかったから。

ウ　「おかあさん」が自分の大好物を朝食に出してくれたことがうれしかったから。

エ　「おかあさん」が自分が遅刻《ちこく》しそうなときに話しかけてきたことがいやだったから。

問三　――部③「涙がこぼれそうになった」とありますが、それはなぜですか。その理由としてもっともふさわしいものを次の中から一つ選び、記号で答えなさい。

ア　両親が仲直りしてくれないことがさびしかったから。
イ　太一くんとクラスが離れて話せないことがさびしかったから。
ウ　お兄ちゃんもお姉ちゃんもいないことがさびしかったから。
エ　自分には相談できる相手がいないことがさびしかったから。

問四　――部④「ぼくがおとうさんにお願いしてみようか？　おそい時間になってもいいから、おばあちゃんのうちにきてくださいって。それで三人で泊まろうって」とありますが、「ぼく」はなぜ「お願い」をしようとしたのですか。その理由としてもっともふさわしいものを次の中から一つ選び、記号で答えなさい。

ア　「おかあさん」と「おとうさん」を運動会までに仲直りさせたかったから。
イ　「おかあさん」と二人だけで泊まりに行きたくなかったから。
ウ　「おかあさん」にしかられたら「おとうさん」に助けて欲しいから。
エ　「おかあさん」に「おとうさん」を許してほしいと思ったから。

問五　――部⑤「ぼくはなかなかねむれなかった」とありますが、ここでの「ぼく」の気持ちとしてふさわしくないものを次の中から一つ選び、記号で答えなさい。

ア　不安　　イ　苦痛　　ウ　期待　　エ　緊張

問六　次の会話文は、この文章を読んだ先生と生徒たちが話し合いをしている場面である。それを読み、後の各問いに答えなさい。

先生「この作品を読んで印象に残った部分を教えてください。それでは、Aくん」

生徒A「はい。僕《ぼく》は食事の場面が二回も出てきたことが印象に残っています」

生徒B「もう、Aくんは食いしんぼうだなあ」

先生「いや、実はこの二回の食事の場面は、本文の他の場面や話の流れを考えると、他にも重要なことが読み取れる興味深い場面といえるのです。まずは一つ目の食事の場面から考えてみましょう」

生徒B「それは一日目の朝ごはんの場面のことでしょうか？　たしかに、『おいしかった』とおかあさんに言っているけど、［　Ⅰ　］という一文をよく読むと、大好物であるはずの朝ごはんの味に全然集中できていないような気がします」

先生「いいところに気が付きましたね、Bくんの言う通りです。しかもこの日の朝ごはんは大好物だったというのもポイントですね。それでは、二日目の食事の場面と比べてみましょう」

生徒A「本当だ、全然違《ちが》いますね！　しかし、どうしてこんな違いが生まれてしまったのでしょうか。普通は大好物の方がおいしいと思えるはずなのに……」

先生「いい疑問を持ちましたね。Bくんはどう思いますか」

生徒B「以前読んだ説明文に、『味覚は気分によっても変化する』という文があったので、それと関連づけて考えられないでしょうか」

生徒A「わかった！　そうなると、一日目の朝ごはんのときは気分がよくなくて、二日目の朝ごはんのときは気分がよかった、ということになりますね。それが読み取れる部分はどこかにあるかな」

生徒B「一日目の朝食のときは、食べる前の［　Ⅱ　］という「健斗」の行動を見ると、気分がいいとはいえないですよね」

生徒A「反対に、二日目の朝食は［　Ⅲ　］という行動に表れているように、気分が良かったと考えることができると思います」

先生「みなさん、さすがですね」

(1)　［　Ⅰ　］に入る一文を本文中からぬき出し、はじめの五字を答えなさい。

(2)　［　Ⅱ　］に入る一文を本文中からぬき出し、はじめの五字を答えなさい。

(3)　［　Ⅲ　］に入る一文を本文中からぬき出し、はじめの五字を答えなさい。

四　次の文章を読み、あとの問いに答えなさい。

（特に指示がない場合、句読点や記号は一字に数えます）

三〇〇種以上ある桜の中で、もっとも親しまれているのがソメイヨシノである。母にエドヒガン、父にオオシマザクラを持つ、江戸《えど》時代に誕生した日本固有の桜である。一斉《いっせい》に咲《さ》き始めるので、昔から生物季節観測に利用され、春の到来《とうらい》を知らせるよい指標となっている。①しかしなぜ、ソメイヨシノは同時に咲くのだろう。

ソメイヨシノの元をたどっていくと、ある木にたどり着くという。千葉大学の中村郁郎教授によれば、その木は上野動物園の正門そばの小松宮彰仁親王像近くに立っているという。ソメイヨシノの木は、種で自然に増やせないから、切った枝を土台の木に挿《さ》す「接ぎ木」などの方法で増やしていく。こうやって上野の桜と同じ遺伝子を持った弟妹が日本各地に植えられたため、同じ気候条件の下では揃《そろ》って咲くというわけだ。

二〇二一年は天候のめぐりあわせによって、②ソメイヨシノが前例のない早さで、息せき切って日本列島を駆《か》け抜《ぬ》けていった。まず広島市では全国の先陣《せんじん》を切って三月十一日に開花し、東京は三月十四日に平年を十日も上回る早さで花が咲き、観測を始めて以来もっとも早い開花となった。

何が劇的に開花を早めたのだろうか。それは急激な温度変化であった。花の芽は夏に作られた後に一時眠《ねむ》りに入るのだが、冬になってしばらく寒さにさらされると目を覚ます。これを「休眠打破《きゅうみんだは》」という。目覚めた花芽は気温の上昇《じょうしょう》とともに膨《ふく》らんでいって、やがて開く。

二〇二一年は過去の文献《ぶんけん》には例がないほど、桜が早起きせざるを得ない条件が整っていたようである。まず年明けに「年越《としこ》し寒波《かんぱ》」とか「七草大寒波」などと名のついた、稀《まれ》に見る強い寒気が日本にやってきて、低温や積雪の記録を次々に更新《こうしん》した。このとき群馬県では三日間で一メートル以上という記録的な大雪が積もり、落雪が相次いで死者も出た。ところがその強烈《きょうれつ》な寒さは、立春前に影《かげ》を潜《ひそ》め、観測史上もっとも暖かい二月となった地域もあった。

では早春にどれだけ暖かくなれば花が開くのだろうか。一般《いっぱん》的に、二月一日からの日平均気温を足し合わせていって、四〇〇℃になった頃《ころ》に開花することが多いと言われている。これは「四〇〇℃の法則」と呼ばれ、桜の開花予想の目安としても重宝されている。

桜の開花予想といえば、二〇〇九年までは［　③　］の専売特許だったが、その後は民間気象会社が引き継《つ》いでいる。開花日とは、「標本木に五〜六輪の花が咲いた」状態だが、各社がしのぎを削《けず》って、独自のマル秘計算法を駆使《くし》して予想に挑《いど》んでいる。日本で開花予想が始まったのは一九五〇年代で、気象庁の職員であった市川寿一氏がつぼみの重さを測って予測を立てたのが始まりだそうである。市川氏は、赤ちゃんの体重変化から発想を得て、つぼみ一〇個が一グラムになると約一〇日後、一グラムを超えると三日以内に咲くという自然の法則を見つけたと、直接話を聞いた気象キャスターの森田正光さんは著書に記している。

開花予想は、お隣《となり》の国、韓国《かんこく》でも盛んに行われている。今は日本同様、民間会社が予想を担い、気象局が開花発表を行う。ただ日本と異なるのは、開花日の定義が「三輪以上」と、日本の基準よりやや緩《ゆる》いことである。ソウルの標本木は気象局の敷地《しきち》内にあって、毎年四月一〇日頃に開花する。しかしここ数年は記録的に早く桜シーズンがやってきて、二〇二〇年には三月二七日に一九二二年の観測開始以降で最も早く桜が咲き、翌年はそれより三日早まって、その記録を再び更新《こうしん》した。ソウルと東京はよく似ていて、東京も二〇二〇年、二〇二一年に開花の最速記録を塗《ぬ》り替《か》えている。

桜の季節はどんどん前倒《だお》しになっている。たとえば過去五〇年間の東京のソメイヨシノの開花日の統計をとって確かめてみよう。東京の開花日の目安とされている標本木は、靖国《やすくに》神社の境内に立っているが、この木の開花日の移り変わりを見てみると、一九六六年から一九七五年の一〇年間の平均開花日は三月三一日頃だったが、二〇〇六年から二〇一五年は三月二三日頃となっていた。つまり五〇年間で約一週間も早まっている。

次は、開花日が同じ場所を線で結んだ、桜前線の統計を見てみよう。④四月一日の桜前線の位置を、最近と約半世紀前で見比べてみると、一〇〇キロ近くも北上していることが分かる。それまでは関東南部にあった桜前線が、今や関東北部や北陸地方の一部にまで達しているようである。

今後、桜のシーズンはどれほど早まってしまうのだろうか。九州大学大学院の伊藤久徳教授（当時）らの研究（二〇〇九年）によれば、二一〇〇年ごろに日本周辺の気温が一〜三℃上昇したとすると、東北地方の開花は今より一〜三週間前倒しになるという。そうなれば、入学式に桜、という組み合わせは昔話となってしまう。

反対に、冬が暖かく桜が［　⑤　］できなくなる九州では、一〜二週間開花が遅《おそ》くなるという。かてて加えて、桜が一切開花しなかったり、仮に咲いたとしても、だらだらバラバラに咲いて、八割が一斉に咲くという〝満開〟の定義に至らないケースも出たりするという。実際に、二〇〇七年には暖冬の影響《えいきょう》で、八丈島《はちじょうじま》で桜が満開に達しなかった例がある。そこで気象庁は二〇一二年より定義を変え、八割が同時に咲いている必要はないとした。つまり花が咲き揃《そろ》っていなくても、⑥つぼみの割合が全体の二割以下になった状態を満開としたのである。

（森さやか『お天気ハンター、異常気象を追う』より）

問一 ——部①「しかしなぜ、ソメイヨシノは同時に咲くのだろう」とありますが、「同時に咲く」理由を「〜から」につながるように本文中から二十七字でぬき出して答えなさい。

問二　——部②「ソメイヨシノが前例のない早さで、息せき切って日本列島を駆け抜けていった」とありますが、なぜそうなったのですか。その理由を説明した次の文の（　　）に入ることばを、本文中からそれぞれぬき出して答えなさい。

（　Ⅰ　八字　）がきた後（　Ⅱ　十三字　）となった地域があったから。

問三　[　③　]に入ることばを、本文中からぬき出して答えなさい。

問四　——部④「四月一日の桜前線の位置を、最近と約半世紀前で見比べてみると、一〇〇キロ近くも北上していることが分かる」とありますが、最近の四月一日の桜前線としてもっともふさわしいものを次の図のア～エから一つ選び、記号で答えなさい。

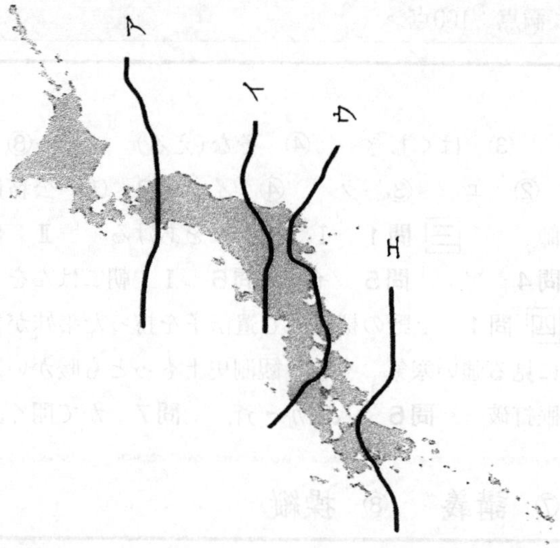

問五　[　⑤　]に入ることばを、本文中から四字でぬき出して答えなさい。

問六　——部⑥「つぼみの割合が全体の一割以下になった状態を満開とした」とありますが、それはなぜですか。その理由を説明した次の文の（　　）に入ることばを、本文中から二十六字でぬき出し、はじめの五字を答えなさい。

（　　　　）が出てきたから。

問七　本文からは次の一文がぬけています。文が入るのにもっともふさわしい場所を探し、直前の五字で答えなさい。※句読点も一字として含みます。

つまり桜が早く咲くためには、花芽が覚醒《かくせい》するためにガツンとした寒さを経験し、その後ポカポカ陽気が続くことが必要というわけである。

2024年度

藤嶺学園藤沢中学校　▶解　答

算　数　＜２科入試＞（50分）＜満点：100点＞

解　答

1 (1) 35　(2) $5\frac{2}{5}$　(3) 14　(4) $\frac{7}{8}$　(5) 9999秒　2 (1) 12個　(2) 750円　(3) 43才　(4) 174本　(5) 5日目　(6) 6　(7) 30ｇ　(8) $286cm^2$　3 (1) 3枚目　(2) F　4 (1) 6000000円　(2) 5978000円　5 (1) 4：3　(2) $53\frac{1}{3}$

国　語　＜２科入試＞（50分）＜満点：100点＞

解　答

一 ① すじょう　② こだち　③ はくしき　④ そな(える)　⑤～⑧ 下記を参照のこと。　二 **1** ① カ　② エ　③ ク　④ イ　**2** ① 公務員　② 脚本家　③ 弁護士　④ 薬剤師　三 **問１** Ⅰ 夜に家をあける　Ⅱ 仕事が進まない　**問２** ア　**問３** ウ　**問４** ア　**問５** イ　**問６** Ⅰ 朝ごはんを　Ⅱ ぼくはかけ　Ⅲ そのあと食　四 **問１** 上野の桜と同じ遺伝子を持った弟妹が日本各地に植えられた(から)　**問２** Ⅰ 稀に見る強い寒気　Ⅱ 観測史上もっとも暖かい二月　**問３** 気象庁　**問４** イ　**問５** 休眠打破　**問６** 八割が一斉　**問７** がて開く。

●漢字の書き取り

一 ⑤ 宣言　⑥ 拝観　⑦ 講義　⑧ 操縦

Memo

Memo

2023年度 藤嶺学園藤沢中学校

【算　数】〈２科・４科入試第１回〉（50分）〈満点：100点〉

（注意事項）１．1～3は解答のみ，4・5は途中の式も書きなさい。

２．円周率を使う場合は，3.14で計算しなさい。

1　□にあてはまる数を答えなさい。

(1)　$5\times21\frac{8}{21}-105=\square$

(2)　$120-\{92-3\times(37+17)\div27\}=\square$

(3)　$(71+\square)\div5+(30-6)\div4=31$

(4)　$3\times\left(\square\times\frac{1}{8}-16\right)=27$

(5)　□ kmの８％は 600 m

2　次の問いに答えなさい。

(1)　496 の約数をすべてたすといくつですか。

(2)　１個 120 円の商品 A と、１個 160 円の商品 B があります。A と B を合わせて 90 個買ったところ、12680 円になりました。A は何個買いましたか。

(3)　生徒にノートを１人２冊《さつ》ずつ配ると 14 冊余り、４冊ずつ配ると 40 冊不足します。ノートは何冊ありますか。

(4)　現在、花子さんとお父さんの年れいの差は 24 才です。４年前、お父さんの年れいは花子さんの年れいの７倍でした。現在、花子さんは何才ですか。

(5)　2つの自動車A, Bがあります。Aは360 mを30秒で走り、Bは600 mを40秒で走ります。A, Bが同時に出発しAが3 km走ったとき、Bの走った距離《きょり》との差は何mですか。

(6)　2つの歯車A, B がかみ合っています。Aの歯の数は30本で、Aが15回転するとBは25回転します。Bの歯の数は何本ですか。

(7)　食塩水Aと水300 gを混ぜると5 %の食塩水ができます。同じ重さの食塩水Aと3 %の食塩水300 gを混ぜると7 %の食塩水ができます。食塩水Aは何gですか。

(8)　図の斜線《しゃせん》部分の面積は何cm²ですか。

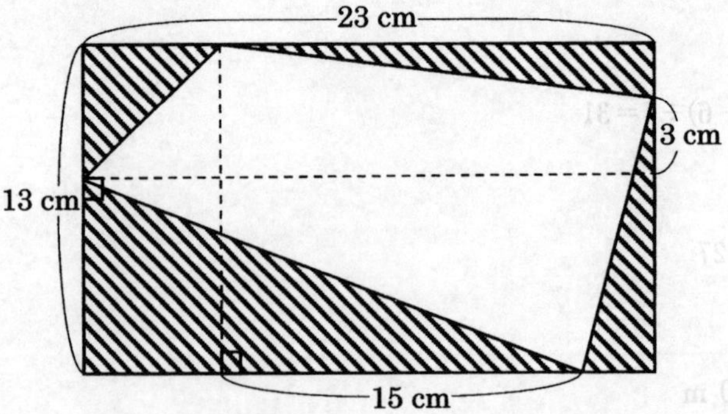

3　$\frac{1}{41}$ を小数にしたとき、次の問いに答えなさい。

(1)　小数第3位の数字を答えなさい。

(2)　小数第44位の数字を答えなさい。

(3)　小数第1位から小数第44位までの数字の和を答えなさい。

4　空の水そうに３つの管Ａ，Ｂ，Ｃがあり、表のように水が出ます。
（Ｂから出る水の量）：（Ｃから出る水の量）＝２：５です。このとき、次の問いに答えなさい。

使用する管	満水になるまでの時間
Ａ	20分
Ｂ	30分
ＡとＢ	㋐分
ＡとＢとＣ	㋑分

(1)　㋐に入る数を答えなさい。

(2)　㋑に入る数を答えなさい。

(3)　空の水そうに、はじめＡだけで４分間水を入れました。その後、ＡとＢとＣで水を入れて満水にしました。ＡとＢとＣで水を入れたのは何分何秒間ですか。

5　太郎さんと花子さんがそれぞれ自動車で同時にＡ町を出発しました。太郎さんは速さを変えずに進み、花子さんは途中《とちゅう》で２回速さを変えて進みました。20分後に18 km 離《はな》れたＢ町で花子さんが太郎さんに追いつきました。グラフはＡ町を出発してからの時間と２人の間の距離《きょり》の関係を表しています。このとき、次の問いに答えなさい。

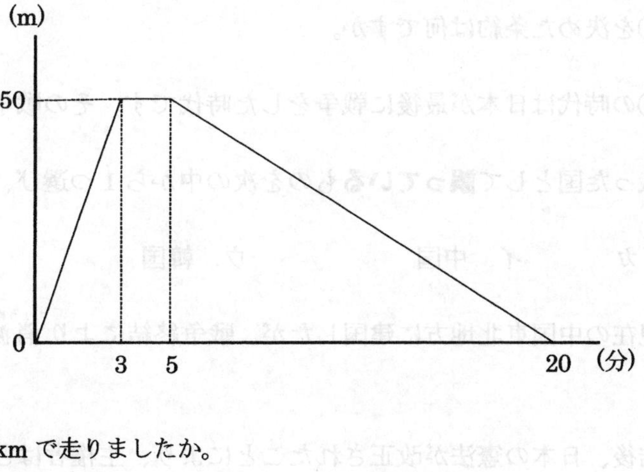

(1)　太郎さんは時速何 km で走りましたか。

(2)　花子さんは、はじめ時速何 km で走りましたか。

(3)　花子さんが２回目に速さを変えた後は、時速何 km で走りましたか。

【社　会】〈２科・４科入試第１回〉（40分）〈満点：70点〉

1 次の文章を読んで、下線部に関する問いに答えなさい。

昨年、イギリスのエリザベス女王がなくなった。享年９６歳、在位期間は歴代最長の７０年だそうだ。女王が即位した１９５２年、①日本はアメリカの占領統治から独立を回復した頃《ころ》で②昭和天皇の時代だった。

昭和天皇の在位期間は６２年間とこれも長い。他に在位期間の長い天皇はどうだろう？実在のはっきりしない③古代の天皇には在位１００年以上という例もあるが、ここではある程度存在のはっきりしている５世紀以降の天皇で見てみよう。

昭和天皇に次ぐのは、④明治天皇の４５年６カ月、その次は⑤江戸時代後半の光格天皇の３７年４カ月、続いて⑥室町時代の後土御門天皇の３６年２カ月と後花園天皇の３５年１１カ月となっている。その次は、時代をさかのぼり、⑦飛鳥時代の⑧推古天皇が３５年３カ月、⑨平安時代の⑩醍醐天皇が３３年２カ月となっている。

もっとも、在位が長ければよいというわけではなく在位期間が長いほど様々なことが起きて大変だったのではないかと想像できる。

いずれにしろ、在位の長さにかかわらず、世の中が平和で人々が幸せに暮らしていけるのが一番大事なことであろう。５年目に入った令和の時代がどんな世の中になるのだろうか。それはこれからの時代をつくる君たちにかかっている。

問１　下線部①を決めた条約は何ですか。

問２　下線部②の時代は日本が最後に戦争をした時代です。その戦争について

⑴　日本が戦った国として**誤っている**ものを次の中から１つ選び、記号で答えなさい。

ア．アメリカ　　イ．中国　　ウ．韓国　　エ．イギリス

⑵　日本が現在の中国東北地方に建国したが、戦争終結により消滅《しょうめつ》した国の名前を答えなさい。

⑶　戦争終結後、日本の憲法が改正されたことにより、主権者はどのように変わりましたか。戦前と戦後について、次の中からそれぞれ１つずつ選び、記号で答えなさい。

ア．天皇　　イ．内閣総理大臣　　ウ．国会

エ．最高裁判所　　オ．国民

問３　下線部③に関連して、初代の天皇から推古天皇までの時代について、太安万侶と稗田阿礼がまとめた歴史書を何といいますか。

問４　下線部④の時代について、

⑴　明治維新の政策は富国強兵を目的にしていました。この時期の政策として**あてはまらない**ものを１つ選び、記号で答えなさい。

ア．徴兵令　　イ．地租改正　　ウ．治安維持法　　エ．廃藩置県

⑵　日清・日露両戦争の講和条約で、日本が新たに獲得《かくとく》した領土を次の中からそれぞれ１つずつ選び、記号で答えなさい。

ア．山東半島　　イ．朝鮮半島　　ウ．千島列島　　エ．台湾

オ．北緯《ほくい》５０度以南の樺太　　カ．赤道以北の南洋諸島

問５　下線部⑤について、

⑴　江戸時代は鎖国《さこく》の時代です。鎖国の間も日本と交流のあった国を次の中から**すべて**選び、記号で答えなさい。

ア．中国　　イ．朝鮮　　ウ．ポルトガル　　エ．スペイン

オ．オランダ　　カ．ロシア

⑵　江戸幕府で最も長く将軍をつとめたのは11代目の徳川家斉です。この将軍の時代の出来事としてふさわしいものを次の中から１つ選び、記号で答えなさい。

ア．生類憐《あわれ》みの令を出し、犬をはじめとした生き物を大事にするようにした。

イ．異国船打払令により、モリソン号事件が起きた。

ウ．日米修好通商条約を結び、アメリカとの貿易が始まることになった。

エ．明暦の大火により、江戸城や江戸の町に大きな被害《ひがい》が出た。

問６　下線部⑥について、

⑴　１３９２年に、２つに分かれていた朝廷を統一した室町幕府の将軍は誰《だれ》ですか。**漢字**で答えなさい。

⑵　この時代は、日本を代表する文化がいくつもうまれました。これに**あてはまらない**ものを次の中から１つ選び、記号で答えなさい。

ア．能楽　　イ．書院造　　ウ．和歌　　エ．わび茶

⑶　１４６７年の応仁の乱以降は戦国時代に入り、実力のある者が上の立場の者にとってかわるという風潮がみられるようになります。このような風潮を何といいますか。

問７　下線部⑦は日本で最初の仏教文化の時代といわれています。この時代につくられた寺院として**誤っている**ものを次の中から１つ選び、記号で答えなさい。

ア．法隆寺　　イ．四天王寺　　ウ．東大寺　　エ．飛鳥寺

問８　下線部⑧が中国に派遣《はけん》した遣隋使について述べた文章として正しいものを次の中から１つ選び、記号で答えなさい。

ア．貢《みつ》ぎ物を持っていく形式の貿易を行った。

イ．中国と対等な立場で交渉《こうしょう》した。

ウ．日本の天皇へ貢ぎ物を持ってくるよう要求した。

エ．通常は１年に３度派遣されていた。

問９　下線部⑨は貴族の時代であり、また武士が登場した時代です。武士の存在は９３５年に関東で起こった反乱により、都の貴族によく知られることになりました。この反乱を起こしたのは誰ですか。**漢字**で答えなさい。

問10　下線部⑩の時に左遷《させん》された菅原道真の建議により遣唐使が廃止《はいし》されました。それ以降、中国の影響《えいきょう》が薄《うす》れ、日本独自の文化が発達していくことになります。この文化を何といいますか。

2 次の表は主要な穀物の都道府県別生産量です。これを見て、あとの問いに答えなさい。

	A	B	C
１位	（　あ　）	（　あ　）	（　い　）
２位	福岡	宮城	（　あ　）
３位	佐賀	（　う　）	（　う　）
４位	愛知	滋賀	山形
５位	三重	青森	宮城
全国生産量合計（t）	1,097,000	246,500	7,563,000

（令和３年度 農林水産省 生産統計より作成）

問１　表中のＡ・Ｂ・Ｃにあてはまる穀物を下の中からそれぞれ１つずつ選び、記号で答えなさい。

ア．米　　イ．小麦　　ウ．大豆　　エ．そば

問２　表中の（　あ　）～（　う　）にあてはまる都道府県名をそれぞれ答えなさい。

問３　現在、穀物の国際的な取引価格は上昇傾向《じょうしょうけいこう》にあります。その理由として適当なものを次の中から**２つ**選び、記号で答えなさい。

ア．世界的な好景気により、物価全体が上昇した。

イ．遺伝子組み換《か》え作物の増加により、生産にかかる費用が上昇した。

ウ．ロシアによるウクライナ侵攻《しんこう》で流通が混乱し、価格が上昇した。

エ．コロナ禍《か》によって宅配が増え、輸送価格が上昇した。

オ．新興国の発展にともなって需要量《じゅようりょう》が増え、価格が上昇した。

問４　日本における自給率が７％程度と低いのは表中のＡ・Ｂ・Ｃのうちどれですか。記号で答えなさい。また、その穀物はどこの国からの輸入が一番多いですか。

問5　表中のBを主な原料とするものを次の中から**すべて**選び、記号で答えなさい。

ア．うどん　　イ．しょう油　　ウ．食パン　　エ．そうめん

オ．とうふ　　カ．味噌《みそ》

問6　空欄《らん》（　う　）では、表中のCの穀物を増産するため日本第2の面積の湖を干拓《かんたく》して農地を増やしました。しかし、干拓が完成した頃《ころ》からCの国内消費量は減少していきます。その理由として**ふさわしくない**ものを次の中から1つ選び、記号で答えなさい。

ア．生活が豊かになったことで、食生活が多様化しているから。

イ．共働き家庭が増えたことにより、家で食事をつくる割合が減っているから。

ウ．日本社会の少子高齢化《こうれいか》がすすんでいるから。

エ．害虫の発生と台風による被害《ひがい》が年々増加しているから。

問7　空欄（　い　）には日本一長い川が流れており、その周辺に広がる平野は表中のCの大生産地になっています。この平野の名前を答えなさい。

3 次の表は、昨年の日本の祝日をまとめたものです。これを見て、あとの問いに答えなさい。

	月日	祝日
（１）	１月１日	元日
（２）	１月１０日	成人の日
（３）	２月１１日	建国記念の日
（４）	２月２３日	天皇誕生日
（５）	３月２１日	春分の日
（６）	４月２９日	昭和の日
（７）	５月３日	憲法記念日
（８）	５月４日	みどりの日
（９）	５月５日	こどもの日
（１０）	７月１８日	海の日
（１１）	８月１１日	山の日
（１２）	９月１９日	敬老の日
（１３）	９月２３日	秋分の日
（１４）	１０月１０日	スポーツの日
（１５）	１１月３日	文化の日
（１６）	１１月２３日	勤労感謝の日

問１　（１）について、日本では毎年元日に全国の寺社に多くの参拝者が訪れます。その中には、世界遺産に登録されている寺社が多くあります。登録されている寺社を次の中から１つ選び、記号で答えなさい。

ア．厳島神社　　イ．靖国神社　　ウ．浅草寺　　エ．遊行寺

問２　（２）について、日本では２０２２年４月から成人年齢が従来の２０歳から１８歳に引き下げられました。１８歳の成人について正しいものを次の中から１つ選び、記号で答えなさい。

ア．お酒を飲むことができる。

イ．たばこを吸うことができる。

ウ．競馬の馬券を買うことができる。

エ．クレジットカードをつくることができる。

問３　（３）の祝日の由来は、日本の初代天皇とされる神武天皇が即位《そくい》した日が、紀元前６６０年の２月１１日とされたことから定められたようです。１９５０年代後半の日本経済は、日本国始まって以来の好景気ということから「神武景気」と呼ばれました。その当時の豊かさやあこがれの象徴《しょうちょう》として「三種の神器」と呼ばれたものを次の中から１つ選び、記号で答えなさい。

ア．パソコン　　イ．ラジオ　　ウ．洗濯機《せんたくき》　　エ．デジタルカメラ

問４　（４）について、国民が制定する憲法のことを民定憲法といいます。では天皇が制定する憲法のことを何というか答えなさい。

問５　（５）は、「自然をたたえ、生物をいつくしむ」日であるといわれています。日本における公害問題の原点といわれている足尾銅山鉱毒事件で、問題解決のため天皇に直訴《じきそ》しようとした人物の名前を答えなさい。

問６　（６）について、昭和時代の日本の出来事として**誤っている**ものを次の中から１つ選び、記号で答えなさい。

ア．日本国憲法が公布された。

イ．東日本大震災が発生した。

ウ．日米安全保障条約が調印された。

エ．沖縄返還協定が調印された。

問７　（７）に関連して、大日本帝国憲法の内容として正しいものを次の中から１つ選び、記号で答えなさい。

ア．国会は国の最高機関であり、唯一《ゆいいつ》の立法機関である。

イ．内閣は国会に対して連帯して責任を負う。

ウ．天皇は象徴としての役割と国事行為《こうい》のみ行う。

エ．裁判所は天皇の名において裁判を行う。

問8　（7）について、日本国憲法には三大基本原理があります。「国民主権」、「平和主義」とあと1つ答えなさい。

問9　（8）は、「山や海、川、植物などの自然に感謝する日」のことです。自然エネルギーとして**誤っている**ものを次の中から**2つ**選び、記号で答えなさい。

ア．太陽光発電　　イ．水力発電　　ウ．火力発電　　エ．風力発電

オ．原子力発電　　カ．バイオマス発電　　キ．地熱発電

問10　（9）について、一昨年の日本の出生数として正しいものを次の中から1つ選び、記号で答えなさい。

ア．約20万人　　イ．約80万人　　ウ．約200万人　　エ．約300万人

問11　（10）に関連して、一般《いっぱん》に「領海」とは海岸線から何海里までを指しますか。正しいものを次の中から1つ選び、記号で答えなさい。

ア．12海里　　イ．24海里　　ウ．100海里　　エ．200海里

問12　（11）について、2013年6月、富士山が世界文化遺産に登録されました。長い間、富士山が登録されなかった理由として、正しいものを次の中から1つ選び、記号で答えなさい。

ア．噴火《ふんか》の恐《おそ》れがあり、避難《ひなん》経路も整備されておらず危険だったため。

イ．登録されると周辺道路の渋滞《じゅうたい》が予想され住民の反対があったため。

ウ．ゴミの不法投棄《とうき》や観光客のトイレのマナーなど環境悪化が指摘《してき》されたため。

エ．山梨県と静岡県で所有権を争っていたため。

問13　（12）について、高齢社会が進行し、65歳以上の高齢者の割合が人口の何％以上のことを「超《ちょう》高齢社会」と呼びますか。**数字**で答えなさい。

問14　（１３）の時期は、毎年自然災害が多く発生しています。地震・火山活動・水害などの災害が起こった時の被害予測図のことを何というか、**カタカナ**で答えなさい。

問15　（１４）について、２０２４年に夏季オリンピックが開催《かいさい》予定の都市名を答えなさい。

問16　毎年の（１５）には、皇居において天皇から文化勲章《くんしょう》が授与されます。天皇が内閣の助言と承認に基づいて行う国事行為として**誤っている**ものを次の中から１つ選び、記号で答えなさい。

ア．憲法改正・法律・政令・条約の公布を行う。

イ．最高裁判所長官を任命する。

ウ．内閣総理大臣を指名する。

エ．条約の批准《ひじゅん》書やその他の外交文書を認証する。

問17　（１６）は、もともと「新嘗祭《にいなめさい》」という五穀豊穣《ごこくほうじょう》に感謝する日であったそうです。現在、日本の食料自給率（カロリーベース）として、正しいものを次の中から１つ選び、記号で答えなさい。

ア．約２０％　　イ．約４０％　　ウ．約６０％　　エ．約８０％

問18　（１６）に関連して、「団結権」を説明する文章として正しいものを次の中から１つ選び、記号で答えなさい。

ア．労働組合がストライキなどの行為を行う権利。

イ．労働組合を組織し、それに加入する権利。

ウ．会社側と労働条件を交渉し、労働協約を締結《ていけつ》する権利。

エ．労働基準法に違反《いはん》した会社に対して、刑事処分を行う権利。

【理　科】〈２科・４科入試第１回〉（40分）〈満点：70点〉

1

A

ソケット付き豆電球とかん電池をリード線でつなぐと豆電球が光りました。図１はその回路図です。かん電池と豆電球はすべて同じ新品だとします。図１の回路に流れる電流を１とすると，（1）～（10）の回路に流れる電流について正しい文をあとの**ア～コ**から選び，記号で答えなさい。ただし，同じ記号をくり返し選んでも良いとします。

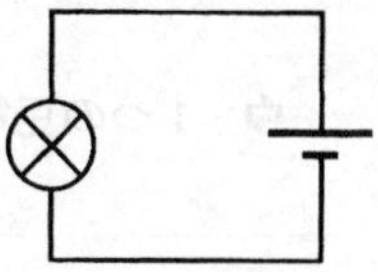

図１

(1)

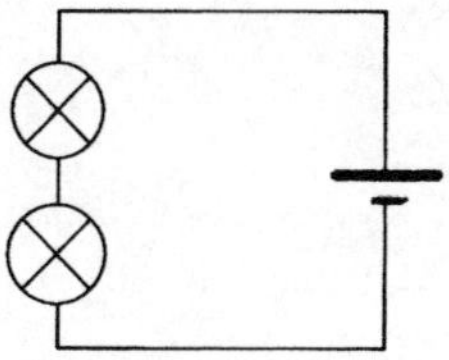

(2)

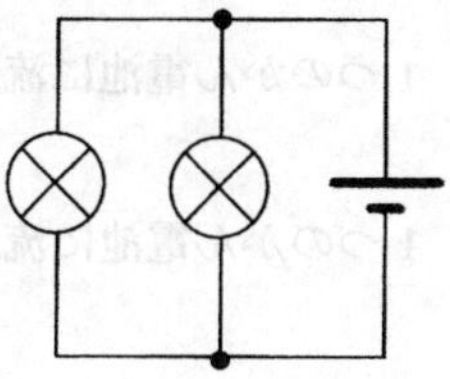

(3)

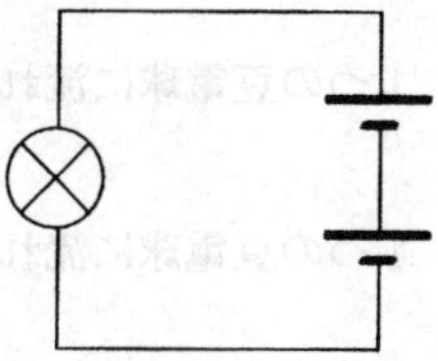

(4)

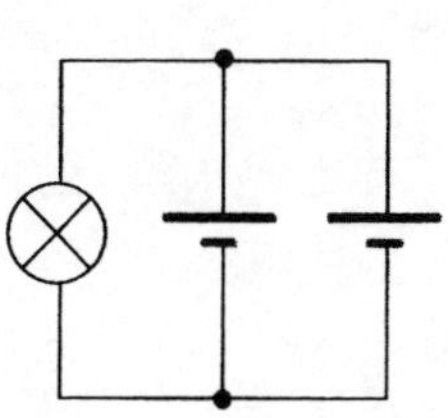

(5)

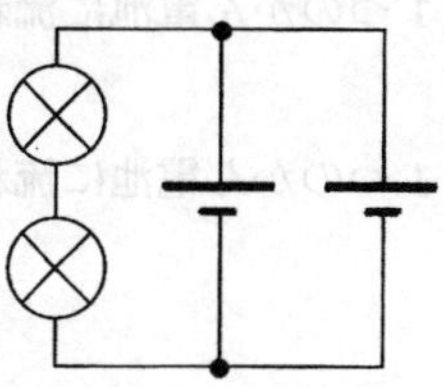

(6)

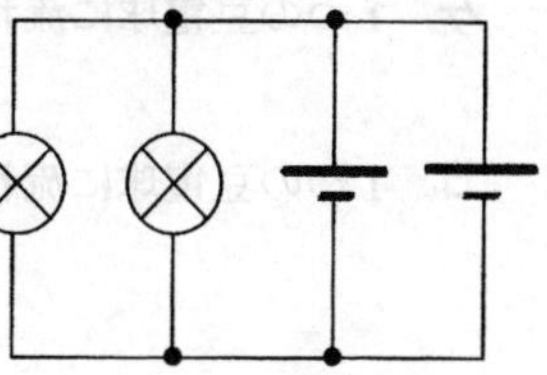

(7)

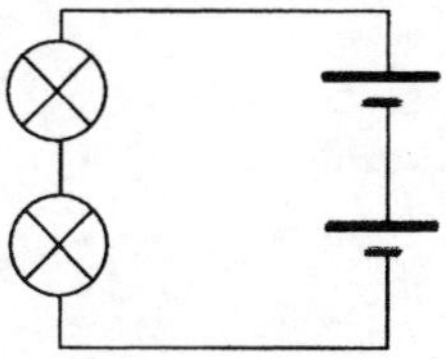

(8)

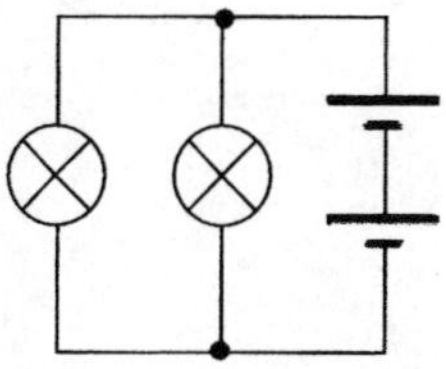

(9)

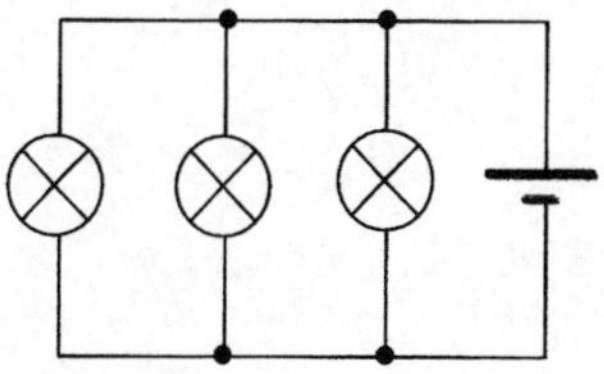

(10)

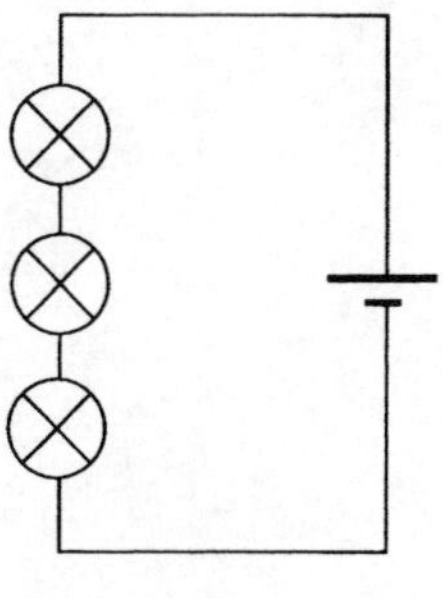

ア　1つの豆電球に流れる電流は$\frac{1}{3}$で，1つのかん電池に流れる電流は$\frac{1}{3}$

イ　1つの豆電球に流れる電流は$\frac{1}{2}$で，1つのかん電池に流れる電流は$\frac{1}{4}$

ウ　1つの豆電球に流れる電流は$\frac{1}{2}$で，1つのかん電池に流れる電流は$\frac{1}{2}$

エ　1つの豆電球に流れる電流は1で，1つのかん電池に流れる電流は$\frac{1}{2}$

オ　1つの豆電球に流れる電流は1で，1つのかん電池に流れる電流は1

カ　1つの豆電球に流れる電流は1で，1つのかん電池に流れる電流は2

キ　1つの豆電球に流れる電流は1で，1つのかん電池に流れる電流は3

ク　1つの豆電球に流れる電流は2で，1つのかん電池に流れる電流は1

ケ　1つの豆電球に流れる電流は2で，1つのかん電池に流れる電流は2

コ　1つの豆電球に流れる電流は2で，1つのかん電池に流れる電流は4

B

物体，凸《とつ》レンズ，スクリーンを光じく上に並べて，物体を置く位置を変えたときにできる像の位置，大きさ，向き，種類を調べました。つぎの（11）～（15）について，像のでき方が正しく書かれたものをあとの**ア**～**コ**から選び，記号で答えなさい。

(11) しょう点きょりの２倍の位置に物体を置いたとき

(12) しょう点としょう点きょりの２倍の位置の間に物体を置いたとき

(13) しょう点きょりの２倍よりも遠い位置に物体を置いたとき

(14) しょう点の位置に物体を置いたとき

(15) しょう点より内側に物体を置いたとき

ア　物体よりも小さく，上下左右が物体と反対向きの像が，しょう点としょう点きょりの２倍の位置との間にできる

イ　物体と同じ大きさで，上下左右が物体と反対向きの像が，しょう点きょりの２倍の位置にできる

ウ　物体よりも大きく，上下左右が物体と反対向きの像が，しょう点きょりの２倍よりも遠い位置にできる

エ　物体よりも大きく，上下左右が物体と反対向きの像が，しょう点としょう点きょりの２倍の位置との間にできる

オ　物体と同じ大きさで，物体と同じ向きの像が，しょう点きょりの２倍の位置にできる

カ　物体よりも小さく，上下左右が物体と反対向きの像が，しょう点きょりの２倍よりも遠い位置にできる

キ　物体よりも大きく，物体と同じ向きの像が，しょう点きょりの２倍の位置にできる

ク　物体よりも小さく，物体と同じ向きの像が，スクリーンにはうつらず，凸レンズを通して見える

ケ　物体よりも大きく，物体と同じ向きの像が，スクリーンにはうつらず，凸レンズを通して見える

コ　スクリーンに像はうつらず，凸レンズを通して見ても像は見えない

2

A

つぎの文章を読み，あとの問いに答えなさい。

SDGsとは2015年9月の国連サミットで採たくされた「持続可能な開発のための2030アジェンダ」に記さいされた2016年から2030年までの国際目標です。

神奈川県では，①マイクロ・プラスチック問題への取り組み，②地域コミュニティ機能の再生・強化，③健康長じゅに向けた未病改善，④ともに生きる社会づくり，⑤エネルギーの地産地消　の５つの大きな目標があり，世界を変えるための17の目標につなげようとしています。

そのうちのひとつ，①マイクロ・プラスチック問題では，神奈川県から先行的に取り組みを開始し「かながわプラごみゼロ宣言 〜クジラからのメッセージ〜」と題し，具体的には「使わない，捨てない」ことで，プラスチックごみをなくし，海洋汚せんを防止することでSDGsに貢献《こうけん》しています。

つぎの (1) 〜 (4) の文章の空らんにあてはまる文を，あとの**ア〜エ**から選び，記号で答えなさい。

(1) マイクロ・プラスチックとは（　　）。

ア　ペットボトルなどのプラスチック製の容器のことである

イ　プラスチックぜん般のことである

ウ　5 mm以下の小さなプラスチックのことである

エ　1 cm以上の比かく的大きなプラスチックのことである

(2) マイクロ・プラスチック問題とはマイクロ・プラスチックが引き起こす（　　）。

ア　かん境問題のことである

イ　エネルギー問題のことである

ウ　コンピューター問題のことである

エ　輸送問題のことである

(3) マイクロ・プラスチック問題の中でもっとも深刻なものは（　　）。

ア　石油がなくなってしまうことである

イ　半導体の不足である

ウ　海洋生物の生態系の破かいである

エ　労働力の不足である

(4) マイクロ・プラスチック問題を解決していくためには，ひとりひとりが（　　）。

ア　節電に心がける

イ　プラスチックを使わないように心がける

ウ　公共交通機関を使うことを心がける

エ　マスクの着用を心がける

B

中和の実験を行うために２％の水酸化ナトリウム水よう液を作り，うすい塩酸を用意しました。うすい塩酸の体積（mL）と水酸化ナトリウム水よう液の体積（mL）をいろいろ変えて実験したものをまとめたものが下の表です。あとの問いに答えなさい。

	うすい塩酸の体積（mL）	水酸化ナトリウム水よう液の体積（mL）	リトマス紙の変化
1回目	10	5	青色リトマス紙が赤くなった
2回目	10	10	青色リトマス紙が赤くなった
3回目	10	15	青色リトマス紙が変化しなかった
4回目	15	20	赤色リトマス紙が青くなった
5回目	15	25	(9)

(5) 青色リトマス紙が赤くなったときの水よう液の性質はどれですか。つぎの**ア～オ**から選び，記号で答えなさい。

ア　酸性　　**イ**　中性　　**ウ**　アルカリ性
エ　酸性または中性　　**オ**　中性またはアルカリ性

(6) 青色リトマス紙が変化しなかったときの水よう液の性質はどれですか。つぎの**ア～オ**から選び，記号で答えなさい。

ア　酸性　　**イ**　中性　　**ウ**　アルカリ性
エ　酸性または中性　　**オ**　中性またはアルカリ性

(7) 赤色リトマス紙が青くなったときの水よう液の性質はどれですか。つぎの**ア～オ**から選び，記号で答えなさい。

ア　酸性　　**イ**　中性　　**ウ**　アルカリ性
エ　酸性または中性　　**オ**　中性またはアルカリ性

(8) 4回目の実験でできた水よう液に緑色のBTBよう液を加えるとどのようになりますか。つぎの**ア～エ**から選び，記号で答えなさい。

ア　青色になる　　**イ**　緑色のまま　　**ウ**　黄色になる　　**エ**　赤色になる

(9) 5回目の実験の結果，リトマス紙の変化はどうなりますか。つぎの**ア～ウ**から選び，記号で答えなさい。

ア　赤色リトマス紙が青色になる　　**イ**　青色リトマス紙が赤色になる
ウ　赤色リトマス紙も青色リトマス紙もどちらも変化しない

(10) 3回目の実験で，使うリトマス紙を赤色リトマス紙にすると，リトマス紙の変化はどうなりますか。つぎの**ア・イ**から選び，記号で答えなさい。

ア　赤色リトマス紙が青色になる　　**イ**　赤色リトマス紙は変化しない

3

A

つぎの図１，図２は植物の根をスケッチしたものである。植物の根について，あとの問いに答えなさい。

図１

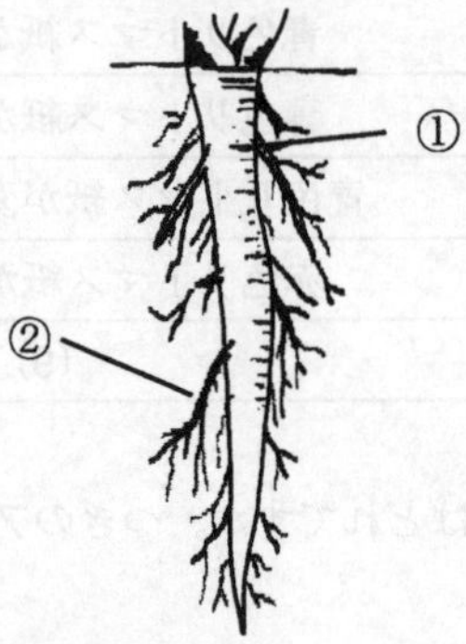

図２

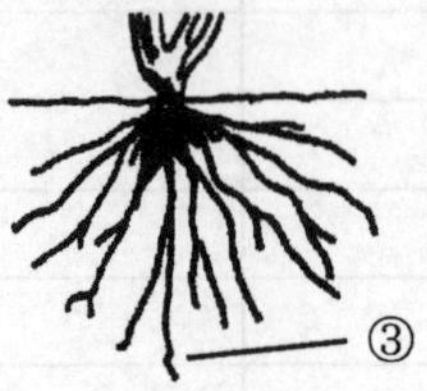

(1) 図１の根をもつ植物の組み合わせとして正しいものはどれですか。つぎの**ア**～**エ**から選び，記号で答えなさい。

ア　タンポポ，タマネギ

イ　ユリ，アブラナ

ウ　アブラナ，インゲンマメ

エ　ヒマワリ，チューリップ

(2) 図２の根をもつ植物の組み合わせとして正しいものはどれですか。つぎの**ア**～**エ**から選び，記号で答えなさい。

ア　ヘチマ，タマネギ

イ　イネ，トウモロコシ

ウ　ススキ，インゲンマメ

エ　ユリ，アサガオ

(3) 図１，図２の①～③の名しょうの組み合わせとして正しいものはどれですか。つぎの**ア**～**エ**から選び，記号で答えなさい。

	①	②	③
ア	主根	側根	ひげ根
イ	主根	横根	側根
ウ	本根	ひげ根	ほそ根
エ	本根	側根	横根

(4) 図1，図2のどちらにも根毛という細かい毛が生えています。根毛のはたらきとして正しいものはどれですか。つぎの**ア**～**オ**から選び，記号で答えなさい。

ア　根毛の先たん部分をふくらまして，水分をたくわえる。
イ　根毛の中央部分をふくらまして，栄養分をたくわえる。
ウ　根毛を動かして，び生物をほ食する。
エ　水，二酸化炭素を吸収し，光を用いて光合成をする。
オ　おもに水分や水分にとけている養分を吸いとる。

(5) 根で吸収した水や養分を運ぶ管の名しょうは何ですか。つぎの**ア**～**エ**から選び，記号で答えなさい。

ア 吸管　　**イ** 師管　　**ウ** 水管　　**エ** 道管

(6) 根に栄養分をたくわえる植物の組み合わせとして正しいものはどれですか。つぎの**ア**～**オ**から選び，記号で答えなさい。

ア　サツマイモ，ジャガイモ，ダイコン
イ　サツマイモ，ニンジン，ダイコン
ウ　ジャガイモ，キュウリ，タマネギ
エ　ニンジン，キュウリ，ダイコン
オ　サツマイモ，ニンジン，タマネギ

B

メダカのたまごと人の子どもが成長していく様子について，あとの問いに答えなさい。

(7) 水温を25℃に保ってメダカを飼育した場合，精子とたまごが結びついてからたまごのまくを破って子どもが出てくるまでは約何日かかりますか。つぎの**ア**～**エ**から選び，記号で答えなさい。

ア 3～5日　　**イ** 9～11日　　**ウ** 17～19日　　**エ** 27～30日

(8) メダカがたまごの中で成長するときと，たまごのまくを破って出てから成長するときの養分のとり方として正しいものはどれですか。つぎの**ア**～**カ**から選び，記号で答えなさい。

	たまごの中	たまごのまくを破って出てから
ア	外部の水中から養分を取りこむ	2～3日後まで腹に残っている養分を使う
イ	外部の水中から養分を取りこむ	8～9日後まで腹に残っている養分を使う
ウ	外部の水中から養分を取りこむ	すぐ水中にあるエサを食べる
エ	たまごの中にある養分だけを使う	2～3日後まで腹に残っている養分を使う
オ	たまごの中にある養分だけを使う	8～9日後まで腹に残っている養分を使う
カ	たまごの中にある養分だけを使う	すぐ水中にあるエサを食べる

(9) 人では，精子と卵子が結びついて子どもが産まれるまでは約何週間かかりますか。つぎの**ア～エ**から選び，記号で答えなさい。

ア 約38週　　**イ** 約43週　　**ウ** 約48週　　**エ** 約53週

つぎの文章は人が母親のおなかの中でどのように成長するのかを説明したものです。この文章についてあとの問いに答えなさい。

人の誕生は男性の精子と女性の卵子が結びつくことから始まり，これを（　①　）といい，結びついたものを（　②　）といいます。(②) は母親の体内で（　③　）というところで育ちます。(③) 内で，子どものまわりは（　④　）という液体で満たされていて，子どもは液体の中にういたような状態になっているのでかんそうすることはありません。

また，子どものおなかにはへそのおという管がついていて，この管は (③) のかべにある（　⑤　）とつながっています。子どもはへそのおを通して【　　⑥　　】

(10) 文中の①～③にあてはまる語句の組み合わせとして，正しいものはどれですか。つぎの**ア～エ**から選び，記号で答えなさい。

	①	②	③
ア	受精	受精卵	らんそう
イ	受精	受精卵	子宮
ウ	接合	受粉卵	らんそう
エ	接合	受粉卵	子宮

(11) 文中の④にあてはまる語句として正しいものはどれですか。つぎの**ア～エ**から選び，記号で答えなさい。

ア 羊水　　**イ** 胃液　　**ウ** 腸液　　**エ** 腹水

(12) 文中の⑤にあてはまる語句として正しいものはどれですか。つぎの**ア～エ**から選び，記号で答えなさい。

ア こつばん　　**イ** たいばん　　**ウ** そくばん　　**エ** けんばん

(13) 文中の⑥にあてはまる文章として正しいものはどれですか。つぎの**ア～オ**から選び，記号で答えなさい。

ア 母親から二酸化炭素をとり入れ，まわりの液体から養分をとり入れています。

イ 母親から養分をとり入れ，まわりの液体から二酸化炭素をとり入れています。

ウ 母親から酸素をとり入れ，まわりの液体から養分をとり入れています。

エ 母親から酸素だけをとり入れています。

オ 母親から養分や酸素をとり入れています。

(14) 文中の④の液体は子どもが育つとき，かんそうから守る以外にどのようなはたらきをしていますか。つぎの**ア～カ**から選び，記号で答えなさい。

ア 外部からの熱をそのまま伝えるはたらきをする。

イ 外部からの音を大きくするはたらきをする。

ウ 外部からの力をやわらげるはたらきをする。

エ 成長に必要な養分をふくんでいる。

オ 呼吸に必要な酸素をふくんでいる。

カ 有害な菌《きん》を集め，子どもがその菌に強くなるようにしている。

4

A

地しんに関するつぎの（1）～（5）の文の空らんにあてはまる語句を，あとの**ア・イ**から選び，記号で答えなさい。

(1) 地下で地しんが発生した場所をしん源という。

この記述は（　　　）。

ア 正しい　　　**イ** 誤り

(2) しん源の真上の地表の地点をしん央という。

この記述は（　　　）。

ア 正しい　　　**イ** 誤り

(3) 地しんのゆれのうち，初めの小さなゆれを初期び動というが，これは地しんの波のＦ波が届いて起こる。このＦは「一番初め」という意味をもつファーストの頭文字である。

この記述は（　　　）。

ア 正しい　　　**イ** 誤り

(4) 地しんのゆれのうち，初期び動に続いて起こる大きなゆれを主要動というが，これは地しんの波のＮ波が届いて起こる。このＮは「つぎ」という意味をもつネクストの頭文字である。

この記述は（　　　）。

ア 正しい　　　**イ** 誤り

(5) しん源からのきょりが大きくなるほど，初期び動けい続時間は長くなる。

この記述は（　　　）。

ア 正しい　　　**イ** 誤り

B

　気象に関するつぎの問いに答えなさい。ただし，(6)～(14) は文の空らんにあてはまる語句を，あとの**ア**～**エ**から選び，記号で答えなさい。

(6) 日本付近で，冬によくみられる気圧配置は（　　）である。
ア　東高西低　　**イ**　南高北低　　**ウ**　西高南低　　**エ**　西高東低

(7) (6) の気圧配置になるのは，日本の周りにある４つの気団のうち（　　）気団が発達するためである。
ア　小笠原《おがさわら》　　**イ**　揚子江《ようすこう》　　**ウ**　シベリア　　**エ**　オホーツク海

(8) １日の（　　）が０℃未満の日を冬日という。
ア　最高気温　　**イ**　最低気温　　**ウ**　平均気温　　**エ**　日かく差

(9) １日の（　　）が０℃未満の日を真冬日という。
ア　最高気温　　**イ**　最低気温　　**ウ**　平均気温　　**エ**　日かく差

(10) 日本付近で，夏によくみられる気圧配置は（　　）である。
ア　東高西低　　**イ**　南高北低　　**ウ**　西高南低　　**エ**　西高東低

(11) (10) の気圧配置になるのは，日本の周りにある４つの気団のうち（　　）気団が発達するためである。
ア　小笠原《おがさわら》　　**イ**　揚子江《ようすこう》　　**ウ**　シベリア　　**エ**　オホーツク海

(12) (11) の気団が発達すると，日本付近には（　　）の季節風がふく。
ア　北東　　**イ**　北西　　**ウ**　南東　　**エ**　南西

(13) 暑い日を表す言葉には，「夏日」，「真夏日」，「猛《もう》暑日」，「熱帯夜」などがあるが，（　　）が25℃以上になる夜を熱帯夜という。
ア　最高気温　　**イ**　最低気温　　**ウ**　平均気温　　**エ**　日かく差

(14) 都市部の気温がこう外より高くなる現象を（　　）という。
ア　フェーン現象　　**イ**　エルニーニョ現象
ウ　ラニーニャ現象　　**エ**　ヒートアイランド現象

(15) 都市部とこう外との比かくで，(14) の現象が起こる原因とはならないものをつぎの**ア**～**エ**から選び，記号で答えなさい。
ア　植物の量　　**イ**　自動車の数　　**ウ**　太陽の高度　　**エ**　コンクリートの量

問二　――部②「不安定な心持」を具体的に言いかえた言葉を、本文中から十字でぬき出して答えなさい。

問三　――部③「周りの情動的な反応に、より過敏となる」のはどのようなときですか。最もふさわしいものを次の中から一つ選び、記号で答えなさい。

ア　見知らぬ人の顔に接したとき。

イ　恐怖や怒りの表情を目にしたとき。

ウ　相手との関係に敏感になりすぎたとき。

エ　人との距離を置きすぎてしまったとき。

問四　――部④「顔を記憶するため」にはどのようなことが必要ですか。「～こと」につながるように、本文中から十六字でぬき出して答えなさい。

問五　――部⑤「人や社会に興味がないと、顔は覚え難い」と同じような内容の言葉を本文中から三十三字でぬき出し、初めの五字を答えなさい。

問六　身近な人と付き合うときにあなたが努力していることを一つ挙げるとともに、そうしようと思った理由を具体的に百字程度で書きなさい。

けの数を刻《きざ》み込《こ》むために、それなりの努力を必要とするのです。感情を刺激《しげき》して、脳を活性化させる必要があるのです。

　ところで、「自分は顔を覚えるのが苦手」と言い張る人は、たいていは苦手ではないようです。どちらかというと、贅沢《ぜいたく》な悩《なや》みのようにも思えます。自分が知っている顔は名前まで覚えたいとか、相手が自分を知っているのに自分が知らないことに気がすまないとか。そんなところでしょうか。しかしそもそも記憶している顔の数から考えて、そのすべての顔を名前付きで覚えたとしたら……頭がパンクしてしまうことでしょう。そこまでいかなくても、結果として、覚える顔の数は少なくなると思います。必ず名前をつけて覚えるとなると、負荷《ふか》も高く、必然的に覚える量も減るでしょう。

　実は顔だけ覚えるのであれば、とてもたくさんの数を覚えることができるのです。なんとなく顔だけは覚えていて、挨拶《あいさつ》して、そこから話をして互《たが》いを思いだす。それこそが、顔を使った付き合いの第一歩なのです。顔だけは覚えているという状態をなくすのは、こうした付き合いの楽しみを奪《うば》っていることにもなりましょう。

　また、もし相手が覚えていて自分が覚えていないとしたら、感情のかけ方に違いがあったのかもしれません。⑤人や社会に興味がないと、顔は覚え難いところがあるのです。その人と自分との付き合い方を考え、様々な努力をしてみるよい機会でしょう。

（山口真美『自分の顔が好きですか？』より）

問一　〔　①　〕に入る言葉を本文中から一字でぬき出して答えなさい。

思春期で周囲の反応に過敏となるのは、ごく自然なことなのです。

ただし、警戒しすぎないことも大切でしょう。相手との関係に敏感になりすぎて、人との関係を切ってしまっては本末転倒《ほんまつてんとう》です。人と距離《きょり》を置きすぎて、まったく人と接しないことは、決してよいことではありません。

大学までの人間関係は、限られたものです。極端ですが、モデルや芸能活動をしている生徒と普通《ふつう》の高校生とを比べると、出会う顔の数が三倍も違うという人もいます。均質な同世代の中だけにいることは、それだけで、息苦しくもあるものです。

思春期が過ぎれば、気持ちも落ち着き、人間関係もスムーズになっていきます。人間関係の幅《はば》も、広がります。大学生になればアルバイトや留学に、その後は社会での経験など、年齢《ねんれい》に従ってより広い人たちとのかかわりができていきます。

傷つくのが怖いことは自然ですが、失敗を知ることは大切です。一度距離を置いた人間関係は、もとに戻すことはなかなか難しいかもしれません。それでも、いくつかの小さな失敗があってこそ、それから先の人間関係につながっていくのです。

話を戻しましょう。④顔を記憶《きおく》するためには、感情を伴《ともな》う人間関係が大切です。一緒《いっしょ》にいて楽しかったとか、嫌な目に遭《あ》ったとか、なんであっても感情的な事柄《ことがら》とともに覚えることがコツなのです。少しだけ、おせっかいになることも必要かもしれません。とにかく、その人をめぐるさまざまな事柄に興味がなければ、人の顔は覚えられないのです。

こうした特殊《とくしゅ》な努力は顔を記憶する時の脳とのかかわりがありますが、それだけでなく、単純に記憶する数とも関係しています。記憶される顔の量は、化学記号や単語とは、比べ物にはならないものでしょう。それだ

四　次の文章を読み、あとの問いに答えなさい。

（特に指示がない場合、句読点や記号は一字に数えます）

みなさんの世代では、濃《こ》い人間関係を避《さ》ける傾向《けいこう》があるかもしれません。波風を立たせるのは、怖《こわ》いことです。一方で、むやみやたらと波風を立てるような人もいます。それらは大人社会と比べると両極端《りょうきょくたん》にあるようにも見えて、大人には理解し難《がた》いところがあります。

子どもと大人の間に位置する思春期の傷つきやすさや衝動《しょうどう》性は、昔から文学、映画、テレビや漫画《まんが》の格好の題材でした。ジェームズ・ディーンや尾崎《おざき》豊など、思春期特有の揺《ゆ》れる気持ちの代弁者は、各世代にいます。

そして最近の研究から、こうした行動の根拠《こんきょ》が、［　①　］にあることがわかっています。恐怖《きょうふ》をつかさどる扁桃《へんとう》体は成人するまで成長し続け、思春期では大人よりも過敏《かびん》に反応するというのです。たとえば不快な状態で顔を記憶《きおく》させられるとき、大人よりもずっと強く扁桃体が活動することがわかっています。思春期特有の②不安定な心持は、大人には理解できないことですが、それは大人と思春期の脳に違《ちが》いがあるからなのです。

ちなみに扁桃体の活動の発達を見ると、発達のそれぞれの時期で、なにが大切かを知ることができます。たとえば見知らぬ人の顔への反応は、四歳《さい》から一七歳にかけて減ることがわかっています。一方で、恐怖や怒《いか》りの表情を目にして不快に感じる反応は、子どもから思春期で増え続け、大人で減るそうです。振り返ってみると、幼い頃は知らない人に人見知りをすることも多かったと思います。それは生き抜《ぬ》く上では大切なことで、見知らぬ人に連れていかれないように、警戒心《けいかいしん》が強くなっているのでしょう。一方で、子どもから思春期にかけて、③周りの情動的な反応に、より過敏《かびん》となることがわかります。

問五　――部⑤「おれがうちの写真館つぐ」とありますが、そのように言った理由を、本文中の言葉を使って十五字程度で書きなさい。

問六　〔　⑥　〕に入る言葉を本文中からぬき出して答えなさい。

問七　――部⑦「ぼく」はどのような人物ですか。最もふさわしいものを次の中から一つ選び、記号で答えなさい。

ア　リーダーシップがあり、周りに多くの人が集まる人物。
イ　知識が豊富で、頭の回転がすこぶる速い人物。
ウ　思いやりに長《た》け、それぞれの人に寄りそえる人物。
エ　好きな相手のためなら、色々と無茶《むちゃ》をしてしまう人物。

問八　本文の特徴《とくちょう》として最もふさわしいものを次の中から一つ選び、記号で答えなさい。

ア　会話文を多用しテンポ良く話を進めるとともに、登場人物の心理を丁寧《ていねい》に描写《びょうしゃ》している。
イ　短い文をくり返すことで、物語中に起きている事件の緊張感を読者に伝えている。
ウ　物語の大事な部分で「……」を使うことで、この問題の解決が難しいことを示している。
エ　多数の人物を登場させることで、複雑に変化し続ける人間関係を表現している。

問一　――部①「リアル」の名字を本文中からぬき出して答えなさい。

問二　――部②「ちょっと気まずそうに顔をそむけた」理由として最もふさわしいものを次の中から一つ選び、記号で答えなさい。

ア　無断で塾を休んでしまったから。
イ　家出していたのを見つかってしまったから。
ウ　ぼくとけんか別れしたあとだったから。
エ　もっとサジと二人きりでいたかったから。

問三　――部③「リアルはなにかいいたそうだ」とありますが、リアルが言いたいことを説明した次の文章の〔 i 〕～〔 iii 〕にあてはまる言葉を本文中からそれぞれ指定された字数でぬき出して答えなさい。

サジとリアルは〔 i （七字） 〕のではなく、サジが〔 ii （三字） 〕リアルを〔 iii （五字） 〕来たということ。

問四　――部④「もっとイライラしているかと思った」とありますが、「ぼく」はどんなことがあったからそう思ったのですか。本文中から五字でぬき出して答えなさい。

※バックミラーを見ると、〔　⑥　〕の目が笑っていた。

ぼくはうれしくて、なんだかちょっと泣きそうになった。

リアルに自分の意見をいって、それがリアルの心に響《ひび》いたことが、なんかすごいことだって思った。

それに、リアルから「なにげに信頼」されていたなんて、知らなかった。ちっとも知らなかったよ。

リアルだって、なやむんだ。完全無欠なんかじゃない。⑦ぼくにとってそのことは、すごく大きな新しい発見だったんだ。

（戸森しるこ『ぼくたちのリアル』より）

※テツ：リアルの父親。

※バックミラー：車内にある後方確認用の鏡。

とうさんにとつぜん話をふられて、ぼくはおどろいた。

「え、ぼく？」

「リアルがおとうさんをよろこばせたくて、写真館をつぎたいっていったことは、いいことだと思うか？　それともそうは思わない？」

なんか道徳の問題みたいだな。

リアルがぼくをじっと見ているので、ちょっと緊張《きんちょう》した。

「ぼくはいいことだと思うけど」

「ほう、それはどうして？」

「ええと、それはリアルのやさしい気持ちだから。でも……」

「でも？」

「リアルなら、きっとなりたいものになれると思うから、もしほかにやりたいことがあるなら、それをやらないのはもったいないとも思う。だから、どっちが正解とか、ないよ」

「……ふううぅん」

リアルはうなるような声を出した。

「アスカがそういうなら、そうなのかもしれない。うん、そうなんだな、きっと」

「なんだよ、それ」

「おれっておまえのこと、なにげに信頼《しんらい》してっから」

ぼくはびっくりした。信頼？　リアルがぼくを？

「よかったじゃないか、渡」

「おれにはほかにもっとできることがあるって。遠慮《えんりょ》しないで、やりたいことをやれってさ」

はぁ。

リアルのため息をきいたとうさんは、茶化《ちゃか》すようにぼくにいった。

「ずいぶんハイレベルな親子げんかだな、渡《わたる》」

「だね。ぼくたち、リモコンの取り合いでけんかするもんね」

「……おじさんて意外と子どもっぽいんだよな。見ためはしぶいのに」

「そう？　おじさん、しぶいかな」

「おやじくさいってことでしょ？」

「そうともいう」

「あのな、これだけはいわせてもらうが、テツとくらべるのはまちがいだぞ」

そりゃそうだ。おじさんの若さはハンパじゃないもんね。

「それとリアル、さっきの話だけどな、きみがホントの本気で写真をやりたいなら、おとうさんはきっとよろこぶだろうと思うよ」

リアルはちょっと笑って、ようやく前をむいた。

「うん。たしかにおれ、写真にはあんまり興味ないんだ。オヤジのいうとおりだったから、ちょっとムカついただけ」

話の内容より、リアルがおじさんを「オヤジ」ってよんだことに、ぼくはびっくりした。すこし前まで「とうさん」ってよんでいたと思ったのに、いつから変わったんだろう。

「渡、おまえはどう思う？」

「命にかかわるのが重体、かかわらないのが重傷」

リアルが即答《そくとう》した。こんなときに事故の話かよ。ぼくはポテトをつまんで話題を変える。

「ふたりでなに話してたの？」

「エロい話だよな？　サジってむっつりスケベだから」

「またそうやってからかう。エッチなのは秋山くんでしょ」

「おれはべつにむっつりじゃねぇよ。むしろ、がっつりだね」

それをきいて、サジが「きゃはは」とよろこんでいる。

「おまえら、人が心配してたのに、ふざけんなよ」

ちょっときつくいうと、

「ゴメン」

リアルが素直《すなお》にあやまった。

ぼくとサジがポテトを食べているあいだ、リアルはほおづえをついておとなしく待っていた。

自転車のサジを見送ったあと、ぼくとリアルはふたりで車の後ろの席に座った。

「※テツと一悶着《ひともんちゃく》あったんだって？」

運転席からとうさんがずばっときく。リアルは腕《うで》を組んで、窓の外を見ながら答えた。

「⑤おれがうちの写真館つぐっていったら、写真に興味ないくせに無理すんなとかいうから、それでちょっとバトっただけ。……よろこぶかと思ったのにさ」

「なるほどな」

「だいたいさ、なんでリアルとこんなとこにいるわけ？　ふたりでこそこそしやがって」

　ちょっと嫌味《いやみ》っぽくいってやる。

「こそこそなんてしてないよ。たまたま会ったんだよね」

「たまたまかぁ？　コレ」

　③リアルはなにかいいたそうだ。でもサジは気にしない。

「今日もサッカー見ようと思ってたのに、秋山くんたらさっさと帰っちゃってさ」

「しょうがないだろ。塾《じゅく》でテストだったんだから」

「そんなこといって、塾いってないじゃない。とにかく、秋山くんの塾は駅前にあるって野宮くんにきいたから、ちょっと見にきたの。そしたらここの窓から秋山くんが見えたから、もうびっくりしちゃって」

「もうおそいし、おれは帰れっていったんだよ。でも、こいつが勝手にさ」

　なるほどな。リアルのいいたいことがわかった。それはたしかに半分はたまたまだけど、もう半分はたまたまじゃないよな。だってサジは、リアルを追いかけてここまできたんだからさ。わるくいえば、ストーカー？

「今日テストだったのか。受けなくてよかったの？」

「いいよ、べつに一回くらい。あとで問題もらえるから、ストップウォッチ使って家でやる」

　やっぱりちょっと元気はないけど、思ったよりもリアルはふつうだった。④もっとイライラしているかと思った。

　とりあえずポテトとジュースを買って席に戻《もど》ると、サジがスマホで今日のニュースをチェックしていた。

「ねぇ、車の事故で小五の子が重体だって。重傷と重体って、どっちがひどいんだっけ？」

車から降りる前に、ぼくはとうさんにきいた。

「ちょっとだけ、三人で話してきてもいい？」

「ああ、いいよ。①リアルの家にはとうさんが電話しとくから。ただし、八時までな。あと、その、ええと、ネジくんだっけ？」

「サジだよ。ネジまわしてどうすんの」

「彼にもちゃんと家に連絡《れんらく》するようにいいなさい」

「わかった。……ポテト食べていい？」

「小さいのな。ひとりひとつ」

とうさんはそういって千円札をくれた。

窓際の席に、リアルとサジはむかいあって座《すわ》っていた。ぼくがいくと、サジは笑って手をふって、リアルは②ちょっと気まずそうに顔をそむけた。

「とうさんがお金くれたんだけど、ポテト食べない？」

「食べるー！」

「リアルは？」

「おれはもう食ったからいい」

「あ、そう。じゃあ、リアルの分でジュース買っちゃうぞ。サジはなにがいい？」

「えっとね、オレンジジュース」

「オレンジね。そうだ、サジ、とうさんが家に連絡しとけって。もうおそいから」

「うん、もうした」

2　次の慣用句の□に入る身体の一部を表す漢字一字を書きなさい。

①　□が回らない（お金のやりくりがつかないこと）

②　□をあかす（ライバルを出しぬいてあっと言わせること）

③　□が出る（予算よりも出費が多くなること）

④　□を焼く（対策方法が分からず困ること）

三

次の文章を読み、あとの問いに答えなさい。

（特に指示がない場合、句読点や記号は一字に数えます）

友人である「リアル」が家出をして帰ってきていないことを知ったぼく（アスカ・渡）は、とうさんと協力してあちこちを探していた。その途中、「リアル」とぼくの共通の友人である「サジ」との電話で「リアル」が今、あるハンバーガーショップにいることを知る。本文はそれに続く場面である。

そのハンバーガーショップは、お店の中にカラフルなすべり台やトランポリンがあって、小さな子どもが遊べるようになっている。ぼくが幼稚園《ようちえん》や低学年のころには、まだこういうのはなくて、三年生というひじょうにビミョウな学年になったときにできた。幼稚園児にまじって遊ぶなんて、もうはずかしくてできない。もっと早くできていれば遊べたのに。そういうミレンがあるので、ぼくはこの店があまり好きじゃない。ハンバーガーといえば、いつも駅ビルのほうに入ってしまう。

2023年度

藤嶺学園藤沢中学校

【国　語】〈二科・四科入試第一回〉（五〇分）〈満点：一〇〇点〉

一　次の①～⑧の――線の漢字はひらがなに、カタカナは漢字に直しなさい。

①　忠告を与《あた》える。　②　背景は青一色。

③　アニメーション映像。　④　彼《かれ》の頭脳は一流だ。

⑤　こちらにケンリがある。　⑥　ウラニワの桜の木。

⑦　カシカードを見る。　⑧　タテに長い長方形。

二　次の１・２のそれぞれの問いに答えなさい。

１　次の言葉の類義語を語群から選び、漢字で書きなさい。

①　役者　②　役目　③　快活　④　所得

【語群】

めいろう・にんむ・しゅうにゅう・はいゆう

2023年度

藤嶺学園藤沢中学校 ▶解説と解答

算　数　＜２科・４科入試第１回＞（50分）＜満点：100点＞

解　答

1 (1) $1\frac{19}{21}$　(2) 34　(3) 54　(4) 200　(5) 7.5km　**2** (1) 992　(2) 43個　(3) 68冊　(4) 8才　(5) 750m　(6) 18本　(7) 150g　(8) 127cm^2　**3** (1) 4　(2) 3　(3) 153　**4** (1) 12分　(2) 6分　(3) 4分48秒　**5** (1) 時速54km　(2) 時速45km　(3) 時速55.8km

解　説

1 **計算のくふう，四則計算・逆算，割合と比**

(1) $5\times21\frac{8}{21}-105=5\times\left(21+\frac{8}{21}\right)-105=5\times21+5\times\frac{8}{21}-105=105+\frac{40}{21}-105=\frac{40}{21}=1\frac{19}{21}$

(2) $120-\{92-3\times(37+17)\div27\}=120-(92-3\times54\div27)=120-\left(92-3\times54\times\frac{1}{27}\right)=120-(92-3\times2)=120-(92-6)=120-86=34$

(3) (71＋□)÷5＋(30－6)÷4＝31より，(71＋□)÷5＋24÷4＝31，(71＋□)÷5＋6＝31，(71＋□)÷5＝31－6＝25，71＋□＝25×5＝125，よって，□＝125－71＝54

(4) $3\times\left(□\times\frac{1}{8}-16\right)=27$より，$□\times\frac{1}{8}-16=27\div3=9$，$□\times\frac{1}{8}=9+16=25$，よって，$□=25\div\frac{1}{8}=25\times8=200$

(5) 8％を小数になおすと0.08である。比べる量である0.08あたりの長さは600mだから，(もとにする量)＝(比べる量)÷(割合)より，もとにする量である1あたりの長さは，600÷0.08＝7500(m)となる。よって，1km＝1000mだから，7500m＝7.5kmと求められる。

2 **約数と倍数，つるかめ算，過不足算・差集め算，年齢算，速さ，正比例と反比例，濃度，面積**

(1) 右の図1より，496を小さい数でわっていくと，496＝2×2×2×2×31と表すことができ，496の約数は，1，2，2×2＝4，2×2×2＝8，2×2×2×2＝16，31，31×2＝62，31×2×2＝124，31×2×2×2＝248，31×2×2×2×2＝496とわかる。よって，496の約数をすべて足すと，1＋2＋4＋8＋16＋31＋62＋124＋248＋496＝992と求められる。

図1

2) 496
2) 248
2) 124
2) 62
31

(2) 商品Bを90個買ったとすると，代金の合計は，160×90＝14400(円)となり，実際の代金より，14400－12680＝1720(円)高くなる。そこで，商品Bを1個減らして，商品Aを1個増やすと，代金の合計は，160－120＝40(円)ずつ安くなる。よって，商品Aの個数は，1720÷40＝43(個)とわかる。

(3) 右の図2より，1人に配るノートの冊数の差が，4－2＝2(冊)のとき，全員に配るノートの冊数の差が，14＋40＝54(冊)となるので，人数は，54÷2＝27(人)とわかる。そのとき，ノートの冊数は，27×2＋

図2

	2冊	2冊	…	2冊	➡	14冊余る
	4冊	4冊	…	4冊	➡	40冊不足
差	2冊	2冊	…	2冊		54冊

14＝68(冊)と求められる。

⑷　右の図３で，⑦－①＝⑥より，⑥にあたる年れいは24才なので，①にあたる年れいは，24÷６＝４(才)である。よって，現在，花子さんは，４＋４＝８(才)とわかる。

図３
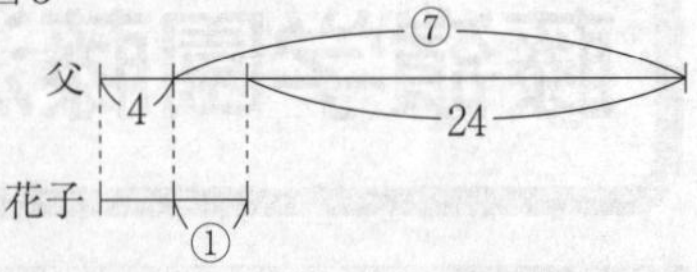

⑸　Ａの速さは秒速，360÷30＝12(ｍ)，Ｂの速さは秒速，600÷40＝15(ｍ)である。Ａが，３km＝3000m走るのにかかる時間は，3000÷12＝250(秒)であり，同じ時間でＢが走る距離は，15×250＝3750(ｍ)となる。よって，ＡとＢの距離の差は，3750－3000＝750(ｍ)と求められる。

⑹　歯車ＡとＢはかみ合っているので，(Ａの歯の数)×(Ａの回転数)＝(Ｂの歯の数)×(Ｂの回転数)となる。Ｂの歯の数を□と表すと，30×15＝□×25，450＝□×25となり，Ｂの歯の数は，□＝450÷25＝18(本)と求められる。

⑺　右の図４のように，混ぜてできる食塩水①と②の重さは等しい。また，①と②に含まれる食塩の重さの差は，水300ｇと３％の食塩水300ｇに含まれる食塩の重さの差と等しいので，300×0.03－０＝９(ｇ)となる。食塩水①と②で，７－５＝２(％)あたり９ｇであり，１％あたり，９÷２＝4.5(ｇ)となるので，100％あたり，▲＝4.5×100＝450(ｇ)とわかる。よって，食塩水Ａの重さは，450－300＝150(ｇ)と求められる。

図４
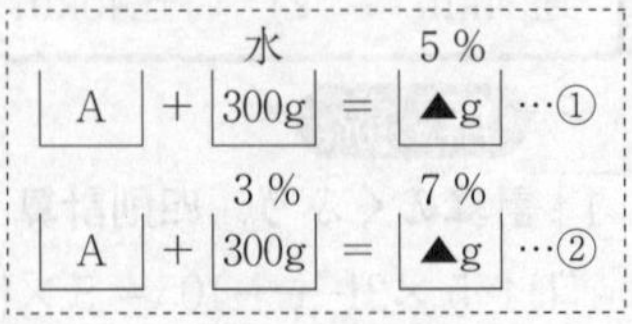

⑻　右の図５のように補助線を引く。全体の長方形から，かげをつけた部分をのぞくと，斜線部分の４つの直角三角形の面積の和と，白い部分の４つの直角三角形の面積の和は等しい。よって，斜線部分の面積は，(13×23－３×15)÷２＝127(cm²)と求められる。

図５
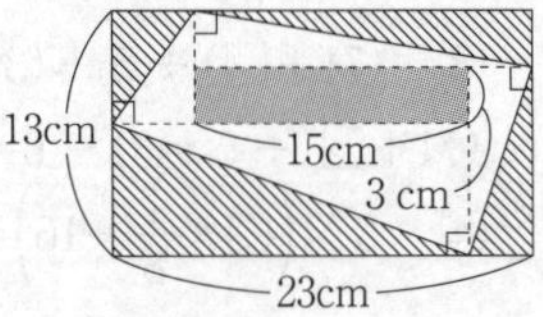

3　分数の性質，周期算

⑴　右下の図１より，$\frac{1}{41}$を小数になおすと小数第３位の数字は４である。

⑵　図１より，$\frac{1}{41}$を小数になおすと0.0243902…となり，０，２，４，３，９の５個の数字を周期として繰《く》り返す。小数第44位の数字は，44÷５＝８あまり４より，周期を８回繰り返した後の４番目の数字なので３である。

⑶　１周期５個の数字の和は，０＋２＋４＋３＋９＝18である。⑵より，小数第44位の数字は，この周期を８回繰り返した後の４番目の数字なので，小数第１位から第44位までの和は，18×８＋０＋２＋４＋３＝153である。

図１
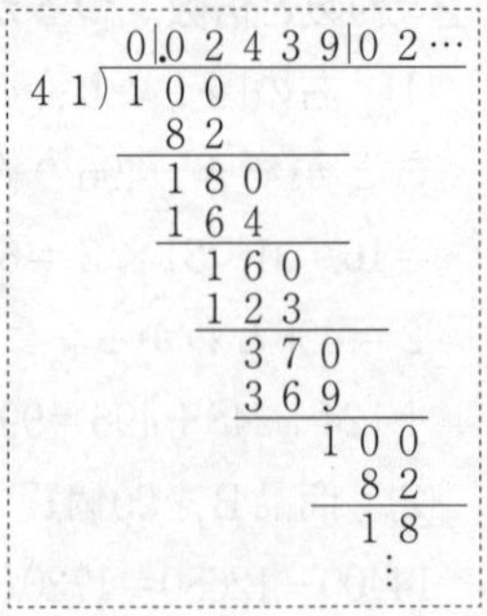

4　仕事算

⑴　水そうの容積を，Ａだけ使うときに満水になるまでの時間である20分と，Ｂだけ使うときに満水になるまでの時間である30分の最小公倍数である60とおくと，Ａから１分間に出る水の量は，60÷20＝３，Ｂから１分間に出る水の量は，60÷30＝２である。ＡとＢから１分間あたりに出る水の量の和は，３＋２＝５なので，ＡとＢを使用したときに満水になるまでの時間は，60÷５＝12(分)とわかる。よって，㋐は12である。

(2)　水そうの容積を60とすると，(1)より，ＡとＢから１分間に出る水の量は，それぞれ３と２である。また，ＢとＣから１分間に出る水の量の比は２：５なので，水そうの容積を60とするとき，Ｃから１分間に出る水の量は５となる。よって，ＡとＢとＣを使うとき満水になるまでの時間は，60÷(３＋２＋５)＝６(分)であり，㋑は６とわかる。

(3)　水そうの容積を60とすると，(1)と(2)より，ＡとＢとＣから１分間に出る水の量は，それぞれ，３と２と５である。まずＡだけで４分間水を入れるので，３×４＝12の量の水が入る。満水になるまでにＡとＢとＣを同時に使って入れる水の量は，60−12＝48なので，ＡとＢとＣで水を入れる時間は，48÷(３＋２＋５)＝4.8(分)とわかる。よって，１分＝60秒より，0.8分は，60×0.8＝48(秒)だから，4.8分＝４分48秒と求められる。

5　速さ，旅人算

(1)　太郎さんと花子さんは同時にＡ町を出発し，20分後に18km離れたＢ町で花子さんが太郎さんに追いついたので，太郎さんは，20分間で18km進む。１時間＝60分間より，20分間＝$\frac{1}{3}$時間なので，太郎さんの速さは時速，18÷$\frac{1}{3}$＝54(km)とわかる。

(2)　グラフより，はじめの３分間で450mの差がつくので，２人の速さの差は分速，450÷３＝150(m)であり，１時間＝60分，１km＝1000mより時速，150×60÷1000＝９(km)とわかる。(1)より太郎さんの速さは時速54kmであり，また，はじめは太郎さんの方が花子さんより速く進むので，花子さんの速さは時速，54−９＝45(km)と求められる。

(3)　グラフより，花子さんが２回目に速さを変えた後の，20−５＝15(分間)で，花子さんは太郎さんに450m追いついた。よって，花子さんが２回目に速さを変えた後，花子さんは太郎さんより分速，450÷15＝30(m)だけ速い。分速30mは時速，30×60÷1000＝1.8(km)なので，２回目に速さを変えた後の花子さんの速さは時速，54＋1.8＝55.8(km)と求められる。

社会　＜２科・４科入試第１回＞（40分）＜満点：70点＞

解答

1　**問１**　サンフランシスコ平和(条約)　**問２**　(1)　ウ　(2)　満州(洲)国　(3)　**戦前**　ア　**戦後**　オ　**問３**　古事記　**問４**　(1)　ウ　(2)　**日清**　エ　**日露**　オ　**問５**　(1)　ア，イ，オ　(2)　イ　**問６**　(1)　足利義満　(2)　ウ　(3)　下剋上　**問７**　ウ　**問８**　イ　**問９**　平将門　**問10**　国風文化　**2**　**問１**　**Ａ**　イ　**Ｂ**　ウ　**Ｃ**　ア　**問２**　**あ**　北海道　**い**　新潟県　**う**　秋田県　**問３**　ウ，オ　**問４**　**記号**　Ｂ　**国名**　アメリカ　**問５**　イ，オ，カ　**問６**　エ　**問７**　越後平野　**3**　**問１**　ア　**問２**　エ　**問３**　ウ　**問４**　欽定(憲法)　**問５**　田中正造　**問６**　イ　**問７**　エ　**問８**　基本的人権の保障(尊重)　**問９**　ウ，オ　**問10**　イ　**問11**　ア　**問12**　ウ　**問13**　21(％)　**問14**　ハザードマップ　**問15**　パリ　**問16**　ウ　**問17**　イ　**問18**　イ

解説

1　君主の在位期間を題材とした問題

問１　日本がアメリカの占領統治から独立を回復することを決めた条約は，1951年に結ばれ1952年

に発効したサンフランシスコ平和条約である。

問2 (1) 日本が最後に戦争をしたのは日中戦争・太平洋戦争(第二次世界大戦)で，日中戦争ではイの中国と，太平洋戦争ではアのアメリカやエのイギリスと戦ったが，ウの韓国は日中戦争・太平洋戦争当時は日本の植民地であったことから，戦った国として誤っていると判断できる。 (2) 昭和時代に現在の中国東北地方に日本が建国したが，戦争終結により消滅《しょうめつ》した国は，満州国である。日本は1931年に満州事変を起こし，1932年に満州国を建国している。 (3) 戦争終結後に日本の憲法は改正され，主権者は天皇から国民へと変わった。よって，戦前の憲法である大日本帝国憲法における主権者はアの天皇，戦後に公布・施行された日本国憲法の主権者はオの国民である。

問3 初代の天皇から推古《すいこ》天皇までの時代について，太安万侶《おおのやすまろ》と稗田阿礼《ひえだのあれ》がまとめた歴史書は，『古事記』である。『古事記』は，奈良時代の712年に完成している。なお，まちがいやすい『日本書紀』は，舎人親王《とねりしんのう》らが編さんし，720年に完成した歴史書である。

問4 (1) ウの治安維持《ちあんいじ》法は大正時代の1925年に制定されたものであり，明治維新《めいじいしん》の時期の政策としてあてはまらない。アの徴兵令《ちょうへいれい》は1873年に出されたもの，イの地租改正《ちそかいせい》は1873年に始まったもの，エの廃藩置県《はいはんちけん》は1871年に行われたもので，いずれも明治維新の時期の政策といえる。 (2) 日清《にっしん》戦争の講和条約である下関条約では，日本はエの台湾《たいわん》を獲得《かくとく》している。また，日露《にちろ》戦争の講和条約であるポーツマス条約では，日本はオの北緯50度以南の樺太《からふと》を獲得している。アの山東半島については，1919年のベルサイユ条約で日本は山東省の旧ドイツ権益《けんえき》を継承《けいしょう》している。イの朝鮮《ちょうせん》半島については，日本は1910年の韓国併合で植民地化している。ウの千島列島については，1875年の樺太・千島交換《こうかん》条約で日本の領土と確定した。カの赤道以北の南洋諸島については，1919年のベルサイユ条約で日本が委任統治権を得た。

問5 (1) 江戸《えど》時代の鎖国下において日本と交流があった国のうち，アの中国とオのオランダとは長崎で交易が行われていた。また，イの朝鮮とは対馬《つしま》を通して交流があった。 (2) 江戸幕府11代将軍徳川家斉《とくがわいえなり》は，1787年から1837年にかけて将軍であったが，1837年にモリソン号事件が起きているので，イがふさわしい。アの生類憐《しょうるいあわれ》みの令が出されたのは，1685年からの江戸幕府5代将軍徳川綱吉《つなよし》のときである。ウの日米修好通商条約は1858年に結ばれた。エの明暦《めいれき》の大火は1657年の出来事である。

問6 (1) 1392年に南北朝を統一した室町《むろまち》幕府の将軍は，3代将軍足利義満《あしかがよしみつ》である。 (2) 和歌は，奈良時代に編さんされた『万葉集《まんようしゅう》』で歌の形式が整っており，室町時代以前からあったものなので，ウがあてはまらない。アの能楽《のうがく》は観阿弥《かんあみ》・世阿弥《ぜあみ》父子が室町時代に大成した。イの書院《しょいん》造《づくり》は室町時代に成立した建築様式である。エのわび茶は室町時代中期の村田珠光《むらたじゅこう》が始めた。
(3) 応仁《おうにん》の乱《らん》以降にみられるようになった，実力のある者が上の立場の者にとってかわるという風潮のことを，下剋上《げこくじょう》という。

問7 ウの東大寺《とうだいじ》は，奈良時代の天平《てんぴょう》文化のころにつくられた寺院で誤っている。アの法隆寺《ほうりゅうじ》は飛鳥《あすか》時代に聖徳太子《しょうとくたいし》(厩戸皇子《うまやどのおうじ》)が建立した寺院，イの四天王寺《してんのうじ》も飛鳥時代に聖徳太子が創建した寺院である。エの飛鳥寺は飛鳥時代に蘇我馬子《そがのうまこ》が建立した寺院である。

問8 推古天皇が中国に派遣《はけん》した遣隋使《けんずいし》は，中国と対等な立場の国書を持って交渉《こうしょう》したので，イが正しい。

問9 935年に関東で反乱をおこしたのは，平将門《たいらのまさかど》である。

問10　894年に遣唐使《けんとうし》が廃止《はいし》されて以降に発達した日本独自の文化のことを，国風《こくふう》文化という。

2　主要な穀物の都道府県別生産量を題材とした問題

問１　Ａ～Ｃのうち，最も全国生産量が多いのはＣなので，Ｃがアの米と判断できる。ＡとＢを比べると，Ａの方が全国生産量が多く，２位に福岡県が，３位に佐賀県が入っていることから，Ａはイの小麦と考えられる。Ｂは全国生産量が246,500ｔであることから，ウの大豆と考えられる。なお，そばの全国生産量は40,900ｔ(2021年産)と大豆より大幅に少ない。

問２　**あ**　小麦や大豆の都道府県別生産量が全国第１位なのは，北海道である。　**い**　米の都道府県別生産量が全国第１位なのは，新潟県である。　**う**　米の都道府県別生産量が全国第３位なのは，東北地方に位置する秋田県である。

問３　2023年２月時点において穀物《こくもつ》の国際的な取引価格が上昇《じょうしょう》傾向にある理由としては，ロシアによるウクライナ侵攻《しんこう》で流通が混乱したこと(ウ)や，新興国の発展にともなって需要《じゅよう》量が増えたこと(オ)が適当である。コロナ禍《か》で世界的に景気は良くない状況《じょうきょう》が続いたので，アは適当でない。遺伝子組み換え作物は生産にかかる費用を減らす場合もあるので，イは適当でない。コロナ禍によって宅配が増えることと，穀物の国際的な取引価格には関連はみられないので，エは適当でない。

問４　Ａの小麦の自給率は2020年(概算)が15％，Ｂの大豆の自給率は2020年(概算)が６％，Ｃの米の自給率は2020年(概算)が97％となっており，自給率が７％程度となっているのはＢの大豆とわかる。日本における大豆の最大の輸入相手国は，アメリカ合衆国である。

問５　大豆を主な原料とするものとしては，イのしょう油やオのとうふ，カの味噌《みそ》などがある。アのうどんやウの食パン，エのそうめんの主な原料は小麦である。

問６　エの害虫の発生と台風による被害は米の生産量が減少することにつながるが，米の国内消費量が減少していることには関連しないので，エがふさわしくない。なお，米を増産するために干拓《かんたく》した，当時としては日本第二の面積であった湖は，秋田県にある八郎潟《はちろうがた》である。

問７　新潟県を流れている日本一長い川は信濃《しなの》川であり，信濃川の周辺に広がる平野は越後《えちご》平野である。

3　日本の祝日を題材とした問題

問１　アの厳島《いつくしま》神社は，1995年に世界文化遺産《いさん》に登録された。イの靖国《やすくに》神社，ウの浅草寺《せんそうじ》，エの遊行寺《ゆぎょうじ》は，いずれも世界遺産には登録されていない。

問２　成人年齢《ねんれい》が満18歳《さい》に引き下げられたことによって，満18歳になるとエのクレジットカードを自分でつくることができるようになった。なお，成人年齢は引き下げられたが，アのお酒を飲むことやイのたばこを吸うこと，ウの競馬《けいば》の馬券《ばけん》を買うことができる年齢は，いずれも20歳以上のままとなっている。

問３　1950年代後半の日本は高度経済《けいざい》成長期で，電気冷蔵庫《れいぞうこ》，電気洗濯機《せんたくき》，白黒テレビが「三種の神器《じんぎ》」と呼ばれたので，ウが適当である。

問４　国民が制定する憲法を民定憲法というのに対して，君主が制定する憲法を欽定《きんてい》憲法という。大日本帝国憲法は，君主である天皇が制定した欽定憲法である。

問５　足尾銅山鉱毒《あしおどうざんこうどく》事件で，問題解決のため天皇に直訴《じきそ》しようとしたのは，田中正造《たなかしょうぞう》である。

問６　昭和時代は，1926年から1989年までの期間である。イの東日本大震災《だいしんさい》は2011年に発生したが，これは平成《へいせい》時代の出来事であり，昭和《しょうわ》時代の日本の出来事として誤っている。アの日本国憲法は

1946年11月３日に公布された。ウの日米安全保障条約《ほしょうじょうやく》は1951年に調印された。エの沖縄返還《へんかん》協定が調印されたのは1971年である。

問７　大日本帝国憲法では，裁判所は天皇の名において裁判を行ったので，エが大日本帝国憲法の内容として正しい。ア，イ，ウはいずれも日本国憲法の内容である。

問８　日本国憲法の三大基本原理は，「国民主権」，「平和主義」と，「基本的人権《じんけん》の尊重《そんちょう》」である。

問９　自然エネルギーとは，自然現象によって得られるエネルギーのことである。ウの火力発電は石油や石炭，天然ガスなどの化石燃料を燃料として用いるので，自然エネルギーとして誤っている。オの原子力発電は地下資源であるウランを燃料として用いるので，自然エネルギーとして誤っている。アの太陽光，イの水力，エの風力，カのバイオマス，キの地熱は，いずれも自然エネルギーにあてはまる。

問10　日本の出生数は減少し続けている。2021年は，イの約80万人であった。

問11　一般に，「領海」は海岸線から12海里《かいり》までを指すので，アが正しい。なお，領海の外側で海岸線から200海里までの範囲《はんい》は，排他的経済水域《はいたてきけいざいすいいき》となる。

問12　富士山は，かつて世界自然遺産への登録を目指していたものの，ゴミの不法投棄《とうき》や観光客のトイレのマナーなどによる環境悪化が指摘《してき》されたことなどから，世界自然遺産への登録はできなかった。そのため，「信仰《しんこう》の対象と芸術の源泉」として世界文化遺産への登録を目指し，2013年に世界文化遺産に登録された。よって，ウが長い間，富士山が世界遺産に登録されなかった理由と考えられる。

問13　「超高齢《こうれい》社会」は，65歳以上の高齢者の割合が人口の21％以上を占めている社会をいう。なお，「高齢社会」は65歳以上の高齢者の割合が人口の14％以上を占めている社会，「高齢化社会」は65歳以上の高齢者の割合が人口の７％以上を占めている社会をいう。

問14　地震・火山活動・水害《すいがい》などの災害が起こった時の被害予測図を，ハザードマップという。災害時の避難《ひなん》場所なども記されている。

問15　2024年に夏季オリンピックが開催《かいさい》予定の都市は，フランスの首都であるパリとなっている。

問16　内閣総理大臣を指名するのは国会であり，天皇は国会の指名に基づいて内閣総理大臣を任命するので，ウが天皇の国事行為として誤っている。ア，イ，エはいずれも天皇の国事行為である。

問17　日本の食料自給率(カロリーベース)は，2020年度が37％となっており，イの約40％が適当と判断できる。

問18　団結権は，労働組合を組織し，それに加入する権利のことなので，イが正しい。アは団体行動権，ウは団体交渉権について説明している。エについて，労働基準法に違反《いはん》した会社に対して刑《けい》事《じ》処分《しょぶん》などを行うのは裁判所である。

理　科　＜２科・４科入試第１回＞（40分）＜満点：70点＞

解　答

1　(1)　ウ　(2)　カ　(3)　ケ　(4)　エ　(5)　イ　(6)　オ　(7)　オ　(8)　コ　(9)　キ　(10)　ア　(11)　イ　(12)　ウ　(13)　ア　(14)　コ　(15)　ケ　2　(1)　ウ　(2)　ア　(3)　ウ　(4)　イ　(5)　ア　(6)　オ　(7)　ウ　(8)　ア　(9)　ア　(10)　ア

3 ⑴ ウ ⑵ イ ⑶ ア ⑷ オ ⑸ エ ⑹ イ ⑺ イ ⑻ エ ⑼ ア ⑽ イ ⑾ ア ⑿ イ ⒀ オ ⒁ ウ 4 ⑴ ア ⑵ ア ⑶ イ ⑷ イ ⑸ ア ⑹ エ ⑺ ウ ⑻ イ ⑼ ア ⑽ イ ⑾ ア ⑿ ウ ⒀ イ ⒁ エ ⒂ ウ

解　説

1 電気回路，凸レンズについての問題

⑴　かん電池１つと，豆電球を２つ直列につなぐと，豆電球へ流れる電流は図１の$\frac{1}{2}$倍になる。よって，豆電球へ流れる電流は，$1\times\frac{1}{2}=\frac{1}{2}$で，かん電池から流れる電流も$\frac{1}{2}$とわかる。

⑵　かん電池１つと，豆電球を２つ並列につないでも，それぞれの豆電球へ流れる電流は図１と変わらないから，それぞれの豆電球へ流れる電流は１といえる。したがって，かん電池から流れる電流は，$1+1=2$と求められる。

⑶　豆電球１つと，かん電池を２つ直列につなぐと，豆電球へ流れる電流は図１の２倍になる。よって，豆電球へ流れる電流は，$1\times2=2$で，かん電池から流れる電流も２とわかる。

⑷　豆電球１つと，かん電池を２つ並列につないでも，豆電球へ流れる電流は図１と変わらないから，豆電球へ流れる電流は１である。したがって，それぞれのかん電池から流れる電流は，$1\div2=\frac{1}{2}$と求められる。

⑸　⑴と⑷から，豆電球へ流れる電流は$\frac{1}{2}$とわかる。よって，それぞれのかん電池から流れる電流は，$\frac{1}{2}\div2=\frac{1}{4}$と考えられる。

⑹　⑵と⑷より，それぞれの豆電球へ流れる電流は１ずつと求められる。したがって，豆電球の部分へ流れる電流の合計は，$1+1=2$になるので，それぞれのかん電池から流れる電流は，$2\div2=1$とわかる。

⑺　⑴と⑶から，豆電球へ流れる電流は，$\frac{1}{2}\times2=1$と考えられる。よって，かん電池から流れる電流も１である。

⑻　⑵と⑶より，それぞれの豆電球へ流れる電流は，$1\times2=2$とわかる。したがって，かん電池から流れる電流は，$2+2=4$と求められる。

⑼　かん電池１つと，豆電球を３つ並列につないでもそれぞれの豆電球へ流れる電流は図１と変わらないから，それぞれの豆電球へ流れる電流は１である。よって，かん電池から流れる電流は，$1+1+1=3$とわかる。

⑽　かん電池１つと，豆電球を３つ直列につなぐと，豆電球へ流れる電流は$\frac{1}{3}$倍になる。よって，豆電球へ流れる電流は，$1\times\frac{1}{3}=\frac{1}{3}$で，かん電池から流れる電流も$\frac{1}{3}$と考えられる。

⑾　図のように作図をして考えると，物体と同じ大きさで上下左右が物体と反対向きの像が，しょう点きょりの２倍の位置に置いたスクリーン上にうつるとわかる。なお，図のＦは凸レンズのしょう点の位置を，２Ｆは凸レンズのしょう点きょりの２倍の位置を表している。

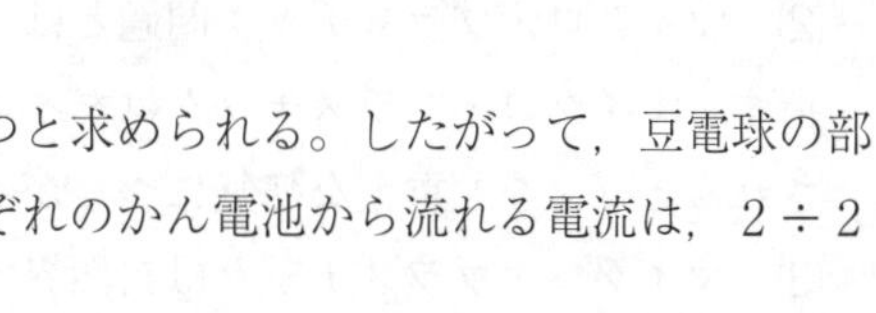

⑿〜⒂　⑾と同様にして作図をして考えると，以下の図のようになる。よって，⑿では，物体より

も大きく上下左右が物体と反対向きの像が，しょう点きょりの２倍よりも遠い位置に置いたスクリーン上にうつるといえる。また，(13)では，物体よりも小さく上下左右が物体と反対向きの像が，しょう点としょう点きょりの２倍の位置との間に置いたスクリーン上にうつるとわかる。一方で，(14)，(15)ではスクリーン上に像はうつらないが，(15)では図のように，物体よりも大きく物体と同じ向きの像が，凸レンズを通して見える。

(12)

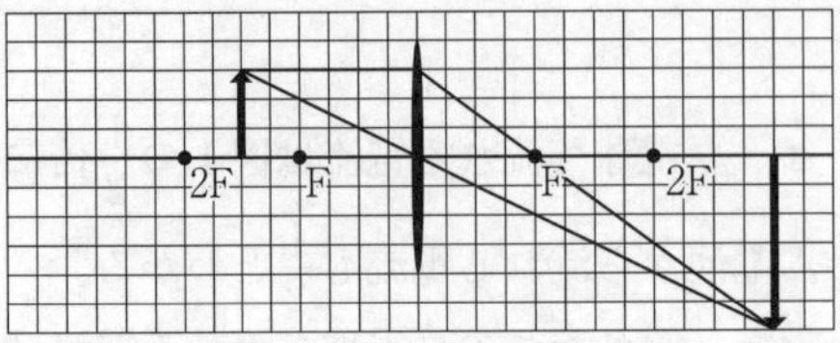

(13)

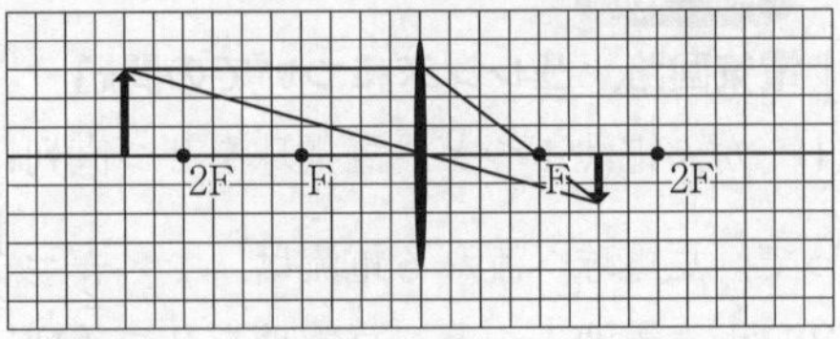

(14)

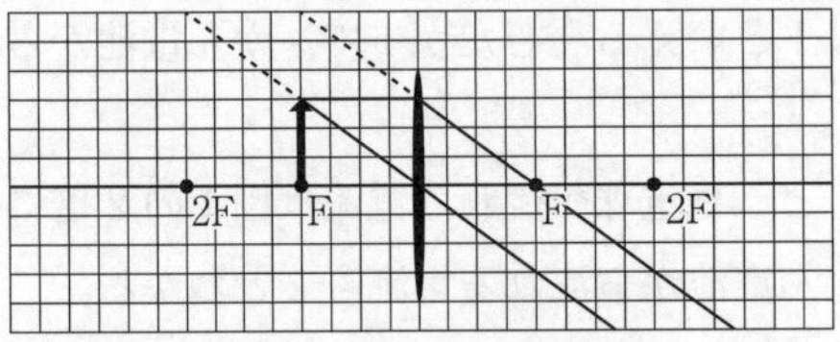

(15)

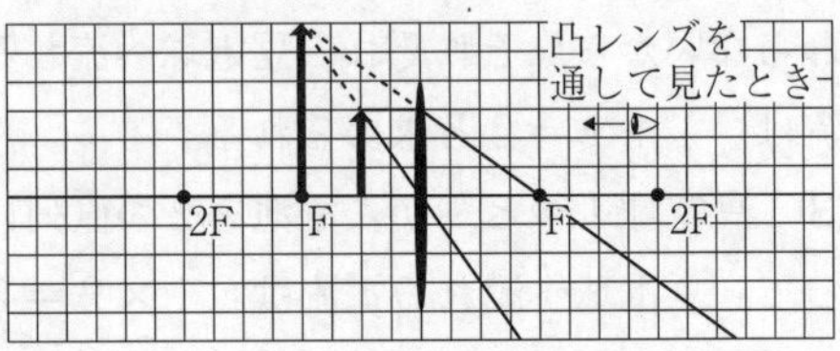

2 マイクロ・プラスチック，水よう液の性質についての問題

(1)　マイクロ・プラスチックとは５mm以下の小さなプラスチックのことをいい，洗顔料や歯みがき粉などに用いられるスクラブ剤にふくまれているほか，ペットボトルなどのプラスチック製品が自然環境で細かくくだかれることなどでできる。

(2)　マイクロ・プラスチック問題とは，マイクロ・プラスチックが引き起こすかん境問題のことを指す。マイクロ・プラスチックはダイオキシンなどの有害物質を取りこみやすく，人の体内に蓄積《ちくせき》されるとガンなど重大な病気につながる可能性がある。

(3)　マイクロ・プラスチックは自然界で分解されにくく，海へ流入すると海洋生物が海水と一緒に飲みこみやすくなる。マイクロ・プラスチックを体内に取りこんだ海洋生物は内臓が傷つけられて死んでしまったり，(2)で述べたような有害物質が体内に蓄積して生殖《せいしょく》機能に影響を及《およ》ぼしたりしてしまうことがあり，海洋生物の生態系を破かいしてしまうおそれがある。

(4)　(1)で述べたとおりマイクロ・プラスチックはプラスチックからできるので，ゴミの分別やリサイクルを徹底《てってい》したり，排出《はいしゅつ》されるプラスチックの量を減らせるようにひとりひとりがプラスチックを使わないように心がけたりするとよい。

(5)，(6)　酸性の水よう液を青色リトマス紙にしみこませると，青色リトマス紙の色が赤く変化する。一方で，中性やアルカリ性の水よう液を青色リトマス紙にしみこませても，青色リトマス紙の色は変化しない。

(7)　アルカリ性の水よう液を赤色リトマス紙にしみこませると，赤色リトマス紙の色が青く変化する。なお，中性や酸性の水よう液を赤色リトマス紙にしみこませても，赤色リトマス紙の色は変わらない。

(8)　４回目の実験でできた水よう液を赤色リトマス紙にしみこませると，赤色リトマス紙の色が青く変化していることから，(7)より，このときできた水よう液はアルカリ性とわかる。アルカリ性の水よう液に緑色のBTBよう液を加えると，水よう液が青色に変化するので，アを選べる。

(9)　５回目の実験は４回目の実験と比べてうすい塩酸の体積は増えていないが，水酸化ナトリウム水よう液の体積が，25－20＝５(mL)増えているとわかる。⑻で述べたように，４回目の実験でできた水よう液はアルカリ性で，４回目の実験と比べて増えている水酸化ナトリウム水よう液もアルカリ性の水よう液なので，５回目の実験でできた水よう液もアルカリ性の水よう液と考えられる。したがって，リトマス紙の変化はアのようになると予想できる。

⑽　４回目の実験に注目すると，(うすい塩酸の体積)：(水酸化ナトリウム水よう液の体積)＝15：20＝３：４である。一方３回目の実験では，(うすい塩酸の体積)：(水酸化ナトリウム水よう液の体積)＝10：15＝２：３になっている。うすい塩酸の体積について比を考えると，(うすい塩酸の体積)：(４回目の実験の水酸化ナトリウム水よう液の体積)：(３回目の実験の水酸化ナトリウム水よう液の体積)＝$6:4\times\frac{6}{3}:3\times\frac{6}{2}=6:8:9$で，３回目の実験の水酸化ナトリウム水よう液の体積のうすい塩酸の体積に対する比は，４回目の実験の水酸化ナトリウム水よう液の体積の比よりも大きくなるとわかる。⑻のとおり，４回目の実験でできた水よう液はアルカリ性なので，３回目の実験でできた水よう液もアルカリ性と考えられる。以上のことから，アを選べる。

3　植物の根のつくり，メダカのたまごと人の子どもの成長についての問題

⑴　図１のような根をもつのは一部の例外を除き，タンポポ，アブラナ，インゲンマメ，ヒマワリなど双子葉類の植物である。

⑵　タマネギ，イネ，トウモロコシ，ススキ，ユリなど単子葉類の植物の多くは図２のような根をもつ。

⑶　図１の①を主根，②を側根，図２の③をひげ根とよぶ。なお，根にはからだを支えたり水や水にとけている養分を吸収したりする役割がある。

⑷　⑶で述べたように，根には水や水にとけている養分を吸収するはたらきがある。実際にこのはたらきを担っているのが根毛とよばれるつくりで，主根や側根，ひげ根からこまかい毛のように生えている。根毛のようなつくりをもつことで表面積が増え，植物は水や水にとけている養分を効率よく吸収できると考えられる。

⑸　根から吸収した水や水にとけている養分が運ばれる管を道管という。なお，師管はおもに葉などでつくられた養分が運ばれる管である。

⑹　サツマイモ，ニンジン，ダイコンはおもに根へ，ジャガイモはおもに地下の茎へ栄養分をたくわえる。そのほか，おもに根へ養分をたくわえる植物としてヤマイモ，ゴボウ，ダリアなどがあげられる。

⑺　メダカが産卵をするのに適している温度は25℃くらいで，このとき精子とたまごが結びついてからたまごのまくを破って子どもが出てくるまでに約９～11日かかる。

⑻　メダカがたまごの中で成長するときは，たまごの中にある養分を使って成長する。また，たまごのまくを破って出てから２～３日は水底のほうでじっとしていて，腹に残っている養分を使って成長する。

⑼　人の精子と卵子が結びついてから子どもが産まれるまでは，約38週かかる。なお，産まれる前の赤ちゃんのことをたい児という。

⑽　人の男性の精子と女性の卵子が結びつくことを受精といい，結びついたものを受精卵とよぶ。受精は女性の体の中にある卵管でおこなわれ，受精卵は約１週間かけて子宮へ送られた後，子宮内で成長をする。

(11)，(14)　子宮内でたい児のまわりは羊水という液体で満たされている。羊水はたい児をかんそうから守ったり，外部からの力をやわらげたりするはたらきをもつ。

(12)，(13)　子宮内の子どものおなかにはへそのおという管がついていて，へそのおは母親の子宮のかべにあるたいばんへつながっている。たいばんではたい児の体でできた不要物や二酸化炭素と，母親の血液から送られてきた養分や酸素との交かんがおこなわれる。

4　地震，気象についての問題

(1)，(2)　地下で地しんが発生した場所をしん源，しん源の真上の地表の地点をしん央という。

(3)，(4)　初期び動をもたらす地しんの波をＰ波といい，Ｐは「最初の」という意味を表すPrimary(プライマリー)の頭文字である。一方で，主要動をもたらす地しんの波をＳ波とよび，Ｓは「二番目の」という意味を表すSecondary(セカンダリー)の頭文字からとっている。

(5)　初期び動が続いた時間を初期び動けい続時間といい，初期び動けい続時間はしん源からのきょりと比例する。したがって，しん源からのきょりが大きくなるほど，初期び動けい続時間は長くなると考えられる。

(6)，(7)　冬は日本の北西にあるシベリア気団が勢力を強めて高気圧となり，反対の太平洋側では低気圧が発達しやすい。このようにして見られる気圧配置を西高東低の気圧配置という。

(8)，(9)　１日の最低気温が０℃未満の日を冬日，最高気温が０℃未満の日を真冬日とよぶ。

(10)，(11)　夏は日本の南東にある小笠原《おがさわら》気団が勢力を強めて高気圧となり，アジア大陸側で低気圧が発達しやすい。このようにして見られる気圧配置を南高北低の気圧配置とよぶ。

(12)　夏には南東の季節風がふく。夏の季節風はあたたかくしめっているため，日本の夏は蒸し暑くなりやすい。

(13)　熱帯夜とは，最低気温が25℃以上の夜のことをいう。なお，１日の最高気温が25℃以上の日を夏日，最高気温が30℃以上の日を真夏日，最高気温が35℃以上の日を猛暑《もうしょ》日とよぶ。

(14)　ヒートアイランド減少(エ)は都市部の気温がこう外より高くなる現象のことである。アのフェーン現象はしめった空気が山をこえて反対側へふき下りたときに付近の気温が高温になる現象，イのエルニーニョ現象は太平洋の赤道付近の海面水温が平年より高い状態が続く現象，ウのラニーニャ現象は太平洋の赤道付近の海面水温が平年より低い状態が続く現象である。

(15)　都市部のように植物の量が少なかったり，コンクリートの量が多かったりすると熱が空気中へ放出されにくいため，気温が下がりにくくなる。また，自動車の数が多いと排出される熱の量が多くなりやすく，気温が上がりやすい。そのため都市部はこう外と比べて気温が高くなりやすいと考えられる。

国　語　＜２科・４科入試第１回＞（50分）＜満点：100点＞

解　答

一　①　ちゅうこく　②　はいけい　③　えいぞう　④　ずのう　⑤～⑧　下記を参照のこと。　二　**1**　①　俳優　②　任務　③　明朗　④　収入　**2**　①　首　②　鼻　③　足　④　手　三　**問1**　秋山　**問2**　イ　**問3**　i　たまたま会った　ii　勝手に　iii　追いかけて　**問4**　親子げんか　**問5**　（例）　オヤジをよろこばせたかったから。　**問６**　とうさん　**問７**　ウ　**問８**　ア　**四** **問１**　脳　**問２**　傷つきやすさや衝動性　**問３**　イ　**問４**　感情を刺激して，脳を活性化させる（こと）　**問５**　その人をめ　**問６**　（例）　身近な人と付き合うときに，積極的に相手の話を聞くように努力しています。そうしようと思ったのは，友人から，いつも自分のことばかりしゃべっていると注意され，自分勝手だったと反省したからです。

●漢字の書き取り

一 ⑤　権利　⑥　裏庭　⑦　歌詞　⑧　縦

解　説

一　漢字の読み書き

①　相手の良くない点を注意して，役立つ助言をすること。　②　中心となるものの後ろにある景色。　③　視覚でとらえる情報。　④　頭の良さ。　⑤　あることをしたりしなかったりする資格。　⑥　建物の背後にある庭。　⑦　音楽につけられた歌の言葉。　⑧　音読みは「ジュウ」で「縦断」などの熟語がある。

二　類義語の完成，慣用句の完成

１　①　「役者」「俳優」は，劇などで登場人物を演じる人。　②　「役目」「任務」は，あたえられた役割。　③　「快活」「明朗」は，性格が明るく活発であること。　④　「所得」「収入」は，働くなどして手に入れたお金。

２　①　「首」を使った慣用句には，ほかに「首を長くする」などがある。　②　「鼻」を使った慣用句には，ほかに「鼻にかける」などがある。　③　「足」を使った慣用句には，ほかに「足がぼうになる」などがある。　④　「手」を使った慣用句には，ほかに「手をこまねく」などがある。

三　**出典は戸森《ともり》しるこ『ぼくたちのリアル』による。**家出した友人のリアルの居場所を知り，むかえに行った「ぼく」が，ぼくの「とうさん」の運転する車の中で，リアルの親子げんかの原因を聞いたり，リアルをはげましたりする場面。

問１　サジが「秋山くんたらさっさと帰っちゃってさ」と言うと，リアルが「しょうがないだろ」と答えている。

問２　リアルがハンバーガーショップにいるのは，親とけんかをして家出をしたからである。サジが電話で「ぼく」を呼んだことで，二人は顔を合わせることになったのである。アは「無断で」の部分が本文にないのでふさわしくない。

問３　「リアルのいいたいこと」は，サジがここにいる理由の「半分はたまたまだけど，もう半分はたまたまじゃない」ということである。サジがハンバーガーショップの席に座っているリアルを見つけたのは「たまたま」だが，サジは「リアルを追いかけて」ここまで来ており，帰れと言っても「勝手に」ここに居座ったので，「たまたま」ではないのである。

問４　「ぼく」が，リアルがイライラしていると思った理由は，リアルが家出をしていたからである。「テツと一悶着《ひともんちゃく》あったんだって？」「ずいぶんハイレベルな親子げんかだな」と，とうさんが言っていることから，リアルの家出の原因は「親子げんか」だとわかる。

問５　「……よろこぶかと思ったのにさ」とある。リアルはおとうさんをよろこばせたくて，「写真館つぐ」と言ったのである。

問６　「よかったじゃないか，渡《わたる》」と言ったのは，「ぼく」の「とうさん」である。

問７　「ぼく」は，「それはリアルのやさしい気持ちだから」と言ってリアルの心に寄りそったり，「リアルなら，きっとなりたいものになれると思うから」と言うなどリアルに対して思いやりのある発言をしている。よって，正解はウ。アは，「周りに多くの人が集まる」が，イは，「知識が豊富で，頭の回転がすこぶる速い」が，エは，「色々と無茶をしてしまう」が，それぞれ本文からは読み取れないため，ふさわしくない。

問８　課題文は，カギカッコ部分(会話文)が多い。また，「うれしくて，なんだかちょっと泣きそうになった」のように，登場人物の心情が丁寧《ていねい》に描写《びょうしゃ》されている。

四　出典は山口真美《やまぐちまさみ》『自分の顔が好きですか？』による。思春期は恐怖《きょうふ》をつかさどる扁桃体《へんとうたい》が大人よりも過敏《かびん》に反応するために，濃《こ》い人間関係を避《さ》ける傾向《けいこう》があるが，顔を記憶《きおく》するためには，感情を伴《ともな》う人間関係が大切であると述べている。

問１　〔①〕の前の「こうした行動」は，「思春期特有の不安定な心持」のことである。「こうした行動の根拠《こんきょ》」を筆者は，「大人には理解できないことですが，それは大人と思春期の脳に違《ちが》いがあるから」と述べている。扁桃体は脳の内側の構造であり，脳の働きの具体例として挙げられているので，解答には「脳に違いがあるからなのです」と明言されている「脳」があてはまる。

問２　「思春期特有の不安定な心持」は，ぼう線部②の前の段落で思春期特有の「揺《ゆ》れる気持ち」「傷つきやすさや衝動《しょうどう》性」と言いかえられている。設問文の指定字数に合う「傷つきやすさや衝動性」を答える。

問３　ぼう線部③の前で，「恐怖や怒りの表情を目にして不快に感じる反応」は，「子どもから思春期で増え続け」ると，述べられている。よって，正解はイ。アは，「見知らぬ人の顔への反応は，四歳《さい》から一七歳にかけて減る」とあるため不適。ウは，「子どもから思春期にかけて」と限定されないので不適。エは，「人との距離《きょり》を置きすぎてしまったとき」に「周りの情動的な反応に，より過敏《かびん》となる」では文脈が合わないため不適である。

問４　「顔を記憶する」ためには，「感情を伴う人間関係が大切」とあり，その理由を「なんであっても感情的な事柄《ことがら》とともに覚えること」が顔を覚える「コツ」だからと説明している。そして，その「特殊《とくしゅ》な努力」は「脳とのかかわりがあ」るので，そのためには，「感情を刺激《しげき》して，脳を活性化させる必要がある」と書かれている。

問５　「人や社会に興味がない」ときは他人の顔を覚えられないということの「言いかえ」は，ぼう線部④をふくむ段落の最後の一文に「その人をめぐるさまざまな事柄に興味がなければ，人の顔は覚えられない」とある。

問６　身近な人と付き合うときに「努力していること」と「そうしようと思った理由」について，それぞれ一文を目安に簡潔にまとめる。100字程度の字数で具体的に説明する場合は，言いまわしを工夫したり，同じ意味を表す熟語を使うなどで字数を少なくする方法がある。ただし，漢字の誤字はマイナスになるので注意が必要である。また，実際に解答用紙に書いたあとで，自分の考えが読み手にきちんと伝わるか，わかりやすく具体的に述べられているかなどに注意して読み返すことが大切である。

2023年度 藤嶺学園藤沢中学校

【算　数】〈２科入試〉（50分）〈満点：100点〉

（注意事項）１．**1**～**3**は解答のみ，**4**・**5**は途中の式も書きなさい。
２．円周率を使う場合は，3.14で計算しなさい。

1 □にあてはまる数を答えなさい。

(1) $19\times47-19\times26=\square$

(2) $(8-1)\times(7+6\div3\times5)\times(2\times8+9)=\square$

(3) $(2\times\square+7)\div3+7=12$

(4) $\left(\frac{\square}{6}-\frac{3}{4}\right)\div3=\frac{1}{36}$

(5) 半径が 30 mm の半円の周の長さは □ m

2 次の問いに答えなさい。

(1) ある数から４をひいて５倍すると、もとの数の３倍になります。ある数はいくつですか。

(2) 18と27の公倍数のうち、もっとも大きい３桁《けた》の数はいくつですか。

(3) １本80円のボールペンと１本50円の鉛筆《えんぴつ》を合わせて15本買うと960円でした。鉛筆は何本買いましたか。

(4) 家から学校まで往復するのに行きは分速150 m，帰りは分速100 mで歩いたところ、合わせて40分かかりました。家から学校までの距離《きょり》は何kmですか。

(5)　時計の針が８時23分を指しています。長針と短針が作る角の大きさは何度ですか。

(6)　現在、太郎さんは30才で、花子さんは42才です。花子さんの年れいが太郎さんの３倍だったのは何年前ですか。

(7)　200 g の食塩水Ａに8.8％の食塩水300 g を加えると、６％の食塩水になりました。食塩水Ａは何％ですか。

(8)　図のように、正方形の中に同じ大きさの４つの円が入っています。斜線《しゃせん》部分の面積は何 cm² ですか。

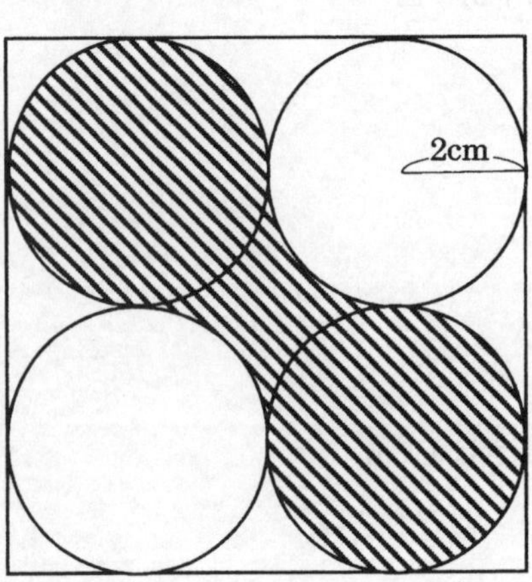

3　１辺１cm の正三角形のブロックがあり、図のように同じ大きさのブロックを隙間《すきま》なく並べて大きな正三角形を作っていきます。この操作を繰《く》り返すとき、次の問いに答えなさい。

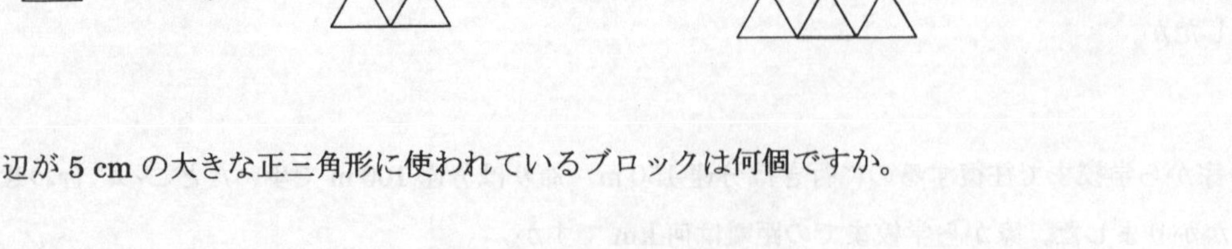

(1)　１辺が５cm の大きな正三角形に使われているブロックは何個ですか。

(2)　300個のブロックで作れる一番大きな正三角形は１辺何 cm ですか。

4　いくつかのおはじきを太郎さん、次郎さん、花子さんの３人で分けると、太郎さんは次郎さんの３倍、次郎さんは花子さんよりも30個少なく、花子さんは太郎さんの半分持っていました。このとき、次の問いに答えなさい。

(1)　おはじきは全部で何個ありますか。

(2)　さらに３人にそれぞれ同じ数のおはじきを渡《わた》すと、太郎さんと花子さんの持っている個数の合計が次郎さんの３倍になりました。３人にそれぞれ何個ずつ渡しましたか。

5　辺BCの長さが6 cmの長方形ABCDがあり、図のように辺BC上に点Eがあります。点Pは点Cを出発し、一定の速さで点C→D→A→Bの順に辺の上を進みます。グラフは点Pが点Cを出発してからの時間と、三角形PBEの面積の関係を表したものです。このとき、次の問いに答えなさい。

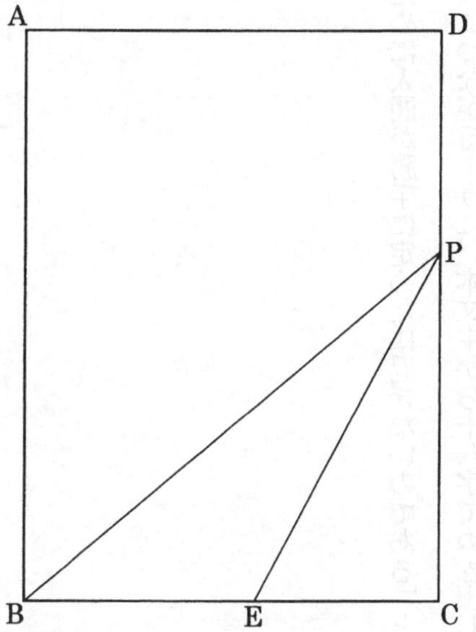

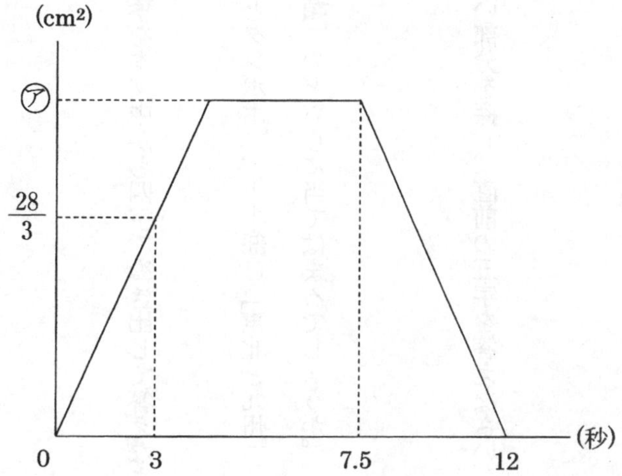

(1)　グラフの㋐に入る数はいくつですか。

(2)　BEの長さは何cmですか。分数で答えなさい。

問三　〔　④　〕に入る言葉を次の中から一つ選び、記号で答えなさい。

ア　次々と死滅《しめつ》し、細胞そのものが消える

イ　さらに分裂を続け、緑藻類へと変化する

ウ　他の細胞と合体し、大きな細胞に成長する

エ　捕食のための口を持ち、エサを食べる

問四　――部⑤「境目というのは、分類し、理解をするために人間が勝手に定めたに過ぎないのである」とありますが、人間が「境目」を定める理由を「～から」につながるように、本文中から十八字でぬき出して答えなさい。

問五　――部⑥「ルール」と同じような意味で使われている言葉を本文中から四字でぬき出して答えなさい。

問六　――部Ａ「トマトが野菜か果物か」、――部Ｂ「イルカとタンポポ」、――部Ｃ「東北と九州」、――部Ｄ「動物と植物」は、「人為的分類」と「系統分類」のどちらに当てはまるでしょうか。「人為的分類」は**１**、「系統分類」は**２**で答えなさい。

問七　本文には次の一文がぬけています。入れるのにふさわしい部分を探し、直前の五字を答えなさい。

これを二界説という。

イルカは哺乳類《ほにゅうるい》らしくしなければならないというルールはないし、将来にわたってどのように進化するかはまったくの自由である。D動物と植物はまったく別の生き物のようだが、たまたま動物に進化したり、植物に進化したりしただけのことで、そもそも生物としての基本的なことはあまり違っていないのかも知れない。植物と動物の特徴を併せ持つミドリムシは奇妙な生物と言われているが、人間の決めた⑥ルールに合わないというだけで、ミドリムシにとってはそれが当たり前の進化だったのだ。

（稲垣栄洋『植物はなぜ動かないのか―弱くて強い植物のはなし―』より）

問一　――部①「ミドリムシは奇妙なことに、動物図鑑にも名前が記載されるし、植物図鑑にも名前が記載される」理由を「～から」につながるように十三字でぬき出して答えなさい。

問二　〔　②　〕〔　③　〕に当てはまる言葉の組合せとして正しいものを次の中から一つ選び、記号で答えなさい。

ア　②分裂・③変化　　イ　②共生・③進化　　ウ　②変化・③分裂　　エ　②進化・③共生

めたに過ぎないのである。

　野菜と呼ばれる植物があるが、スイカやイチゴが野菜になるか、果物になるかは、国によって異なる。アメリカではＡトマトが野菜か果物かで裁判が行われたくらいだ。野菜という明確なグループが存在するわけではなく、人間が野菜という範囲《はんい》を決めているに過ぎないのだ。イルカとクジラは、単に大きさが三メートルよりも小さい種類をイルカ、三メートルよりも大きい種類をクジラと呼んでいる。生物学的にはイルカとクジラの明確な違いがあるわけではないが、人間が勝手に線引きをしているのである。このような人間が勝手に定義づけて分類しているものを「人為的《じんいてき》分類」という。

　しかし、Ｂイルカとタンポポは、明らかに違う。このように、自然界にあるように見える分類を「系統分類」という。

　自然界には知られているだけで二〇〇万種もの生物がいる。この無数にいる生物を、「分類学の父」と呼ばれる一八世紀の博物学者リンネは、まず線を引いて、植物界と動物界の二つに分けた。ところが、やがて微生物《びせいぶつ》がたくさん見つかってくると、原生生物を加えて三界説が唱えられた。

　生物の世界を、どのように区分すべきか。驚《おどろ》くことに科学技術が進んだ現代においても、その分類方法が確定しているわけではない。

　しかし、それもやむを得ない話である。Ｃ東北と九州が明らかに違っても、日本列島には何の境界線も引かれていないように、イルカとタンポポが明らかに違っても、生物の世界にも明確な境界があるわけではない。自然界は何の境界もないボーダレスの世界である。しかし、知能で情報を整理する人間は、境界を作って区別しないと理解できないので、線を引いているのである。系統分類とはいっても、所詮《しょせん》は、人間が自分たちのために作った分類に過ぎない。

arenicola」で「ハテナ」が属名になっている。

ハテナは単細胞生物で、鞭毛を持って動き回る動物である。ところが、体は緑色で葉緑体を持っているように見える。じつは、ハテナは体内に緑藻類《りょくそうるい》を共生させているのである。そして緑藻類が光合成で生産した栄養分で生活しているのである。

ハテナの不思議なのは細胞分裂《ぶんれつ》である。細胞分裂をすると、分裂した片方は、緑藻類を体内に持つが、もう片方は緑藻類を持たないので栄養分を得ることができない。すると、緑藻類を持たない方は、〔　④　〕ようになるのである。

　このような細胞分裂では、ハテナの半分は緑藻類を持たないことになるが、実際には、ほとんどのハテナは緑藻類と共生している。つまり、緑藻類を持たないハテナは、緑藻類を捕食《ほしょく》し、体内に取り込んで緑藻類との共生を始めると考えられているのである。

　このことから、ハテナは植物が葉緑体と共生している進化の途中《とちゅう》段階にある生き物であると考えられている。

　それにしても、ハテナは植物的な生き方と、動物的な生き方とをしているから、本当に不思議な生き物である。

本当は、私たち人間が思うほど、植物と動物とは、大きく違わないのかも知れない。

　日本には四七の都道府県があるが、地面の上に県境が引かれているわけではない。都道府県の境は、地図の上で人間が決めたものである。

　富士山のすそ野は、どこまでも広がっている。一体、どこまでが富士山なのだろうか。明確な境界があるわけではないから、日本全体が富士山とも言えるし、富士山と言う実体などないのだとも言える。

　本当は、自然界にあるものに一切《いっさい》の境はない。⑤境目というのは、分類し、理解をするために人間が勝手に定

四　次の文章を読み、あとの問いに答えなさい。（特に指示がない場合、句読点や記号は一字に数えます）

動物と植物とは、まったく相容《あいい》れない別の生物であるというイメージがあるかも知れない。しかし、そうとばかりは言い切れない。動物と植物の狭間《はざま》にあるような生き物も存在するのである。

最近、ユーグレナという健康食品を耳にするようになった。ユーグレナは和名をミドリムシという単細胞《たんさいぼう》生物である。

①ミドリムシは奇妙《きみょう》なことに、動物図鑑《ずかん》にも名前が記載《きさい》されるし、植物図鑑にも名前が記載される。ミドリムシはその名のとおり、葉緑体を持ち、緑色をしている。葉緑体を持つというのは、植物の特徴《とくちょう》である。ところが、このミドリムシは、鞭毛《べんもう》を持ち、泳ぎ回る。この動き回る点は動物である。つまり、ミドリムシは植物の性質と動物の性質を併《あわ》せ持《も》っているのである。

ミドリムシの進化は明らかではない。しかし、鞭毛を持つ生物が、葉緑体となるバクテリアと（　②　）することで（　③　）を遂《と》げたと考えられる。実際に、ミドリムシの仲間の中には、葉緑体を持たない種類もある。

「？（クエスチョンマーク）」は日本語では、「はてな」と読む。

この「はてな」という名前の生物がいるのをご存知《ぞんじ》だろうか。ハテナは、不思議な生物である。何しろ動物から植物へと変化を遂げてしまうのだ。

この生物が発見されたのは、二〇〇〇年のことである。あまりに不思議なので、「はてな」という愛称《あいしょう》で呼ばれていた。それが、そのまま正式な生物名になってしまったのである。日本語名だけでなく、学名も「*Hatena*

ウ　ヒデコ先生なら自分の話を聞いてくれると思ったから。

エ　ヒデコ先生なら自分の代わりに何でもやってくれると思ったから。

問七　――部⑧「ヒデおば」はどのような先生ですか。最もふさわしいものを次の中から一つ選び、記号で答えなさい。

ア　口では厳しいことを言うが、子どもに親身になってくれる先生。

イ　面倒くさがりで、手間が掛《か》かることはしたがらない先生。

ウ　たっちゃんには優しくするのに私には厳しい、不公平な先生。

エ　子どもが大好きで、いつも優しく笑顔《えがお》の絶えない先生。

問八　次の文章は本文の登場人物と表現について説明したものです。正しいものを一つ選び、記号で答えなさい。

ア　ヒデコ先生の冷たい性格を表現するため、彼女が人を呼ぶときの表記を「あんた」としている。

イ　たっちゃんの幼さを表現するため、彼《かれ》の発言をひらがなとカタカナで記している。

ウ　言いたいことを言い出せない「わたし」の内気な性格を表すため、会話文が少なくなっている。

エ　三人の登場人物の異なる心情を表すため、それぞれの視点で物語が進んでいる。

問三　〔　③　〕〔　④　〕に入る言葉を次の中から一つずつ選び、記号で答えなさい。

ア　うれし　イ　たのし　ウ　おそろし　エ　くるし　オ　かなし

問四　――部⑤「ちょっとほっとして、ちょっとうれしかった」理由として最もふさわしいものを次の中から一つ選び、記号で答えなさい。

ア　ヒデコ先生が年下のたっちゃんには優しいことがわかったから。
イ　ヒデコ先生が自分にだけ厳しい態度を取るのではないとわかったから。
ウ　たっちゃんがヒデコ先生のことを嫌っていないことがわかったから。
エ　たっちゃんがヒデコ先生に好かれていないことがわかったから。

問五　〔　⑥　〕に入る人物名を本文中から二字でぬき出して答えなさい。

問六　――部⑦「細川先生には絶対に知られたくなかったのに、ヒデおばにはそんなこと思わない」理由としてふさわしくないものを次の中から一つ選び、記号で答えなさい。

ア　ヒデコ先生なら自分のことを守ってくれると思ったから。
イ　ヒデコ先生なら自分の状況《じょうきょう》をきっと理解してくれると思ったから。

「……え？」

「自分のことは自分でやりなさい。そんなの常識でしょ」

ぷんぷん怒って席に着いて、ぷんぷん怒って仕事のつづきにとりかかる。

わたしのこと、ヒデおばは、ぜんぶ知っている――みたいだ。

不思議だった。⑦※細川先生には絶対に知られたくなかったのに、ヒデおばにはそんなこと思わない。どっちかというと、知ってくれてよかった。もう隠《かく》さなくていい。そーっと、しなくていい。そーっと、生きなくてもいい。

「先生」

くちびるをなめて、ハッカの味が残っていないか探した。意外とあった。舌の先っちょがすうっとした。

「あのね、ウチのクラスって、もう、サイテーなんですよ……」

⑧ヒデおばは分厚い本をめくりながら「んー？」と面倒《めんどう》くさそうな声を出して、「黙って勉強しなさい」と言った。

（重松清『せんせい。』より）

※細川先生：「わたし」の担任の先生。

問一 〔 ① 〕に入る言葉を本文中から三字でぬき出して答えなさい。

問二 ――部②「おくすりだよ」とありますが、たっちゃんはこのおくすりをどういうものだと思っていますか。本文中から二十五字でぬき出し、初めの五字を答えなさい。

「でっしょーっ」

よかった。⑤ちょっとほっとして、ちょっとうれしかった。大げさに相槌《あいづち》を打ったはずみにドロップスがこぼれ落ちそうになった。あわてて口の中に戻《もど》して、噛《か》みくだいた。ハッカの刺激《しげき》がいっぺんに強くなる。悲し涙なんだ、このドロップス。そう言われてみると、ハッカの味は悲しい味かも。わたしはいま、悲し涙をなめて、噛んで、噛みくだいて、細かなかけらにして、ごくん、と呑《の》み込《こ》んだ。

早くよくなりなさい――病気の子に神さまはそう言ってくれるのなら、わたしみたいな子にはどんなことを言うのだろう。

早くみんなにゆるしてもらいなさい。違う。早く先生やお母さんに相談しなさい。違う。早く怒《おこ》りなさい。ちょっと違う。早くジサツしなさい。全然違う。わからない。でも、このまえのイチゴも、今日のハッカも、悲し涙のドロップスはおいしかった。

「もうかんじゃったのぉ？　もったいなーい」

わたしも、いまになって少し後悔《こうかい》している。

ヒデおばが戻ってきた。

手に、赤いランドセルを提《さ》げていた――わたしの。

「［　⑥　］さん、あんた、今日はずっとここにいて自習しなさい。勉強でわかんないところがあったら、教えてあげるから」

ヒデおばはランドセルをベッドにどすんと置いた。ワケがわからないわたしをよそに、「あー、重かった、もうっ」とランドセルをにらみつけた。

「今度からここに来るときは自分でランドセル持っておいで」

たっちゃんは『ドロップスのうた』を歌いだした。なきむしの神さまが赤い涙《なみだ》や黄色い涙を流して、それがドロップスになった、という内容だった。たっちゃんの声は細くて、かすれてもいて、メロディーはよくわからなかったけど、「いーまではドロップスーッ」というところ、なんとなく聞き覚えがあった。

「かみさまって、なきむしだから、かなしくてもなくし、うれしくてもなくんだって」

「ふうん」

「だからね、ヒデコせんせいがくれるドロップスって、かみさまが（　③　）くてながしたなみだなんだって」

ちょっと嫌《いや》だった、それ。

「（　④　）涙かもしれないじゃん」

口をとがらせて言うと、たっちゃんは「だって……」と言い返した。「びょうきになるのって、かなしいでしょ？」

「……それはそうだけど」

「はやくよくなりなさいって、かみさまがながしたなみだだから、おくすりなの」

「誰《だれ》がそんなこと言ってたの？」

「ヒデコせんせい」

うそ。信じられない。あんなにおっかないヒデおばなのに。似合わない。

「ねえねえ」――ヒデおば、と言いかけて、たっちゃんに合わせて「ヒデコ先生」と言い直した。

「ヒデコ先生って、たっちゃんと二人だったら優《やさ》しいの？」

「わかんないけど、おこるとこわい」

っちなんだな、と思う。

「ドロップス、いつももらってるの？」

「そう。ねつがあるときはくれないけど」

「ほんとはお菓子《かし》って食べちゃいけないんだよ、学校では」

「でも、②おくすりだよ」

違うってば、とあきれて笑った。たっちゃんも、えへへっ、と笑う。

「おいしい？　ハッカ」

「うん、おいしい」

「ぼくね、ブドウがすき」

「あ、わたしも、いちばん好きかも」

「でも、なかなかでてこないの、ブドウ」

たっちゃんはしょんぼりした顔になる。でも、ドロップスには二種類ある。緑の缶《かん》のやつと赤い缶のやつ。緑の缶のドロップスにはブドウは入っていないはずだ。あれは赤い缶のほう。知らないんだ。一年生だし。

教えてあげようかと思ったけど、なんだかそれもかわいそうな気がして、黙《だま》ってハッカのドロップスをなめた。

「カワムラさん、しってる？　ドロップスって、かみさまのなみだなんだよ」

「はあ？」

「ヒデコせんせいがおしえてくれたの。うたがあるんだって、『ドロップスのうた』っていうの」

2　次の①〜④の作品の作者をそれぞれ選び、記号で答えなさい。

①　やまなし　②　鼻　③　わたしと小鳥とすずと　④　吾輩《わがはい》は猫《ねこ》である

ア　芥川《あくたがわ》龍之介《りゅうのすけ》　イ　夏目漱石《なつめそうせき》　ウ　金子《かねこ》みすゞ《みすず》　エ　宮沢賢治《みやざわけんじ》

三　次の文章を読み、あとの問いに答えなさい。

（特に指示がない場合、句読点や記号は一字に数えます）

二人きりになると、たっちゃんは「ハッカって、おいしいの？」と訊《き》いてきた。

「からいでしょ？」

この味をからいと言うのかどうか、よくわからない。でも、確かに、（　①　）の頃《ころ》はわたしにもハッカは「はずれ」だった。

「ねえ、たっちゃん……保健室って、週に何度も来てるの？」

「けっこうたくさん。でも、ぼく、がっこうやすむひのほうがおおいし」

「ウチの弟、たっちゃんの同級生なんだよ。河村武志っていうんだけど、知ってる？」

「……ぼく、クラスのこ、ぜんぜんしらない」

だよね、とうなずいた。ハッカの香りのついたため息が漏《も》れる。この子もわたしとは違《ちが》う意味でひとりぼ

2023年度

藤嶺学園藤沢中学校

【国　語】〈二科入試〉（五〇分）〈満点：一〇〇点〉

一　次の①～⑧の――線の漢字はひらがなに、カタカナは漢字に直しなさい。

① 板で補強する。　② 今日中に宅配する。

③ 絹を手に取る。　④ 有名な雑誌。

⑤ ここはオンセンが出る。　⑥ シセイを正す。

⑦ ホウリツを守る。　⑧ ツクエを運ぶ。

二　次の1・2のそれぞれの問いに答えなさい。

1　次の①～④の四字の中から三字を使って三字熟語を作り、使わない一字を答えなさい。

① 天　頂　空　有

② 去　足　不　過

③ 長　刀　太　助

④ 楽　千　一　秋

2023年度

藤嶺学園藤沢中学校　▶解　答

※　編集上の都合により，２科試験の解説は省略させていただきました。

算　数　＜２科入試＞（50分）＜満点：100点＞

解　答

1 (1)　399　(2)　2975　(3)　4　(4)　5　(5)　0.1542m　2 (1)　10　(2)　972　(3)　８本　(4)　2.4km　(5)　113.5度　(6)　24年前　(7)　1.8%　(8)　28.56cm^2　3 (1)　25個　(2)　17cm　4 (1)　330個　(2)　90個　5 (1)　14　(2)　$3\frac{1}{9}$cm

国　語　＜２科入試＞（50分）＜満点：100点＞

解　答

一 ①　ほきょう　②　たくはい　③　きぬ　④　ざっし　⑤～⑧　下記を参照のこと。　二 １　①　空　②　去　③　長　④　一　２　①　エ　②　ア　③　ウ　④　イ　三 問１　一年生　問２　はやくよく　問３　③　オ　④　ア　問４　イ　問５　河村　問６　エ　問７　ア　問８　イ　四 問１　植物と動物の特徴を併せ持つ(から)　問２　イ　問３　エ　問４　境界を作って区別しないと理解できない(から)　問５　分類方法　問６　A　１　B　２　C　１　D　２　問７　に分けた。

●漢字の書き取り

一 ⑤　温泉　⑥　姿勢　⑦　法律　⑧　机

Memo

Memo

Memo

2022年度　藤嶺学園藤沢中学校

〔電　話〕　0466(23)3150
〔所在地〕　〒251－0001　神奈川県藤沢市西富１－７－１
〔交　通〕　JR東海道線―藤沢駅より徒歩15分
　　　　　　小田急江ノ島線―藤沢本町駅より徒歩15分

【算　数】〈２科・４科入試第１回〉（50分）〈満点：100点〉

（注意事項）１．**1**～**3**は解答のみ，**4**・**5**は途中の式も書きなさい。
　　　　　　２．円周率を使う場合は，3.14で計算しなさい。

1　□にあてはまる数を答えなさい。

(1)　$1+2\frac{1}{2}+4\frac{1}{4}+8\frac{1}{8}=\square$

(2)　$520-\{210-5\times(51-21)\div15\}=\square$

(3)　$243\div(\square\div12-4)=27$

(4)　$3\frac{1}{2}+1\div\square=4\frac{1}{6}$

(5)　□ kg の 0.8 割は 256 kg

2　次の問いに答えなさい。

(1)　14 と 28 と 42 の最小公倍数を求めなさい。

(2)　ある製品を工場 A では 1 日 1637 個，工場 B では 1 日 1352 個作ります。工場 A で作られた製品の合計が工場 B で作られた製品の合計に比べ 3000 個より多くなるのは何日目ですか。

(3)　家から公園まで往復するのに行きは時速 7.2 km で走り、帰りは時速 4.8 km で歩くと全部で 24 分かかりました。家から公園までの道のりは何 m ですか。

(4)　現在、太郎くんとお父さんの年れいの差は 30 才です。14 年後、お父さんの年れいは太郎くんの年れいの 2 倍になります。現在、太郎くんは何才ですか。

(5)　$9\frac{1}{4}$ m の針金を切って $\frac{3}{8}$ m の針金をできるだけたくさん作りました。針金は何 m 余りましたか。

(6)　縮尺が２千分の１の地図に校庭が縦 3 cm，横 7.5 cm の長方形でかかれています。この校庭の実際の面積は何 m^2 ですか。

(7)　6 %の食塩水 200 g と 4 %の食塩水 300 g を混ぜると何%の食塩水ができますか。

(8)　図のように同じ半径の２つの円が長方形の中にあります。斜線《しゃせん》部分の面積は何 cm^2 ですか。

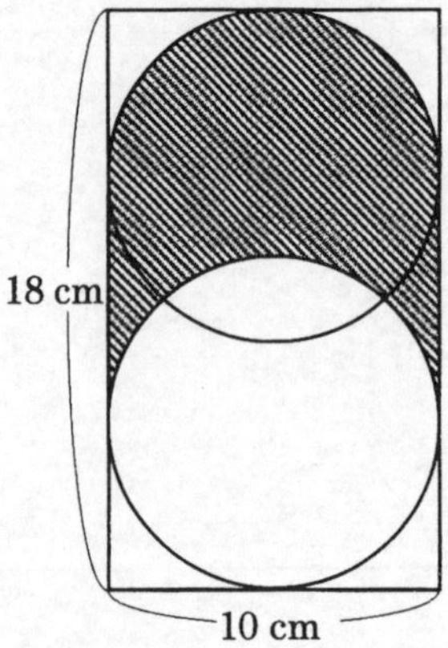

3　縦 40 cm，横 24 cm の長方形の紙があります。図のようにこの紙の長い方の辺を切って半分にしていきます。このとき、次の問いに答えなさい。

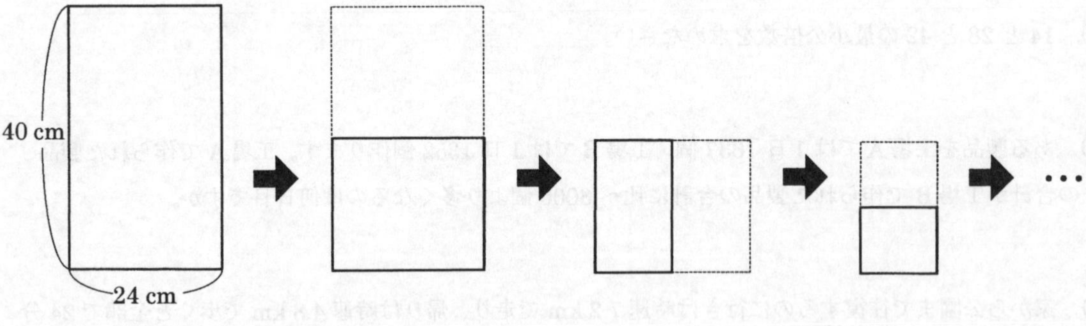

(1)　この紙を何回切ると面積が 7.5 cm^2 になりますか。

(2)　８回切ってできた紙の周の長さは何 cm ですか。

4 　ある商品の在庫があります。毎日この商品を一定の個数仕入れ、200 個ずつ販売《はんばい》していくと 50 日後にちょうどなくなります。また、毎日仕入れる商品の個数を半分にし、150 個ずつ販売していくと 60 日後にちょうどなくなります。このとき、次の問いに答えなさい。

(1)　下線部のとき、商品は毎日何個ずつ仕入れますか。

(2)　もとの商品の在庫は何個ですか。

5 　太郎くんは家から 3.6 km 離《はな》れた駅まで行きます。15 時ちょうどに家を出発し、バス停まで歩きました。2 分待ってからバスに乗り、駅まで向かいました。その後、忘れ物に気づいたお母さんが、車で同じ道を時速 54 km で駅に向かったところ、バスより 1 分早く着くことができました。グラフはこのときの様子を表したものです。次の問いに答えなさい。

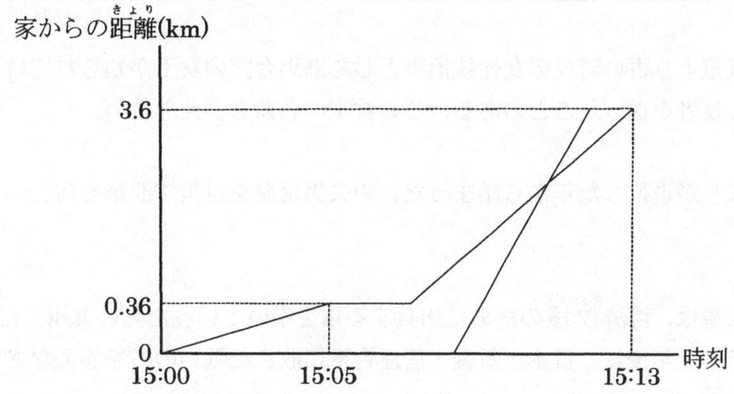

(1)　太郎くんは分速何 m の速さでバス停へ行きましたか。

(2)　バスの速さは時速何 km ですか。

(3)　車がバスを追い抜《ぬ》いたのは家から何 km の地点ですか。

【社　会】〈２科・４科入試第１回〉（40分）〈満点：70点〉

1　次の表は歴代の女性天皇をまとめたものです。在位年とは何年から何年まで天皇であったかを示したものです。この表を見てあとの問いに答えなさい。

	天皇名	在位年（西暦《せいれき》）
①	推古天皇	592〜628
②	皇極天皇	642〜645
③	斉明天皇	655〜661
④	持統天皇	690〜697
⑤	元明天皇	707〜715
⑥	元正天皇	715〜724
⑦	孝謙天皇	749〜758
⑧	称徳天皇	764〜770
⑨	明正天皇	1629〜1643
⑩	後桜町天皇	1762〜1770

問１　①の天皇より古い時代の女性統治者として邪馬台国の女王が知られています。中国の魏に使者を送ったことのある、この女王の名前を答えなさい。

問２　②の天皇が退位した年から始まった、中央集権制を目指す改革を何というか答えなさい。

問３　③の天皇は、百済救援《きゅうえん》のために出兵する軍を率いていった先の九州で亡くなりました。その２年後に、日本が新羅・唐連合軍に敗れた戦いの名を答えなさい。

問４　④の天皇に関連して、

⑴　６９４年に遷都《せんと》した都の名を答えなさい。

⑵　⑴の１００年後には、平安京へ都が遷《うつ》されました。平安京から東京へ都が遷された時期の様子について述《の》べたものとして、もっともふさわしいものを選びなさい。

ア．中国とのながびく戦争で、国民生活に様々な制約がされ始めた。

イ．旧幕府軍と新政府軍との戦争は箱館（函館）での戦いで終結した。

ウ．関東大震災《だいしんさい》の影響《えいきょう》などにより、日本経済は長い不況《ふきょう》におちいった。

エ．韓国を日本に併合《へいごう》し、朝鮮総督府《そうとくふ》をおいて統治することになった。

問５　⑤の天皇のときにつくられた和同開珎という貨幣《かへい》はあまり流通しませんでした。貨幣が日常的に使われるようになるのは鎌倉時代の頃《ころ》からで、外国から輸入した貨幣を使っていました。その貨幣はどこの国から輸入していたのか答えなさい。

問６　⑥の天皇に関連して、

⑴　⑥の弟にあたる文武天皇が７０１年に制定した法令を何というか答えなさい。

⑵　⑴の法令に定められた租税《そぜい》制度について述べた文章として、**誤っている**ものを次の中から１つ選び、記号で答えなさい。

ア．口分田を与えられた人が収穫《しゅうかく》の約３％にあたる稲《いね》を納める税を租という。

イ．全体として、女性と男性の税負担はほぼ平等だった。

ウ．地方の特産物などを納める税を調という。

エ．調は、納める人が自分で都まで運ばなければならなかった。

問７　⑦の天皇のときに、東大寺の大仏が完成しました。これに関連して、

⑴　その後火災による２度の焼失を経た現在の大仏は、江戸幕府の５代将軍のときに再建されたものです。この将軍の名前を答えなさい。

⑵　⑴の将軍について述べた文章として**誤っている**ものを１つ選び、記号で答えなさい。

ア．蘭学《らんがく》を奨励《しょうれい》し、江戸の湯島に学問所を設立した。

イ．悪化した幕府財政の立て直しをはかり、質を落とした貨幣を発行した。

ウ．動物愛護を目的とする生類憐《あわれ》みの令を出した。

エ．この将軍の時代を中心とした文化を元禄文化という。

問８　⑧の天皇と⑨の天皇の間、女性の天皇はあらわれず、政治の主役は貴族から武士へと変わっていきました。これに関連して、

⑴　武士として初めて太政大臣に就任した人物の名前を答えなさい。

⑵　北朝と南朝に分裂《ぶんれつ》していた天皇家の合体を実現した、室町幕府の３代将軍の名前を答えなさい。

問9　⑧の天皇と⑨の天皇の間の期間に起きた出来事として**誤っている**ものを次の中から**2つ**選び、記号で答えなさい。

ア．一遍が踊念仏《おどりねんぶつ》によって多くの民衆に教えを広めた。

イ．運慶・快慶らが写実的な仏像を制作した。

ウ．モースにより大森貝塚が発見された。

エ．浮世絵《うきよえ》版画が庶民《しょみん》の間で人気となった。

オ．千利休が茶道を大成した。

問10　⑩の天皇の退位から１２０年後、日本で最初の帝国議会が開かれました。これに関連して、

⑴　最初の議会選挙では、女性に参政権は認められていませんでした。女性参政権獲得《かくとく》のために力をつくした人物を次の中から１人選び、記号で答えなさい。

ア．津田梅子　　イ．平塚らいてう　　ウ．樋口一葉　　エ．井上　馨

⑵　日本で女性に国会議員の選挙権が与えられたのは、何という戦争のあとのことか答えなさい。

問11　⑩の天皇より後は男性天皇しかおらず、現在女性が天皇になることは出来ません。一方、１９７９年に国連で採択された女性差別撤廃《てっぱい》条約には日本も参加しています。この条約が採択された頃の日本の状況《じょうきょう》について述べた文章としてふさわしいものを次の中から１つ選び、記号で答えなさい。

ア．朝鮮戦争の影響で、景気が上向いた。

イ．バブル景気により、女性の社会進出が進んだ。

ウ．前年に中国と平和条約を結び、安定成長の時代に入った。

エ．インターネットの普及《ふきゅう》により、在宅で仕事をする人が増えた。

2 昨年行われた東京オリンピックでは、東京以外の都市でも競技が行われました。次の表はサッカーが行われた会場をまとめたものです。これに関連したあとの問いに答えなさい。

	会場	所在地
①	埼玉スタジアム2002	埼玉県Aさいたま市
②	横浜国際総合競技場（日産スタジアム）	神奈川県B横浜市
③	国立競技場	東京都新宿区
④	東京スタジアム（味の素スタジアム）	東京都C調布市
⑤	カシマサッカースタジアム	茨城県D鹿嶋市
⑥	札幌ドーム	北海道E札幌市
⑦	宮城スタジアム（ｷｭｰｱﾝﾄﾞｴｰｽﾀｼﾞｱﾑみやぎ）	F宮城県宮城郡利府町

問１　⑤・⑥・⑦の競技場の所在地を次の地図からそれぞれ選び、記号で答えなさい。

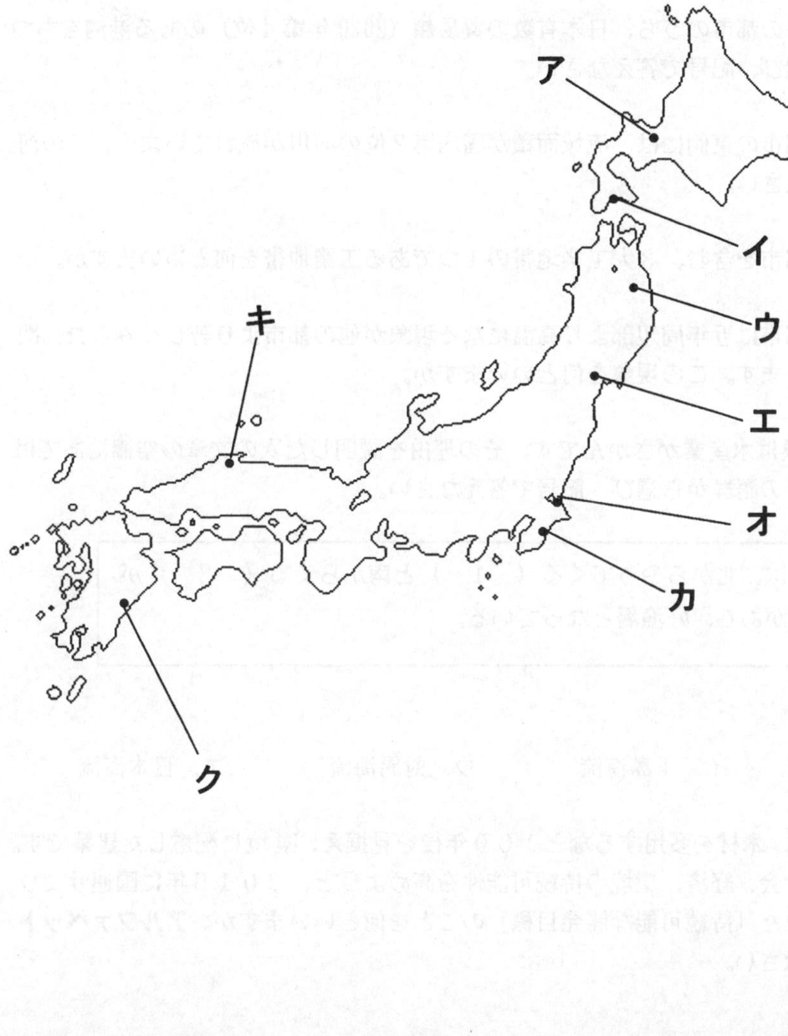

問2　②・④・⑦の競技場は“ネーミングライツ”により企業《きぎょう》の名前を入れた名称《めいしょう》がついています。“ネーミングライツ”について説明した文章として最も適当なものを次の中から1つ選び、記号で答えなさい。

ア．企業が資金を出すかわりに命名権をえるというもの。

イ．建設した企業の名前を建築物につけるというもの。

ウ．優先的に利用する団体の名称を名乗るというもの。

エ．開催《かいさい》イベントを主催する企業の名前を使うというもの。

問3　下線部A～Eの都市のうち、政令指定都市で**ない**ものを**全て**選び、記号で答えなさい。

問4　下線部A～Eの都市のうち、掘《ほ》り込《こ》み港をもつ工業都市を1つ選び、記号で答えなさい。

問5　下線部A～Eの都市のうち、日本有数の貿易額（2020年第4位）のある港湾《こうわん》をもつ都市を1つ選び、記号で答えなさい。

問6　下線部Eの都市の東側には、流域面積が国内第2位の河川が流れています。この河川名を答えなさい。

問7　下線部Bの都市を含《ふく》む、3大工業地帯の1つである工業地帯を何といいますか。

問8　下線部Eの都市は近年周辺部より高温になる現象が他の都市より著しくみられ、問題になっています。この現象を何といいますか。

問9　下線部Fの県は水産業がさかんです。その理由を説明した次の文章の空欄《らん》にあてはまる語句を下の語群から選び、記号で答えなさい。

この県の沖では、北からやってくる（　1　）と南からくる（　2　）がぶつかる潮目があり、好漁場となっている。

［語群］

ア．リマン海流　　イ．千島海流　　ウ．対馬海流　　エ．日本海流

問10　③の競技場は、木材を多用するなど100年後を見据《す》え、環境《かんきょう》に配慮《はいりょ》した建築です。このように社会、経済、環境の持続可能性を高めようと、2015年に国連サミットで採択された「持続可能な開発目標」のことを何といいますか。**アルファベット4字**で答えなさい。

3 次の図は、神奈川県のホームページをもとに県の仕事内容をまとめたものです。図を見てあとの問いに答えなさい。

①知事
- くらし・安全・環境・・・②身近な生活　③環境技術　④人権
- 健康・福祉・子育て・・・⑤医療　⑥福祉　⑦高齢者
- 教育・文化・スポーツ・・・⑧教育　⑨文化　⑩スポーツ
- 観光・名産・・・⑪観光
- 産業・働く・・・⑫労働　⑬雇用《こよう》
- 電子県庁・県政運営・・・⑭情報公開　⑮財政　⑯地域振興《しんこう》

問１　①について、現在の神奈川県知事を次の中から選び、記号で答えなさい。

ア．鈴木恒夫　　イ．黒岩祐治　　ウ．小池百合子　　エ．山中竹春

問２　①の被《ひ》選挙権は何歳以上ですか。**数字**で答えなさい。

問３　②の内容として税金に関する仕事などがあげられています。次の各問いに答えなさい。

⑴　所得の多い人ほど税金の負担が大きくなる仕組みを何というか答えなさい。

⑵　現在の消費税率を**数字**で答えなさい。

問４　③に関連して、植物や動物などの生物を、再生可能なエネルギー源として利用することを何といいますか。**カタカナ５字**で答えなさい。

問５　④に関連して、職場内での優位性や立場を利用し、部下に対して激しく叱《しか》ったり、嫌《いや》がらせを行うハラスメントのことを何といいますか。次の中から最も適当なものを１つ選び、記号で答えなさい。

ア．セクシャル ハラスメント　　イ．パワー ハラスメント

ウ．マタニティ ハラスメント　　エ．ジェンダー ハラスメント

問６　⑤に関連して、新型コロナウィルス感染拡大への日本政府の対応として**あてはまらない**ものを次の中から１つ選び、記号で答えなさい。

ア．緊急《きんきゅう》事態宣言　　イ．まん延防止等重点措置《そち》

ウ．ロックダウン　　エ．各種給付金

問７　⑥を主に担当する国の行政機関を次の中から１つ選び、記号で答えなさい。

ア．文部科学省　　イ．厚生労働省　　ウ．国土交通省　　エ．経済産業省

問８　⑦について、現在日本の総人口に占《し》める６５歳以上の高齢者の割合として正しいものを次の中から１つ選び、記号で答えなさい。

ア．約９％　　イ．約１９％　　ウ．約２９％　　エ．約３９％

問９　⑧に関連して、教育を受けさせることは憲法の定める国民の三大義務の１つです。三大義務とは、その他に勤労の義務とあと１つは何ですか。**漢字２字**で答えなさい。

問10　⑨について、日本の世界文化遺産として**あてはまらない**ものを次の中から１つ選び、記号で答えなさい。

ア．姫路城　　イ．原爆ドーム　　ウ．厳島神社　　エ．伊勢神宮

問11　⑩について、ロシアの選手は昨年開催された東京オリンピック・パラリンピックで、「ロシア オリンピック・パラリンピック委員会」として参加しました。その理由として正しいものを次の中から１つ選び、記号で答えなさい。

ア．新型コロナウィルス感染拡大の恐れがあったため。

イ．組織的ドーピング問題で潔白が証明された選手のみの出場だったため。

ウ．日本やアメリカとの外交関係が悪化していたため。

エ．オリンピック・パラリンピック開催に反対していたため。

問12　⑪について、２０２０年に日本を訪れた人が最も多かった国はどこですか。国名を答えなさい。

問 13　⑫に関連して、労働者の権利を保護する目的で制定され、賃金や労働時間、休日などの労働条件の目安を定めた法律を何といいますか。次の中から１つ選び、記号で答えなさい。

ア．労働基準法　　イ．労働組合法　　ウ．労働関係調整法　エ．職業安定法

問 14　⑬に関連して、職場において募集・採用や賃金・昇進《しょうしん》などで性別による差別を禁止した法律を何といいますか。次の中から１つ選び、記号で答えなさい。

ア．育児・介護休業法　　イ．男女雇用機会均等法

ウ．労働契約法　　エ．最低賃金法

問 15　⑭に関連して、知事に関することにおいて、情報公開する義務のないものを次の中から１つ選び、記号で答えなさい。

ア．家族の職業　　イ．出張先

ウ．公用車の使い道　　エ．海外視察の会計報告

問 16　⑮に関連して、令和２（2020）年度の日本の財政支出として最も多い項目《こうもく》を次の中から１つ選び、記号で答えなさい。

ア．防衛関係費　　イ．国債《こくさい》費

ウ．社会保障関係費　　エ．地方交付税交付金

問 17　⑯に関連して、生まれ故郷や応援したい自治体に対し寄付できる制度を「○○○○納税」といいます。○○○○に入る言葉を**ひらがな４字**で答えなさい。

【理　科】〈２科・４科入試第１回〉（40分）〈満点：70点〉

1

A

図のように水平なゆかの上に長さ 36 cm，おもさ 240 g の棒を置きました。あとの問いに答えなさい。

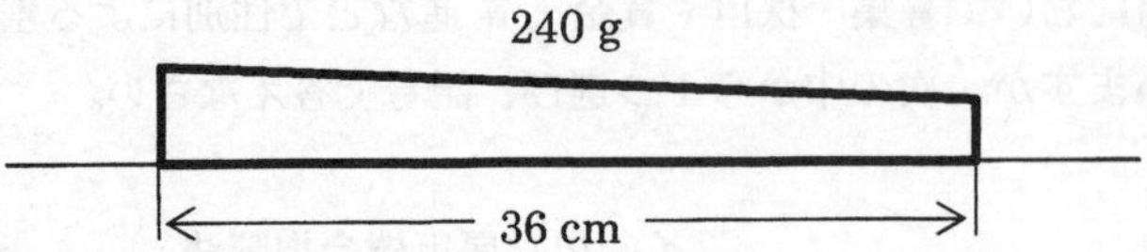

(1) 棒の左はしにばねはかりをつけ，真上に持ち上げると 160 g になったところで棒の左はしが持ち上がりました。棒の重心の位置は左はしから何 cm のところにありますか。つぎの**ア〜コ**から選び，記号で答えなさい。

ア 3 cm　**イ** 4 cm　**ウ** 6 cm　**エ** 9 cm　**オ** 12 cm
カ 18 cm　**キ** 24 cm　**ク** 27 cm　**ケ** 30 cm　**コ** 32 cm

(2) 棒の右はしにばねはかりをつけ，真上に持ち上げると，ばねはかりが何 g になったところで棒の右はしが持ち上がりますか。つぎの**ア〜コ**から選び，記号で答えなさい。

ア 20 g　**イ** 40 g　**ウ** 60 g　**エ** 80 g　**オ** 100 g
カ 120 g　**キ** 140 g　**ク** 160 g　**ケ** 180 g　**コ** 200 g

(3) 棒の中央にばねはかりをつけ，真上に持ち上げると左はしはゆかについたまま，右はしが持ち上がりました。そのときばねはかりは何 g を示しますか。つぎの**ア〜コ**から選び，記号で答えなさい。

ア 20 g　**イ** 40 g　**ウ** 60 g　**エ** 80 g　**オ** 100 g
カ 120 g　**キ** 140 g　**ク** 160 g　**ケ** 180 g　**コ** 200 g

(4) 棒の中央にばねはかりをつけ，真上に持ち上げたとき，棒が水平を保ったまま持ち上がるようにしたいと思います。そのとき右はしに何 g のおもりをつければよいですか。つぎの**ア〜コ**から選び，記号で答えなさい。

ア 20 g　**イ** 40 g　**ウ** 60 g　**エ** 80 g　**オ** 100 g
カ 120 g　**キ** 140 g　**ク** 160 g　**ケ** 180 g　**コ** 200 g

(5) 棒のある部分にばねはかりをつけ，真上に持ち上げると 90 g になったところで棒の一方のはしが持ち上がりました。ばねはかりをつけた場所は棒の左はしから何 cm のところですか。つぎの**ア〜コ**から選び，記号で答えなさい。

ア 3 cm　**イ** 4 cm　**ウ** 6 cm　**エ** 9 cm　**オ** 12 cm
カ 18 cm　**キ** 24 cm　**ク** 27 cm　**ケ** 30 cm　**コ** 32 cm

B

右の回路図で表された回路を水平な机の上に作りました。方位磁針Aは導線の下に置き，方位磁針B，Cは導線の上に置きました。スイッチを入れる前の方位磁針が図で示されています。つぎの問いに答えなさい。

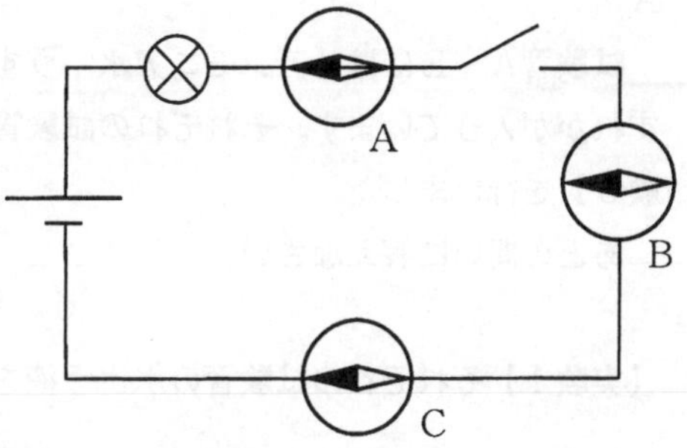

(6) スイッチを入れると方位磁針Aはどのようにふれますか。つぎの**ア〜オ**から選び，記号で答えなさい。

(7) スイッチを入れると方位磁針Bはどのようにふれますか。つぎの**ア〜オ**から選び，記号で答えなさい。

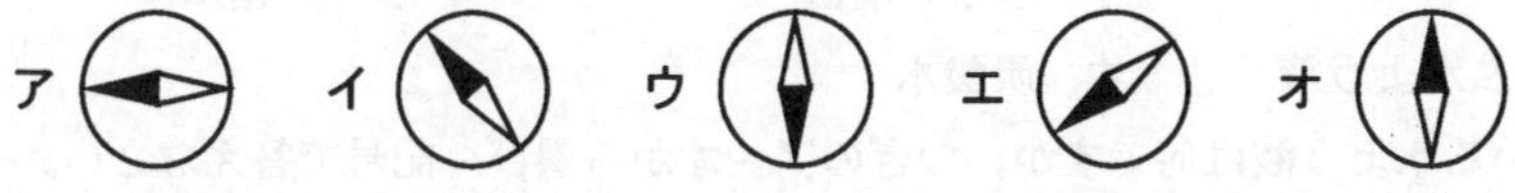

(8) スイッチを入れると方位磁針Cはどのようにふれますか。つぎの**ア〜オ**から選び，記号で答えなさい。

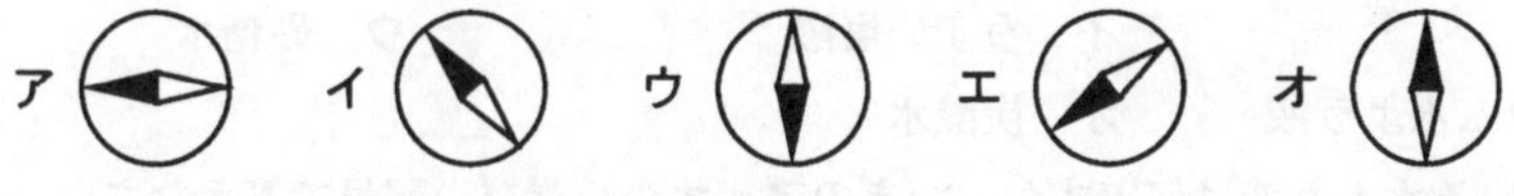

(9) 方位磁針の北をさす方の磁極の種類は何極ですか。つぎの**ア〜エ**から選び，記号で答えなさい。

ア ＋極　　**イ** −極　　**ウ** N極　　**エ** S極

(10) 地球は大きな磁石と考えることができます。北極の磁極の種類は何極ですか。つぎの**ア〜エ**から選び，記号で答えなさい。

ア ＋極　　**イ** −極　　**ウ** N極　　**エ** S極

2

A

試験管Ａ～Ｅには「アンモニア水，うすい塩酸，砂糖水，水酸化ナトリウム水よう液，炭酸水」のいずれかが入っています。それぞれの試験管に入っている水よう液を特定するために【実験１】から【実験３】を行いました。

あとの問いに答えなさい。

【実験１】それぞれの試験管の水よう液を赤色のリトマス紙につけたところＡとＥが青色に変化した。

【実験２】それぞれの試験管の水よう液を青色のリトマス紙につけたところＢとＣが赤色に変化した。

【実験３】それぞれの試験管の水よう液のにおいをかいだところ，ＡとＢがつんとくるにおいがした。

(1) 試験管Ａに入っている水よう液は何ですか。つぎの**ア**～**オ**から選び，記号で答えなさい。

ア アンモニア水　**イ** うすい塩酸　**ウ** 砂糖水
エ 水酸化ナトリウム水よう液　**オ** 炭酸水

(2) 試験管Ｂに入っている水よう液は何ですか。つぎの**ア**～**オ**から選び，記号で答えなさい。

ア アンモニア水　**イ** うすい塩酸　**ウ** 砂糖水
エ 水酸化ナトリウム水よう液　**オ** 炭酸水

(3) 試験管Ｃに入っている水よう液は何ですか。つぎの**ア**～**オ**から選び，記号で答えなさい。

ア アンモニア水　**イ** うすい塩酸　**ウ** 砂糖水
エ 水酸化ナトリウム水よう液　**オ** 炭酸水

(4) 試験管Ｄに入っている水よう液は何ですか。つぎの**ア**～**オ**から選び，記号で答えなさい。

ア アンモニア水　**イ** うすい塩酸　**ウ** 砂糖水
エ 水酸化ナトリウム水よう液　**オ** 炭酸水

(5) 試験管Ｅに入っている水よう液は何ですか。つぎの**ア**～**オ**から選び，記号で答えなさい。

ア アンモニア水　**イ** うすい塩酸　**ウ** 砂糖水
エ 水酸化ナトリウム水よう液　**オ** 炭酸水

(6) それぞれの試験管の水よう液に電流を流しました。電流が流れた試験管の数は何本ですか。つぎの**ア**～**オ**から選び，記号で答えなさい。

ア １本　**イ** ２本　**ウ** ３本　**エ** ４本　**オ** ５本

(7) それぞれの試験管を加熱して水を蒸発させたところ，何も残らない試験管がありました。その試験管はどれですか。つぎの**ア**～**オ**から選び，記号で答えなさい。

ア ＡとＢ　**イ** ＢとＣ　**ウ** ＤとＥ　**エ** ＡとＢとＣ　**オ** ＡとＣとＥ

(8) それぞれの試験管を加熱し水を蒸発させたところ，ひとつだけ黒くこげた試験管がありました。その試験管はどれですか。つぎの**ア**～**オ**から選び，記号で答えなさい。

ア Ａ　**イ** Ｂ　**ウ** Ｃ　**エ** Ｄ　**オ** Ｅ

B

あえんと塩酸が反応すると気体が発生します。10個のビーカーに塩酸50 cm³を入れ，それぞれ0.2 g，0.4 g，0.6 g，0.8 g，1.0 g，1.2 g，1.4 g，1.6 g，1.8 g，2.0 gの重さのあえんを加えたときに発生する気体の量を調べました。下のグラフはその結果をもとに作ったものです。あとの問いに答えなさい。

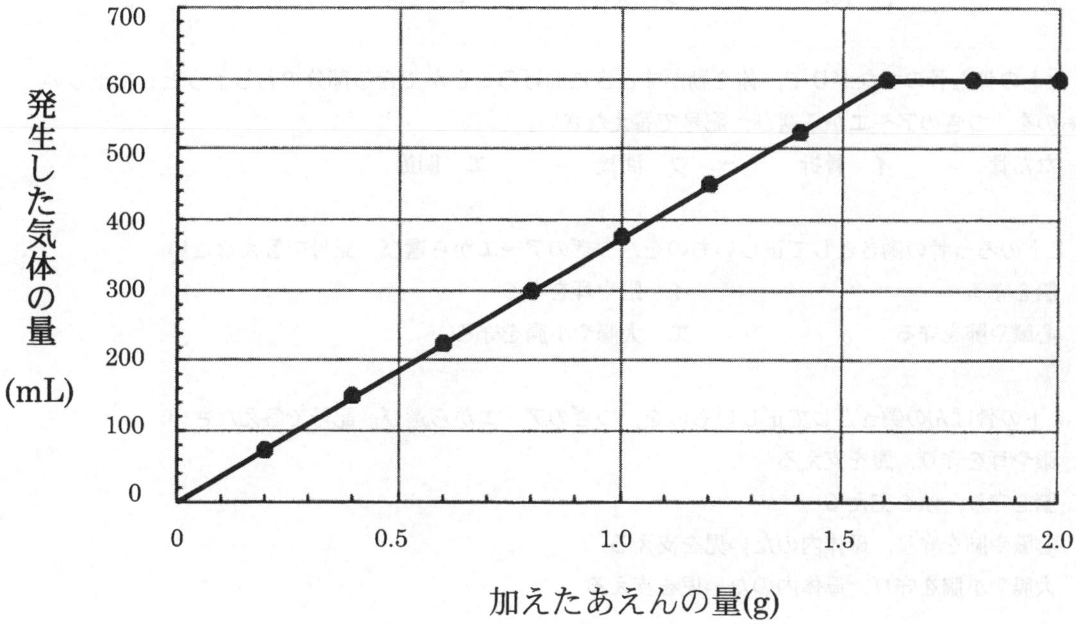

(9) この実験で発生した気体は何ですか。つぎの**ア**～**エ**から選び，記号で答えなさい。

ア 酸素　**イ** 水素　**ウ** 二酸化炭素　**エ** アンモニア

(10) この実験で発生した気体を集める方法として最も適切なものを，つぎの**ア**～**ウ**から選び，記号で答えなさい。

ア 上方置換《ちかん》　**イ** 下方置換　**ウ** 水上置換

(11) この実験で発生した気体の性質として正しいものを，つぎの**ア**～**エ**から選び，記号で答えなさい。

ア 石灰水に加えると白くにごる　**イ** 水よう液は強いアルカリ性を示す

ウ ものが燃えるのを助けるはたらきがある　**エ** 最も軽い気体である

(12) 同じこさの塩酸100 cm³にあえんを2.4 g加えました。このとき発生した気体の量は何mLですか。つぎの**ア**～**エ**から最も近い値を選び，記号で答えなさい。

ア 600 mL　**イ** 700 mL　**ウ** 800 mL　**エ** 900 mL

(13) (12) では一部の塩酸が反応せずに残っています。残った塩酸にあえんを加えてちょうどよく反応させました。そのとき加えたあえんは何gですか。つぎの**ア**～**エ**から最も近い値を選び，記号で答えなさい。

ア 0.4 g　**イ** 0.6 g　**ウ** 0.8 g　**エ** 1.0 g

(14) (13) で発生した気体の量は何mLですか。つぎの**ア**～**エ**から最も近い値を選び，記号で答えなさい。

ア 150 mL　**イ** 300 mL　**ウ** 450 mL　**エ** 600 mL

3

A

動物の骨と筋肉について，つぎの問いに答えなさい。

(1) ヒトの体にはおよそいくつくらいの骨がありますか。つぎの**ア**～**エ**から選び，記号で答えなさい。

ア 50　　**イ** 100　　**ウ** 200　　**エ** 400

(2) ヒトの骨と骨のつながりで，体を動かすときに曲げることができる部分の名しょうとして正しいものを，つぎの**ア**～**エ**から選び，記号で答えなさい。

ア なん骨　　**イ** 骨折　　**ウ** 間接　　**エ** 関節

(3) ヒトのろっ骨の働きとして正しいものを，つぎの**ア**～**エ**から選び，記号で答えなさい。

ア 脳を守る　　**イ** 眼や耳を守る

ウ 心臓や肺を守る　　**エ** 大腸や小腸を守る

(4) ヒトの骨ばんの働きとして正しいものを，つぎの**ア**～**エ**から選び，記号で答えなさい。

ア 眼や耳を守り，頭を支える

イ 脳を守り，頭を支える

ウ 心臓や肺を守り，母体内のたい児を支える

エ 大腸や小腸を守り，母体内のたい児を支える

(5) ヒトの体において，うでの筋肉は骨をはさんで（　①　）動きをする筋肉が組み合わされています。うでを曲げるとき，内側の筋肉は（　②　），外側の筋肉は（　③　）ます。文中の①～③にあてはまる語句の組み合わせとして，正しいものはどれですか。つぎの**ア**～**エ**から選び，記号で答えなさい。

	①	②	③
ア	反対の	縮み	ゆるみ
イ	反対の	ゆるみ	縮み
ウ	同じ	縮み	ゆるみ
エ	同じ	ゆるみ	縮み

(6) ヒトの体において，うでを曲げるとき（　④　）の筋肉は（　⑤　），曲げる前の（④）の筋肉と比べると（　⑥　）。文中の④～⑥にあてはまる語句の組み合わせとして，正しいものをつぎの**ア**～**エ**から選び記号で答えなさい。

	④	⑤	⑥
ア	外側	ゆるみ	かたくなります
イ	外側	縮み	かたさの変化はありません
ウ	内側	縮み	かたくなります
エ	内側	ゆるみ	かたさの変化はありません

(7) つぎの**ア**～**オ**において，筋肉の働きが直接関係していないものを選び，記号で答えなさい。

ア　ネコがかおの表情を変える

イ　イヌがしっぽをふる

ウ　ツバメが羽を動かす

エ　イルカがヒレを動かす

オ　ヒトがあせをかく

B

ヘチマについて，つぎの問いに答えなさい。

(8) ヘチマの花について正しいものを，つぎの**ア**～**エ**から選び，記号で答えなさい。

ア　め花だけのかぶ，お花だけのかぶがある単性花である

イ　１つのかぶに，め花とお花を持っている単性花である

ウ　１つの花におしべとめしべがある単性花である

エ　１つの花におしべとめしべがある両性花である

(9) ヘチマのたねができる部分として正しいものを，つぎの**ア**～**エ**から選び，記号で答えなさい。

ア　根　　**イ**　くき　　**ウ**　葉　　**エ**　実

神奈川県藤沢市において，秋（１０月）にヘチマを観察しました。この時期に見られるヘチマの葉や実の変化に関して，(10)，(11) に答えなさい。

(10) 色の変化として正しいものを，つぎの**ア**～**エ**から選び，記号で答えなさい。

ア　葉は緑色から黄色になり，実は緑色から茶色になる

イ　葉は黄色から緑色になり，実は緑色から茶色になる

ウ　葉は緑色から茶色になり，実は黄色から緑色になる

エ　葉は茶色から緑色になり，実は緑色から黄色になる

(11) 成長の変化として正しいものを，つぎの**ア**～**エ**から選び，記号で答えなさい。

ア　葉はどんどん増えていき，新しい実が多くできる

イ　葉はかれていくが，新しい実が多くできる

ウ　葉はかれていき，実の成長も止まる

エ　葉はどんどん増えていくが，実の成長は止まる

神奈川県藤沢市で７月と９月において，ある一本のヘチマのくきののび方（グラフ①）と，同じ場所における午前１０時の気温（グラフ②）を調べてグラフにしました。これらのグラフについて，あとの各問いに答えなさい。ただし，測定したどの日も，光の当たり方や水分の量など，気温以外の条件は同じであるとします。

グラフ①

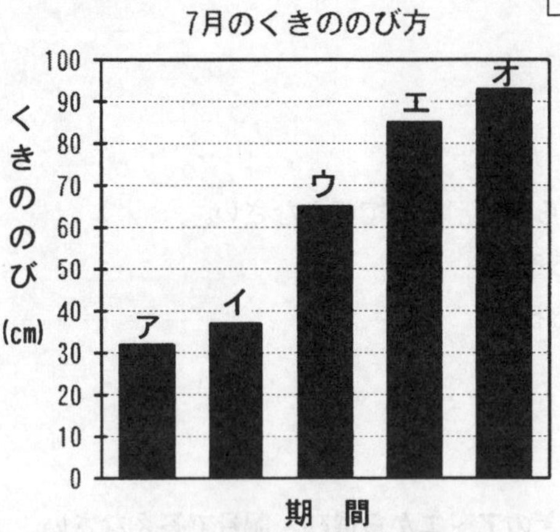

ア　7月　1日から7月　6日
イ　7月　6日から7月11日
ウ　7月11日から7月16日
エ　7月16日から7月21日
オ　7月21日から7月26日

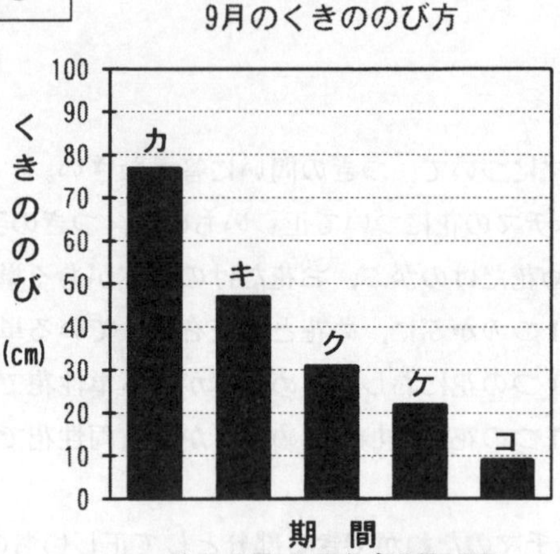

カ　9月　1日から9月　6日
キ　9月　6日から9月11日
ク　9月11日から9月16日
ケ　9月16日から9月21日
コ　9月21日から9月26日

グラフ②

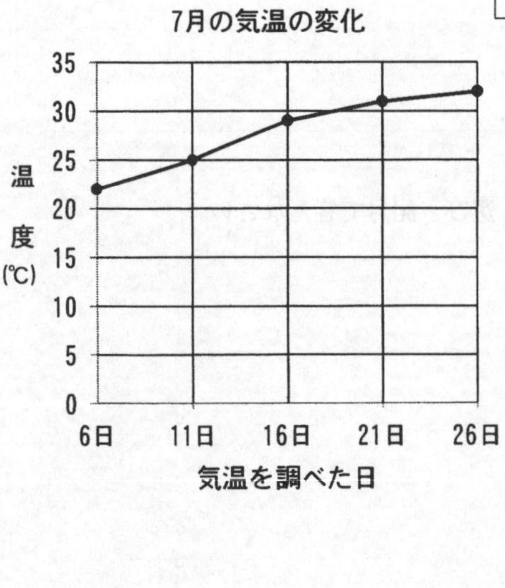

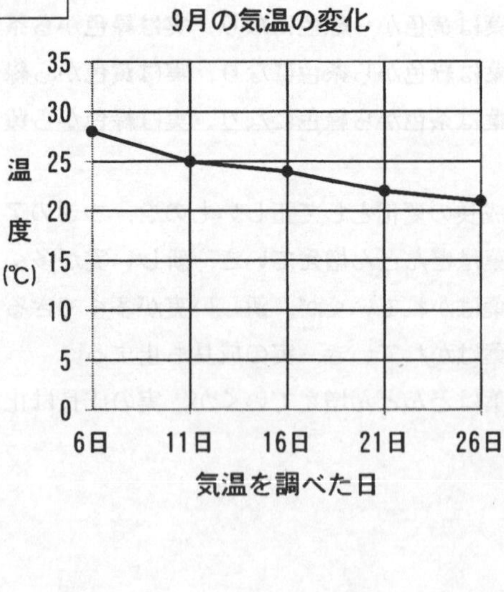

(12) ヘチマのくきが一番よくのびたのはどの期間ですか。グラフ①の**ア**～**コ**から選び，記号で答えなさい。

(13) くきののび方について，グラフからわかることをつぎの**ア**～**エ**から選び，記号で答えなさい。

ア　7月はのびて，9月は縮んでいる

イ　7月は縮んで，9月はのびている

ウ　7月と比べると，9月はのびなくなっている

エ　7月と比べると，9月のほうがよくのびている

(14) グラフにおいて，9月のくきののび方が7月と変わった理由を，気温という言葉を用いて20字以内で答えなさい。

4

A

気象に関係するつぎの（1）～（5）の文の空らんに当てはまる語句を，あとの**ア**・**イ**から選び，記号で答えなさい。

(1) 北風とは北に向かって吹く風のことをいう。

この記述は（　　　　）。

ア　正しい　　　**イ**　誤り

(2) 風力は，風の強さを１～１３の１３階級で表す。

この記述は（　　　　）。

ア　正しい　　　**イ**　誤り

(3) 大気による圧力を大気圧といい，現在日本の天気予報では大きさをｈＰａ（ヘクトパスカル）という単位で表す。

この記述は（　　　　）。

ア　正しい　　　**イ**　誤り

(4) 高気圧の中心付近では上しょう気流が生じている。

この記述は（　　　　）。

ア　正しい　　　**イ**　誤り

(5) 低気圧の地表付近では，風が反時計回りにふきだす。

この記述は（　　　　）。

ア　正しい　　　**イ**　誤り

B

月に関するつぎの問いに答えなさい。ただし，(6) ～ (14) は文の空らんに当てはまる語句を，あとの**ア～エ**から選び，記号で答えなさい。

(6) 月は自ら光を出さず，地球の周りをまわっている。このように，自ら光を出さず，わく星の周りをまわっている星を（　　　）という。

ア　こう星　　**イ**　わく星　　**ウ**　衛星　　**エ**　太陽

(7) 月は一定の速さで地球の周りをまわっている。このことを（　　　）という。

ア　自転　　**イ**　公転　　**ウ**　前転　　**エ**　側転

(8) 月は地球が１日で１回転しているのと同じように，じくを中心に回転している。このことを（　　　）という。

ア　自転　　**イ**　公転　　**ウ**　前転　　**エ**　側転

(9) 月は太陽の光を反射して光っているが，地球から月の光っている部分が見えないのは（　　　）である。

ア　満月　　**イ**　新月　　**ウ**　上げんの月　　**エ**　下げんの月

(10) 地球から見て月の右側が光っているのは（　　　）である。

ア　満月　　**イ**　新月　　**ウ**　上げんの月　　**エ**　下げんの月

(11)（　　　）は正午近くに出て夕方に南中し，真夜中にしずむ。

ア　満月　　**イ**　新月　　**ウ**　上げんの月　　**エ**　下げんの月

(12)（　　　）は真夜中に出て明け方に南中し，正午近くにしずむ。

ア　満月　　**イ**　新月　　**ウ**　上げんの月　　**エ**　下げんの月

(13)（　　　）は夕方に出て真夜中に南中し，明け方にしずむ。

ア　満月　　**イ**　新月　　**ウ**　上げんの月　　**エ**　下げんの月

(14)（　　　）は明け方に出て正午近くに南中し，夕方にしずむ。

ア　満月　　**イ**　新月　　**ウ**　上げんの月　　**エ**　下げんの月

(15) 地球から月を見ていると，いつも同じ模様しか見えません。つまり地球から見える月はいつも同じ面で，月の裏側は見えないということです。この理由を20字以内で答えなさい。

問二　（　②　）に入る言葉を本文中から二字でぬき出して答えなさい。

問三　――部③「植物を育てるプラスチックのプランターは、やがてもろくなって割れてしまいます」とありますが、これについて次の問いに答えなさい。

（一）　その原因となるものを、本文中より三字でぬき出して答えなさい。

（二）　（一）にはどのような特徴《とくちょう》がありますか。「～という特徴」につながるように本文中から十四字でぬき出して答えなさい。

問四　（　④　）に入る言葉を本文中から二字でぬき出して答えなさい。

問五　（　⑤　）に入る言葉を次の中から一つ選び、記号で答えなさい。

ア　また　　イ　だから　　ウ　しかし　　エ　たとえば

問六　今の世の中で起こっているプラスチックについての問題を一つあげ、その解決策についてあなたの考えを百字程度で書きなさい。

り黒っぽく日焼けしたりします。このように、紫外線には、あたったものに変化をあたえる強い性質があります。

紫外線がプラスチックにあたると、ポリエチレンやポリプロピレンなどのひものような長い分子は、とちゅうで切れて短くなってしまいます。プラスチックは、長い分子がからみあってできているので、その分子が短くなると、プラスチックとしての（④）な性質は失われてしまいます。その結果、ちょっと力を加えるとこわれてしまうほど弱くなるのです。

プラスチックのごみを考えるときに大切なのは、こうしてプラスチックの容器や袋《ふくろ》が割れたり裂《さ》けたりして小さくなっても、けっしてなくならないことです。さきほどお話ししたように、生き物の体は、死ぬと、二酸化炭素や水のような、体の成分とは違《ちが》うものにまで完全に分解されます。ここまで分解されれば、もう「ごみ」ではありません。分解されて、ごみではなくなるのです。しかし、プラスチックは、どんなに小さくなってもプラスチックのままです。プラスチックのごみは、自然になくなることはありません。

小さく割れてしまったプラスチックごみは、もう回収することがほとんど不可能です。（⑤）「マイクロプラスチック」が、海を汚《よご》すプラスチックごみとして大きな問題になっているのです。まえにお話ししたように、マイクロプラスチックとは、大きさが5ミリメートルより小さいプラスチックごみのことです。これが、世界の海をただよっているとみられています。

（保坂直紀『クジラのおなかからプラスチック』より）

問一　――部①「そうしたしくみ」とありますが、どういうしくみですか。本文中から四十六字でぬき出し、初めの五字を答えなさい。

す。その点では、生き物の体を作っている分子とよく似ています。

しかし、まえにお話ししたように、プラスチックは石炭や石油を原料にして、わたしたち人間が作りだした、（　②　）にはない物質です。それを分解してくれる微生物はいません。ですから、プラスチックを土にうめておいても、分解されてやがてなくなるということはないのです。

もちろん、それがプラスチックの長所でもあります。たとえば、ガスをみんなの家庭に運ぶガス管。その多くは、プラスチックの一種であるポリエチレンでできています。土にうめても金属のようにさびて弱ることもないし、軽くて安くて丈夫《じょうぶ》です。もしポリエチレンのガス管が土の中の微生物で分解されてしまったりしたら、たいへんなことになりますね。

ですが、この丈夫さが、プラスチックがごみとして出た場合のやっかいな点です。放っておけば、いつまでも残ってしまうのです。

プラスチックでできた製品は丈夫なのですが、いつまでも新品同様なわけではありません。③植物を育てるプラスチックのプランターは、やがてもろくなって割れてしまいます。洗たくばさみも、古くなると折れてしまいます。

プラスチックは、ポリエチレンでもポリプロピレンでも、たくさんの炭素がいくつもつながって、ひものように長くなった「高分子」でできていることは、さきほどお話ししました。プラスチックのさまざまなすぐれた性質は、その分子がこのような高分子になっていることから生まれてきます。

ところが、このひものように長い高分子が切れて短くなってしまうことがあります。たとえばそれは、紫外《しがい》線《せん》があたったときです。

紫外線は、太陽からくる光のなかにふくまれています。紫外線にあたると、わたしたちの皮膚《ひふ》は赤くはれた

四　次の文章を読み、あとの問いに答えなさい。

（特に指示がない場合、句読点や記号は一字に数えます）

植物が作った栄養分には、酸素、炭素、水素などの原子がふくまれています。植物を食べる草食動物は、植物が光合成で作ったこの栄養分で生きています。この草食動物を肉食動物が食べます。わたしたち人間は、植物も食べるし肉も食べる雑食動物ですね。いずれにしても、生き物の体を作っている酸素や炭素、水素などは、もとをたどれば、二酸化炭素や水など自然界にあった物質なのです。

そして、生き物が死ぬと、その体は二酸化炭素や水にかえっていきます。死んだ動物を土にうめておくと、しばらくたつとなくなってしまいます。目に見えないほど小さな「微生物《びせいぶつ》」が、生き物の体を作っていたタンパク質などを分解して、二酸化炭素や水などにもどしてしまうのです。つまり、生き物の場合は、自然の中にあった物質から出発して、けっきょく最後には、また自然の中の物質にもどるというしくみになっています。

地球は誕生してから約46億年もたっています。岩のかたまりなどが衝突《しょうとつ》して集まってできた最初の地球は、熱くてとても生き物がすめる状態ではありませんでした。それが、だんだん冷えて初めての生き物が誕生し、それから、いろいろな生き物が登場したり滅《ほろ》んだりしました。もし、生き物が死んでも体がそのまま残っていたら、地球は生き物の死体だらけになってしまったはずです。そうならないよう、生き物の体は微生物が分解して自然にかえしてくれます。地球上の生き物の世界には、とても長い時間をかけて、①そうしたしくみができあがったのです。

プラスチックの分子も、炭素の原子が骨組みを作り、そこに酸素や水素などの原子がくっついてできていま

ア　誕生会に仲の良い友達みんなを招待して、疲《つか》れてしまったから

イ　好恵の時にはお決まりの段取りもケーキも何もなかったから

ウ　好恵を自分の誕生日に呼ばなかったことが気にかかっているから

エ　好恵にやり返すつもりが逆にやり返されてしまったから

問六　（　⑥　）に入る名前を本文中からぬき出して答えなさい。

問七　――部⑦「風も、地面も、すべてが私をそこへ運んでいく気がした」という表現を説明したものとしてふさわしいものを次の中から一つ選び、記号で答えなさい。

ア　大自然の中に「私」が自分の意思とは関係なく引《ひ》き込《こ》まれることを描写《びょうしゃ》し、「私」が好恵に対して行ったことが許されていくことを表している

イ　自分の意思ではなく自然現象によって「私」が動いていることを描写し、色々なものが「私」の行動を後押《あとお》ししてくれていることを表している

ウ　大自然の中に「私」が自分の意思とは関係なく引き込まれることを描写し、「私」のさらなる大きな不安に呑《の》み込まれていく気持ちを表している

エ　自分の意思ではなく自然現象によって「私」が動いていることを描写し、「私」の行動がいつも他人の意見に流されてばかりいることを表している

「………」

気がつくと、足が勝手に私を運んでいた。私は階段を駆《か》け下《お》りて玄《げん》関《かん》をくぐりぬけ、庭先の自転車に飛び乗った。

自転車は私を（⑥）の家へ運んだ。

⑦風も、地面も、すべてが私をそこへ運んでいく気がした。

（森絵都『永遠の出口』より）

問一　――部①「織姫と彦星は逢いびきを果たせず」とありますが、これはどういうことを意味していますか。十字程度で説明しなさい。

問二　――部②「復讐」の内容を本文中から十六字でぬき出して答えなさい。

問三　――部③「苦痛」の内容を本文中から八字でぬき出して答えなさい。

問四　（④）に入る漢数字を書きなさい。

問五　――部⑤「苦い後味ばかりが残っていた」とありますが、その理由としてふさわしいものを次の中から一つ選び、記号で答えなさい。

とうに忘れ、⑤苦い後味ばかりが残っていた。

一生に一度しかない十歳の誕生日。

もう永遠に取《と》り戻《もど》せない特別な一日。

好恵はあの日、どんな思いで十代への第一歩を踏《ふ》みだしたんだろう。

そして今日はどこで何を思い、過ごしていたんだろう。

誕生会の終了《しゅうりょう》と同時に、私はこの胸のもやもやから解放されるはずだった。なのにもやもやは増す一方で、瞼《まぶた》の裏に焼きついた好恵の視線は尚《なお》も私を苦しめる。ついてない、と思った。私の誕生日が七月八日でなかったら、秋や冬の終わりのほうだったら、私は例年通りに何も考えず楽しい一日を過ごしていたはずだ。一年で一番幸せなはずの一日。なのに、好恵の次に生まれたばかりにすべてがだいなしになってしまった。ついてない。ついてない。ついてない……。

「紀ちゃん」

と、そのとき、襖《ふすま》のむこうから姉の声がした。

入るよ、とノックもせずに現れた姉は、ベッドに伏《ふ》せた私のもとへずかずかと歩みより、黄色いリボンのかかったたんぽぽ文具店の包みを差しだした。

「今、家の前であんたの友達みたいな子に会ってさ。これ、あんたに渡《わた》してって」

「え」

「直接渡せばって言ったら、自転車に乗っていっちゃった」

私は声もなくその包みを受けとった。姉が去ってからリボンをほどくと、包装紙にくるまれていたのは須田《すだ》さん並みに豪華《ごうか》なサンリオ商品のセットだった。私の好きなリトルツインスターズのメモ帳もある。

うなものもある。これがいつもの誕生日なら、私は幸福度一二〇パーセントで宙に浮《う》いていたことだろう。しかし、私は疲れきっていた。

好恵を誕生会から締《し》めだすことに決めたあの日から三週間、私は人の視線とはこんなにも怖いものかとつくづく思い知らされながら過ごした。いつ、好恵に誕生会のことをきかれるのか。いつ、好恵は自分が誕生会に招かれないことを悟《さと》るのか。私は絶えずびくびくと好恵の視線ばかりを気にしていたのだ。

好恵に「おはよう」と声をかけられるだけで、私は招待状の催促《さいそく》でもされたように顔を赤くした。会話の途中《とちゅう》で沈黙《ちんもく》が訪《おとず》れるたび、「ところで、紀ちゃんのお誕生会だけど……」と切りだされるのではないかとどぎまぎした。毎日が緊張《きんちょう》の連続。七月八日が近づくほどにその緊張は高まっていった。

これほど自分が小心者とは知らなかった。②復讐がこれほどの苦痛を伴《ともな》うものとも知らなかった。ついに誕生日を迎えたその日、だから私は誕生会やプレゼントの喜びより、ようやくその③苦痛から解放される喜びのほうが大きかったのだ。

誕生会は滞《とどこお》りなく進んで、終わったと思う。もともと滞りなど起こりようもないパーティーだ。まずはケーキの蝋燭《ろうそく》に火を灯《とも》し、部屋を暗くして「ハッピー・バースデー・ツー・ユー」の合唱。それから（④）の炎《ほのお》を吹《ふ》き消し、パチパチと拍手《はくしゅ》。再び部屋に明かりが灯り、みんなからプレゼントをもらって、ようやくごちそう。皿の空いた座卓《ざたく》にはお菓子が並び、その余りは夕方、母がちり紙にくるんでプレゼントのお返しとともに配る。お決まりの儀式《ぎしき》。この段取りさえ押《お》さえればまず失敗はない。なのに好恵はそれすらもしてもらえなかった。好恵の十歳の誕生日にはケーキもなかったのだ。

みんなの帰った後、急にがらんとなった部屋の中で、私は一気に脱力《だつりょく》した。もらったプレゼントをしまうのも億劫《おっくう》で、その場に散らかしたまま二階へ上がると、部屋のベッドにどてっとうつぶした。甘《あま》いケーキの味は

三　次の文章を読み、あとの問いに答えなさい。

（特に指示がない場合、句読点や記号は一字に数えます）

「好恵《よしえ》とは一応、仲良くする。でも、もう私たちのお誕生会には呼ばない。お誕生会の恨《うら》みはお誕生会で返すべきだし、それに、休日のパーティーまではクラスメイトの目も届かないから」

最初、春子がこの復讐《ふくしゅう》案を口にしたとき、私はなんという妙案《みょうあん》だろうとすっかり感心した。誕生会の恨みを誕生会で返すというのは確かに道理にかなっているし、あれだけのことをされたのだからこれくらいはして当然と、私たちは全員一致《いっち》で好恵を今後の誕生会から閉めだすことを決議した。

自分のうかつさに思い至ったのは、その決議から数日が過ぎてからのことだ。

私は肝心《かんじん》なことを忘れていた。

グループで二番目に十歳《さい》を迎《むか》えた好恵に続く、三番目の十歳。

好恵に最初に手を下すイヤな役まわり……。

そう、私は三週間後に誕生日を控《ひか》えていたのだ。

七月八日。七夕の翌日にあたる私の誕生日は日曜日だった。この年も①織姫《おりひめ》と彦星《ひこぼし》は逢《あ》いびきを果たせず、母は朝から窓辺に垂らしていた笹《ささ》を片付けると、代わりに折り紙や紙テープで居間を彩《いろど》った。すでにごちそうの下準備は整えられ、冷蔵庫には子供心をそそる食材がぱんぱんに詰《つ》まっている。中でも一際《ひときわ》目を引いたのは、『ＨＡＰＰＹ　ＢＩＲＴＨＤＡＹ　ＮＯＲＩＫＯ』とホワイトチョコで描《えが》かれた手作りのチョコレートケーキだ。食器棚《しょっきだな》には数々のお菓子《かし》もスタンバイされていて、中には普段《ふだん》あまり食べさせてもらえない体に悪そ

二〇二二年度 藤嶺学園藤沢中学校

【国語】〈二科・四科入試第一回〉（五〇分）〈満点：一〇〇点〉

一

次の①～⑧の――線の漢字はひらがなに、カタカナは漢字に直しなさい。

① 勉強に専念する
② 尊いお教え
③ もう日が暮れる
④ 桜並木を歩く
⑤ ツクエに向かう
⑥ ユウビン局に行く
⑦ キビしく叱《しか》る
⑧ テツボウの練習

二

次の1・2のそれぞれの問いに答えなさい。

1 次の三字熟語の□に入る色を表す漢字一字を書きなさい。

① □二才　② □一点　③ 大□柱　④ □眼視

2 次の慣用句の□に入る身体の一部を表す漢字一字を書きなさい。

① □を引っ張る（他人の成功の邪魔《じゃま》をすること）
② □がすく（心が晴れ晴れすること）
③ □に余る（たいへんひどいこと）
④ □を広げる（仕事や行動の範囲《はんい》を広げること）

2022年度

藤嶺学園藤沢中学校　▶解説と解答

算　数　＜２科・４科入試第１回＞（50分）＜満点：100点＞

解　答

1 (1)　$15\frac{7}{8}$　(2)　320　(3)　156　(4)　$1\frac{1}{2}$　(5)　3200kg　**2** (1)　84　(2)　11日目　(3)　1152m　(4)　16才　(5)　$\frac{1}{4}$m　(6)　9000m^2　(7)　4.8%　(8)　80cm^2　**3** (1)　７回　(2)　８cm　**4** (1)　毎日50個ずつ　(2)　7500個　**5** (1)　分速72m　(2)　時速32.4km　(3)　2.25km

解　説

1　四則計算，逆算，割合と比

(1)　$1+2\frac{1}{2}+4\frac{1}{4}+8\frac{1}{8}=1+2\frac{4}{8}+4\frac{2}{8}+8\frac{1}{8}=(1+2+4+8)+\frac{4+2+1}{8}=15+\frac{7}{8}=15\frac{7}{8}$

(2)　520－{210－５×(51－21)÷15}＝520－(210－５×30÷15)＝520－(210－150÷15)＝520－(210－10)＝520－200＝320

(3)　243÷(□÷12－４)＝27より，□÷12－４＝243÷27＝９，□÷12＝９＋４＝13，よって，□＝13×12＝156

(4)　$3\frac{1}{2}+1\div$□$=4\frac{1}{6}$より，$1\div$□$=4\frac{1}{6}-3\frac{1}{2}=3\frac{7}{6}-3\frac{3}{6}=\frac{4}{6}=\frac{2}{3}$，よって，□$=1\div\frac{2}{3}=1\times\frac{3}{2}=\frac{3}{2}=1\frac{1}{2}$

(5)　0.8割を小数になおすと0.08である。□gの0.08が256kgなので，□×0.08＝256となり，□＝256÷0.08＝3200(kg)と求められる。

2　約数と倍数，差集め算，速さと比，年齢算，分数の性質，相似，濃度，面積

(1)　右の図１より，14と28と42の最小公倍数は，２×７×１×２×３＝84と求められる。

図１

```
2) 14  28  42
7)  7  14  21
    1   2   3
```

(2)　１日あたり，工場Ａは工場Ｂより，1637－1352＝285(個)多く製品を作る。工場Ａが作った製品の個数が，工場Ｂが作った製品の個数に比べて3000個より多くなるのは，3000÷285＝10あまり150より，10＋１＝11(日目)とわかる。

(3)　行きの速さは時速7.2km，帰りの速さは時速4.8kmなので，行きと帰りの速さの比は，7.2：4.8＝３：２である。行きに進む道のりと，帰りに進む道のりは等しい。等しい道のりを進むとき，かかる時間の比は，速さの比の逆数比となるので，行きと帰りにかかる時間の比は，$\frac{1}{3}:\frac{1}{2}=2:3$とわかる。行きにかかる時間を②分，帰りにかかる時間を③分とすると，全部で24分かかるので，②＋③＝⑤より，⑤が24分とわかる。①＝24÷５＝4.8(分)なので，行きにかかる時間は，②＝4.8×２＝9.6(分)である。１km＝1000m，１時間＝60分だから，行きの速さは，72×100÷60＝120より，分速120mとなる。よって，家から公園までの道のりは，120×9.6＝1152(m)と求められる。

⑷　太郎くんとお父さんの，現在と14年後の年れいを図であらわすと，右の図２のようになる。図２で，②－①＝①より，①が30才なので，太郎くんの14年後の年れいは30才であるとわかる。よって，現在の太郎くんの年れいは，30－14＝16(才)と求められる。

図２
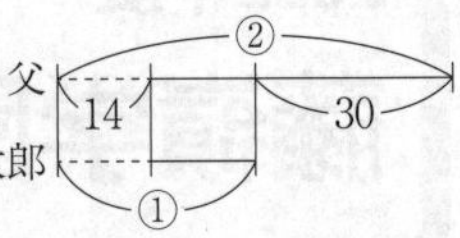

⑸　$9\frac{1}{4}$mの針金を切って$\frac{3}{8}$mの針金を作るので，$9\frac{1}{4}$を$\frac{3}{8}$で割ると，$9\frac{1}{4}\div\frac{3}{8}=24\frac{2}{3}$となり，$\frac{3}{8}$mの針金が24本できるとわかる。$\frac{3}{8}$mの針金24本の長さの合計は，$\frac{3}{8}\times 24=9$(m)なので，針金の余りの長さは，$9\frac{1}{4}-9=\frac{1}{4}$(m)と求められる。

⑹　縮尺が２千分の１なので，校庭の縦の長さは，３×2000＝6000(cm)，横の長さは，7.5×2000＝15000(cm)である。１m＝100cmより，縦の長さは，6000÷100＝60(m)，横の長さは，15000÷100＝150(m)となる。よって，校庭の実際の面積は，60×150＝9000(m^2)と求められる。

⑺　(食塩の重さ)＝(食塩水の重さ)×(濃さ)より，６％の食塩水200ｇに含まれる食塩の重さは，200×0.06＝12(ｇ)である。同様にして，４％の食塩水300ｇに含まれる食塩の重さは，300×0.04＝12(ｇ)とわかる。６％の食塩水と４％の食塩水を混ぜてできる食塩水の重さは，200＋300＝500(ｇ)，食塩の重さは，12＋12＝24(ｇ)なので，濃度は，(濃さ)＝(食塩の重さ)÷(食塩水の重さ)より，24÷500＝0.048となり，4.8％と求められる。

⑻　右の図３のように太線部分を移動すると，図３の斜線部分の面積は，右の図４の斜線部分の長方形の面積と等しくなる。直径が10cmの２つの円が重なって図４のたての長さが18cmとなるので，図４のイの部分の長さは，10×2－18＝２(cm)で，アの部分の長さは，10－２＝８(cm)とわかる。よって，図４の斜線部分の面積は，８×10＝80(cm^2)となる。

図３
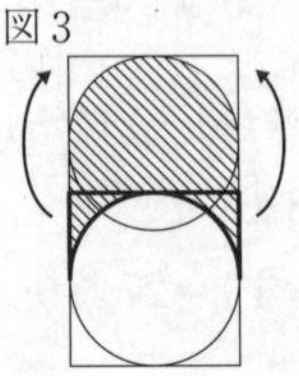

図４
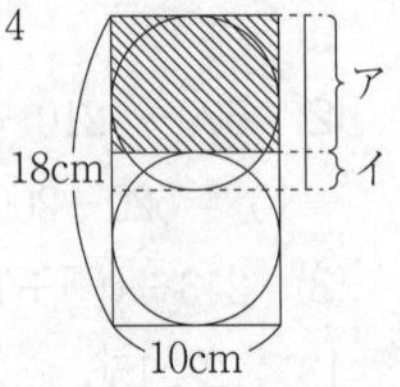

3　図形と規則

⑴　はじめの長方形の面積は，40×24＝960(cm^2)である。切った後の紙の面積は，切る前の面積の半分になるので，１回切ったあとの面積は，960÷２＝480(cm^2)である。同様に考えて，２で割る計算を繰り返すと，480÷２＝240(cm^2)，240÷２＝120(cm^2)，120÷２＝60(cm^2)，60÷２＝30(cm^2)，30÷２＝15(cm^2)，15÷２＝7.5(cm^2)となる。よって，面積が7.5cm^2になるのは，７回切ったときとわかる。

⑵　長方形の長い方の辺を切って半分にする操作を繰り返すと，それぞれの切った回数での長方形の縦と横の長さは，右の図のようになる。８回切ったときの長方形の縦の長さは2.5cm，横の長さは1.5cmである。長方形には，縦と横の辺が２本ずつあるので，周りの長さは，2.5×２＋1.5×２＝８(cm)とわかる。

回数	0	1	2	3	4	5	6	7	8
縦	40	20	20	10	10	5	5	2.5	2.5
横	24	24	12	12	6	6	3	3	1.5

4　ニュートン算

⑴　毎日仕入れる商品の個数を②個とあらわすと，仕入れる個数を半分にするとき，毎日仕入れる個数は，②÷２＝①(個)となる。毎日②個仕入れる場合，毎日200個ずつ販売すると，商品が50日後になくな

るので，在庫に加えて50日間で仕入れる商品の個数は，②×50＝(100)(個)，販売した商品の合計個数は，200×50＝10000(個)となる。また，毎日①個仕入れる場合，毎日150個ずつ販売すると，商品が60日後になくなるので，在庫に加えて60日間で仕入れた商品の個数は，①×60＝(60)(個)，販売した商品の合計個数は，150×60＝9000(個)となる。上の図のように，(100)－(60)＝(40)，10000－9000＝1000(個)より，(40)が1000個であることがわかる。よって，①＝1000÷40＝25(個)だから，毎日仕入れる個数は，②＝25×２＝50(個)と求められる。

(2) (1)より，①＝25個なので，上の図で，(100)＝25×100＝2500(個)である。よって，在庫の個数は，10000－2500＝7500(個)とわかる。

[5] 速さ，旅人算

(1) グラフより，太郎くんはバス停に行くとき，15時から15時５分までの５分間で，0.36kmの道のりを歩いた。１km＝1000mなので，0.36kmは，0.36×1000＝360(m)だから，(速さ)＝(道のり)÷(時間)より，太郎くんが歩く速さは分速，360÷５＝72(m)とわかる。

(2) 太郎くんは15時５分にバス停に着いて２分間待ってからバスに乗ったので，バスに乗った時刻は，15時５分＋２分＝15時７分である。グラフより，バスが駅に着いたのは15時13分なので，太郎くんがバスに乗っていた時間は，15時13分－15時７分＝６(分間)であり，その６分間でバスは，3.6－0.36＝3.24(km)進んだとわかる。１時間＝60分より，６分＝６÷60＝$\frac{1}{10}$時間なので，バスの速さは時速，3.24÷$\frac{1}{10}$＝32.4(km)と求められる。

(3) お母さんの車はバスより１分早く駅に着き，(2)よりバスは，６分間で3.24km＝3240m進むので，バスの速さは分速，3240÷６＝540(m)である。右の図で母の車が駅に着いたとき，バスは駅から，540×１＝540(m)の地点にいるとわかる。お母さんの車の速さは分速，54×1000÷60＝900(m)となる。お母さんの車がバスに追いついた地点から，540mの差ができるのにかかる時間は，540÷(900－540)＝1.5(分)，お母さんの車がバスに追いついた地点から駅までの道のりは，900×1.5＝1350(m)となる。よって，1350m＝1.35kmなので，車がバスに追いついた地点は，家から，3.6－1.35＝2.25kmと求められる。

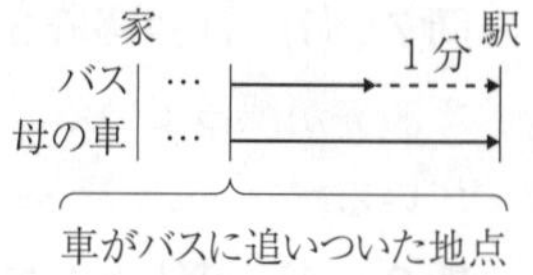

社 会 ＜２科・４科入試第１回＞(40分)＜満点：70点＞

解 答

[1] **問１** 卑弥呼 **問２** 大化改新 **問３** 白村江の戦い **問４** (1) 藤原京 (2) イ **問５** 中国(宋，元，明も可) **問６** (1) 大宝律令 (2) イ **問７** (1) 徳川綱吉 (2) ア **問８** (1) 平清盛 (2) 足利義満 **問９** ウ，エ **問10** (1) イ (2) 太平洋戦争 **問11** ウ [2] **問１** ⑤ オ ⑥ ア ⑦ エ **問２** ア **問３** C，D〔完答〕 **問４** D **問５** B **問６** 石狩川 **問７** 京浜(工業地帯) **問８** ヒートアイランド(現象) **問９** １ イ ２ エ **問10** SDGs [3] **問１** イ **問２** 30(歳) **問３** (1) 累進課税 (2) 10(％) **問４** バイオマス **問５** イ **問６** ウ **問７** イ **問８** ウ **問９** 納税(の義務) **問10** エ **問11** イ **問12** 中国 **問13** ア **問14** イ **問15** ア **問16** ウ **問17** ふるさと(納税)

解説

1 女性天皇を題材とした歴史の問題

問1 中国の魏《ぎ》に使いを送った邪馬台国《やまたいこく》の女王は，卑弥呼《ひみこ》である。卑弥呼は，239年に魏へ使いを送り，『親魏倭王《しんぎわおう》』の称号《しょうごう》や銅鏡などを授けられたことが，中国の歴史書である「魏志《ぎし》」倭人伝《わじんでん》に記されている。

問2 645年に始まった，中央集権制を目指す改革は，大化《たいか》改新(大化の改新)である。大化改新は，中大兄皇子《なかのおおえのおうじ》と中臣鎌足《なかとみのかまたり》らが，蘇我蝦夷《そがのえみし》・入鹿《いるか》父子を倒《たお》して始めた。

問3 663年に，日本が新羅《しらぎ》・唐《とう》連合軍に敗れた戦いは，白村江《はくすきのえ》の戦いである。

問4 (1) 持統天皇が694年に遷都《せんと》した都は，藤原京《ふじわらきょう》である。 (2) 平安京《へいあんきょう》から東京へ都が遷《うつ》されたのは，明治維新《めいじいしん》の時なので，旧幕府軍と新政府軍の戦いである戊辰《ぼしん》戦争が終結した頃のイが最もふさわしい。アは1937年から1940年代前半頃の日本の様子について述べている。ウの関東大震《しん》災《さい》は1923年に発生した。エの韓国《かんこく》を日本に併合《へいごう》したのは1910年である。

問5 鎌倉《かまくら》時代の頃から使われるようになった貨幣《かへい》は，中国から輸入されていた宋《そう》銭などである。室町《むろまち》時代にも宋銭は元《げん》銭・明《みん》銭とともに日本で使用されていた。

問6 (1) 701年に制定された法令は，大宝律令《たいほうりつりょう》である。 (2) 大宝律令に定められた租税《そぜい》制度では，庸《よう》や調は成年男子のみに課されており，女性に比べて男性の税負担は重かったので，イが誤っている。

問7 (1) 江戸《えど》幕府5代将軍は，徳川綱吉《とくがわつなよし》である。 (2) 徳川綱吉は蘭学《らんがく》を奨励《しょうれい》していないので，アが誤っている。徳川綱吉は儒学《じゅがく》のなかでも朱子《しゅし》学を重視し，湯島《ゆしま》に孔子《こうし》をまつる聖堂を建てている。

問8 (1) 武士として初めて太政《だいじょう》大臣に就任したのは，平清盛《たいらのきよもり》である。平清盛は，1167年に太政大臣に就任している。 (2) 南北朝の合一を実現した，室町幕府3代将軍は足利義満《あしかがよしみつ》である。

問9 モースが大森貝塚《おおもりかいづか》を発見したのは明治時代の出来事であり，奈良時代の⑧の天皇と江戸時代の間に起きた出来事としてはウが誤っている。また，浮世絵の祖といわれる菱川師宣《ひしかわもろのぶ》が活躍《かつやく》したのは17世紀後半から18世紀初頭の元禄《げんろく》文化の頃なので，エも誤っている。アとイは鎌倉時代，オは安土桃山時代の出来事なので，いずれも適当である。

問10 (1) 女性参政権獲得のために新婦人協会などを設立して力をつくした人物としては，イの平塚《ひらつか》らいてうが適当である。アの津田梅子《つだうめこ》は岩倉《いわくら》使節団に同行した最初の女子留学生で，帰国後に女子英学塾《じょしえいがくじゅく》(現在の津田塾《つだじゅく》大学)を設立し女子教育に取り組んだ人物。ウの樋口一葉《ひぐちいちよう》は『たけくらべ』などを著した明治時代の女性作家。エの井上馨《いのうえかおる》は外務卿《きょう》(のちに外務大臣)として条約改正交渉を行ったことで知られる明治時代の男性の政治家。 (2) 日本で女性に国会議員の選挙権が与えられたのは，太平洋戦争(第二次世界大戦)終結後の1945年に衆議院議員選挙法が改正されたことによる。

問11 女子差別撤廃《てっぱい》条約が国連で採択《さいたく》された1979年の前年にあたる1978年に，日本は中国と日中平和友好条約を結んでいるので，ウがふさわしい。アの朝鮮《ちょうせん》戦争は1950年から1953年にかけて続いた。イのバブル景気は1980年代半ばから1990年代初頭にかけてみられた。エのインターネットは1990年代半ばから普及し始めた。

2 東京オリンピックのサッカー会場を題材とした問題

問１　⑤　茨城県鹿嶋《かしま》市は，オの位置である。　⑥　北海道札幌《さっぽろ》市はアの位置である。　⑦　宮城県宮城郡利府《りふ》町は仙台《せんだい》市の北東にあり，エの位置が適当である。

問２　“ネーミングライツ”とは，企業が資金を出すかわりに命名権をえて，施設や建物などに企業名やブランド名などをつけることが出来るものなので，アが適当である。

問３　A（さいたま市），B（横浜《よこはま》市），E（札幌市）が政令指定都市であり，C（調布《ちょうふ》市）とD（鹿嶋市）は政令指定都市ではない。

問４　掘り込み港をもつ工業都市としては，北海道の苫小牧《とまこまい》市やDの茨城県鹿嶋市などがあげられる。よって，Dが適当である。

問５　日本有数の貿易額のある港湾《こうわん》をもつ都市としては，横浜港のあるBの横浜市が適当である。

問６　流域面積が国内第２位で，北海道を流れている河川は，石狩《いしかり》川である。

問７　横浜市を含む工業地帯は，京浜《けいひん》工業地帯である。なお，３大工業地帯は京浜工業地帯，中京工業地帯，阪神《はんしん》工業地帯である。

問８　大都市の都心部が周辺部より高温になる現象は，ヒートアイランド現象である。ヒートアイランド現象は，都心部において表面がアスファルトやコンクリートに覆われた土地が増えたこと，建物や自動車などからの排熱《はいねつ》が増えたことなどが原因と考えられている。

問９　宮城県の沖には，北からやってくる寒流の千島《ちしま》海流（親潮《おやしお》）と，南からくる暖流の日本海流（黒潮《くろしお》）がぶつかる潮目（潮境）がある。よって，（　１　）にはイが，（　２　）にはエがあてはまる。なお，アのリマン海流は寒流で，日本海を南へ向けて流れており，ウの対馬《つしま》海流は暖流で，日本海を北へ向けて流れている。

問10　2015年に国連サミットで採択された「持続可能な開発目標」の略称は，SDGsである。

３　県の仕事内容を題材とした問題

問１　2022年２月時点における神奈川県知事は，イの黒岩祐治《くろいわゆうじ》である。なお，アは2022年２月時点における藤沢《ふじさわ》市長，ウは2022年２月時点における東京都知事，エは2022年２月時点における横浜市長である。

問２　都道府県知事の被《ひ》選挙権は，満30歳以上である。なお，市区町村長や都道府県議会議員・市区町村議会議員の被選挙権は満25歳以上となっている。

問３　⑴　所得の多い人ほど税金の負担が大きくなる（税率が高くなる）仕組みを，累進課税《るいしんかぜい》（累進課税制度）という。　⑵　2022年２月時点における消費税の税率は，原則として10%となっている。ただし，食料品など軽減税率の対象となるものについては８％となっている。

問４　植物や動物などの生物を，再生可能なエネルギー源として利用することを，バイオマスという。

問５　職場内での優位性や立場を利用し，部下に対して激しく叱《しか》ったり，嫌《いや》がらせを行ったりするハラスメントを，パワー　ハラスメントというので，イが適当である。アのセクシャル　ハラスメントは，性的嫌がらせと訳され，他者に不快感や不利益をもたらす性的な言動のことを指す。ウのマタニティ　ハラスメントは，職場において妊娠，出産，育児休業などをきっかけとして行われる嫌がらせのことである。エのジェンダー　ハラスメントは，性別によって社会的役割が異なるという固定観念や差別意識から発生する嫌がらせのことである。

問６　ウのロックダウンとは，感染症《かんせんしょう》の拡大を防ぐために，外出や行動を制限する措置《そち》のことであるが，日本では実施《じっし》されていない。新型コロナウイルス感染拡大への日本政府の対応としては，アの緊急《きんきゅう》事態宣言やイのまん延防止等重点措置が出されたことがあり，エの各種給付金の支給も行われた。

問７　福祉《ふくし》を主に担当する国の行政機関は厚生労働省であり，イが適当である。アの文部科学省は教育やスポーツなどを，ウの国土交通省は土木・建設・交通などを，エの経済産業省は企業活動や貿易などを担当する。

問８　2020年の日本の人口に占める65歳以上の人口の割合は28.7％となっており，ウの約29％が適当である。

問９　日本国憲法が定めている国民の義務には，保護する子どもに普通教育を受けさせる義務，勤労の義務のほかに，納税の義務がある。

問10　エの伊勢神宮《いせじんぐう》は世界文化遺産には登録されていない。なお，アの姫路《ひめじ》城は1993年，イの原《げん》爆《ばく》ドームとウの厳島《いつくしま》神社は1996年に世界文化遺産に登録されている。

問11　2021年に開催された東京オリンピック・パラリンピックでは，組織的なドーピング問題に対する制裁として，ロシアは国家としては参加が認められず，ドーピング問題で潔白が証明された選手のみが「ロシア　オリンピック・パラリンピック委員会」として参加したので，イが正しい。

問12　2020年は新型コロナウイルス感染症の流行を受け，年の途中から日本への入国が制限されたが，新型コロナウイルス感染症が流行する前には，中国から多くの観光客が日本を訪れていた。

問13　賃金や労働時間，休日などの労働条件の目安を定めた法律は，アの労働基準法である。

問14　職場において募集・採用や賃金・昇進《しょうしん》などで性別による差別を禁止した法律は，イの男女雇用《こよう》機会均等法である。

問15　アの知事の家族の職業は，知事の仕事とは基本的に無関係であり，知事の家族のプライバシーの権利に関わることから，情報公開する義務はないと判断できる。イの出張先やウの公用車の使い道，エの海外視察の会計報告は，いずれも知事の仕事に関わる内容なので，情報公開する義務があると考えられる。

問16　2020年度の日本の財政支出として最も多い項目は，ウの社会保障関係費である。日本における社会保障関係費は，高齢《こうれい》化が進んでいることから増加傾向《けいこう》にある。

問17　生まれ故郷や応援《おうえん》したい自治体に対し寄付できる制度を，「ふるさと納税」制度という。

理　科　＜２科・４科入試第１回＞（40分）＜満点：70点＞

解　答

1　(1)　オ　(2)　エ　(3)　ク　(4)　エ　(5)　コ　(6)　イ　(7)　ア　(8)　イ　(9)　ウ　(10)　エ　**2**　(1)　ア　(2)　イ　(3)　オ　(4)　ウ　(5)　エ　(6)　エ　(7)　エ　(8)　エ　(9)　イ　(10)　ウ　(11)　エ　(12)　エ　(13)　ウ　(14)　イ　**3**　(1)　ウ　(2)　エ　(3)　ウ　(4)　エ　(5)　ア　(6)　ウ　(7)　オ　(8)　イ　(9)　エ　(10)　ア　(11)　ウ　(12)　オ　(13)　ウ　(14)　（例）　９月は気温がだんだん下がっているから。　**4**　(1)　イ　(2)　イ　(3)　ア　(4)　イ　(5)　イ　(6)　ウ　(7)　イ　(8)　ア　(9)　イ　(10)　ウ　(11)　ウ　(12)　エ　(13)　ア　(14)　イ　(15)　（例）　月の自転周

期と公転周期が等しいから。

解　説

1　てこのつり合い，電流と磁界についての問題

(1)　てこをかたむけるはたらきは，(力の大きさ)×(支点からのきょり)で表すことができる。また，棒の重さは，棒の重心に棒と同じおもさのおもりがつり下げられていると考える。棒の右はしを支点として，棒の右はしから重心までのきょりを□cmとすると，240×□＝160×36となるから，□＝24(cm)となる。よって，棒の重心は，棒の左はしから，36－24＝12(cm)の位置である。

(2)　棒の左はしを支点として，ばねばかりが示す重さを□gとすると，240×12＝□×36となるから，□＝80(g)となる。

(3)　棒の左はしから棒の中央までのきょりは，36÷２＝18(cm)である。棒の左はしを支点として，ばねばかりが示す重さを□gとすると，240×12＝□×18となるから，□＝160(g)となる。

(4)　棒の中央を支点として，右はしにつけるおもりの重さを□gとすると，240×(18－12)＝□×18となるから，□＝80(g)となる。

(5)　棒の左はしを支点として，棒の左はしからばねばかりをつけた場所までのきょりを□cmとすると，90×□＝240×12となるから，□＝32(cm)となる。

(6)～(8)　図の方位磁針のようすから，回路の左側が北である。電流が流れていないとき，電流が流れている導線の近くにある方位磁針は，導線が方位磁針の上にあるときは電流が流れる向きに対して左側に，導線が方位磁針の下にあるときは電流が流れる向きに対して右側にＮ極がふれる。方位磁針Ａは，導線が方位磁針の上にあるのでイのようにふれ，方位磁針Ｃは，導線が方位磁針の下にあるのでイのようにふれる。方位磁針Ｂは，導線が方位磁針の下にあるので，電流が流れる向きに対して右側にＮ極がふれるが，スイッチを入れる前から方位磁針のＮ極が図の左側をさしているため，アのようになる。

(9)，(10)　方位磁針のＮ極が北をさすのは，地球の北極側がＳ極，南極側がＮ極になっていて，方位磁針のＮ極と北極側のＳ極が引き合うためである。

2　水溶液の性質，気体の発生についての問題

(1)～(5)　実験１より，試験管Ａと試験管Ｅに入っている水よう液はアルカリ性の水よう液だから，アンモニア水と水酸化ナトリウム水よう液のいずれかであることがわかる。実験２より，試験管Ｂと試験管Ｃに入っている水よう液は酸性だから，うすい塩酸と炭酸水のいずれかであることがわかる。また，実験３より，試験管Ａと試験管Ｂに入っている水よう液はにおいがある水よう液だから，アンモニア水とうすい塩酸のいずれかである。したがって，試験管Ａに入っている水よう液はアルカリ性でにおいのあるアンモニア水，試験管Ｂに入っている水よう液は酸性でにおいのあるうすい塩酸，試験管Ｃに入っている水よう液は酸性でにおいのない炭酸水，試験管Ｄに入っている水よう液は中性でにおいのない砂糖水，試験管Ｅに入っている水よう液はアルカリ性でにおいのない水酸化ナトリウム水よう液であるとわかる。

(6)　アンモニア水や水酸化ナトリウム水よう液などのアルカリ性の水よう液や，うすい塩酸や炭酸水などの酸性の水よう液には電流が流れやすいが，砂糖水には電流が流れにくい。

(7)　アンモニア水やうすい塩酸，炭酸水は気体がとけた水よう液だから，加熱して水を蒸発させる

と何も残らない。

⑻　砂糖水や水酸化ナトリウム水よう液は固体がとけた水よう液で，加熱して水を蒸発させるととけていた固体が出てくる。さらに加熱すると，砂糖はこげて黒くなる。

⑼　塩酸にあえんを加えると水素が発生する。

⑽　水素は水にとけにくい気体だから，水上置換で集める。

⑾　水素は気体の中で最も軽い気体である。

⑿，⒀　グラフより，塩酸50cm^3と反応するあえんは，最大で1.6gだから，塩酸100cm^3と反応するあえんは，最大で，$1.6\times\frac{100}{50}=3.2$(g)である。あえんが1.6gのときに発生する水素の量は600mLだから，塩酸100cm^3に2.4gのあえんを加えたときに発生する水素の量は，$600\times\frac{2.4}{1.6}=900$(mL)となる。このとき，あと，$3.2-2.4=0.8$(g)のあえんを反応させることができる。

⒁　塩酸100cm^3に0.8gのあえんを加えたときに発生する水素の量は，$600\times\frac{0.8}{1.6}=300$(mL)である。

3　動物の体，花のつくりと成長についての問題

⑴　ヒトの体には約200個の骨がある。

⑵　ヒトのひじやひざなどの曲げることができる部分は，けんや筋肉で骨と骨どうしがつながれている。このようにして体を動かすときに曲げることができる部分を関節という。

⑶　ヒトのろっ骨は，心臓や肺などをおおうような形をしていて，それらを守っている。

⑷　ヒトの骨ばんは小腸や大腸などを守る働きをしている。また，女性の骨ばんは男性の骨ばんよりも広がった形をしていて，母体内のたい児を支える働きもする。

⑸，⑹　ヒトがうでを曲げるときは，うでの内側の筋肉は縮んでかたくなり，外側の筋肉はゆるむ。このように，うでの筋肉が骨をはさんで反対の動きをすることで，うでを曲げたりのばしたりすることができる。

⑺　主に体温の調整をするため，皮ふのしたであせがつくられて，皮ふから出てくる。

⑻　１つの花におしべとめしべがある花を両性花，おしべとめしべが別々の花にある花を単性花という。ヘチマは，１つのかぶにおしべがあるお花とめしべがあるめ花をさかせる単性花である。

⑼　ヘチマのめしべのもとには，受粉後に成長して実になる子房がある。子房の中には，成長してたねになる胚珠がある。

⑽，⑾　気温が下がる秋ごろになると，緑色をしていたヘチマの葉は黄色くなってかれる。実の成長も止まり，実は茶色くなる。

⑿，⒀　グラフ①より，７月と９月のどちらもくきはのびている。また，７月ではくきののび方が大きく，９月になるとくきののび方は小さくなっていて，期間によってくきののび方がちがうことがわかる。

⒁　グラフ②より，７月の気温はだんだん上がっているが，９月の気温はだんだん下がっている。よって，９月が７月よりもくきがのびにくくなったのは，気温がだんだん下がっていったためと考えられる。

4　気象，月についての問題

⑴　北風は，北から吹いてくる風のことである。

⑵　風力は，風の強さを０から12の13階級で表す。

⑶　大気による圧力を大気圧（気圧）といい，その大きさはhPa（ヘクトパスカル）という単位を使っ

て表される。

(4), (5)　高気圧の地表付近では風が時計回りに吹きだし，中心付近に下降気流が生じる。また，低気圧の地表付近では風が反時計回りに吹きこみ，中心付近に上しょう気流が生じる。

(6)　太陽のように自ら光を出す星をこう星，地球のようにこう星の周りをまわっている星をわく星，月のようにわく星の周りをまわっている星を衛星という。

(7), (8)　月や地球などの星が別の星を中心に周りをまわることを公転といい，星がじくを中心に回転することを自転という。

(9), (10)　月は自ら光を出さず，太陽の光を反射して明るく見える。全体のうち，右半分が光って見える月を上げんの月，全体が見える月を満月，左半分が見える月を下げんの月，光っている部分が見えない月を新月という。

(11)〜(13)　月は太陽の光を反射して光っているため，太陽がある側が光って見える。上げんの月は，正午近くに東から出て，夕方に南の空を通り，真夜中に西にしずむ。満月は，夕方に東から出て，真夜中に南の空を通り，明け方に西にしずむ。下げんの月は，真夜中に東から出て，明け方に南の空を通り，正午近くに西にしずむ。

(14)　新月は地球から見て太陽と同じ方向にあるため，地球からは見えない。したがって，明け方に東から出て，正午近くに南の空を通り，夕方に西にしずむ。

(15)　月が地球の周りをまわる公転周期と月の自転周期が等しいため，月は，いつも同じ面を地球に向けながら地球の周りを公転している。

国　語　＜２科・４科入試第１回＞（50分）＜満点：100点＞

解　答

一 ①　せんねん　②　とうと(い)　③　く(れる)　④　なみき　⑤〜⑧　下記を参照のこと。　二 **1**　①　青　②　紅　③　黒　④　白　**2**　①　足　②　胸　③　目　④　手　三 **問１**　（例）　天気が悪いこと。　**問２**　もう私たちのお誕生会には呼ばない　**問３**　毎日が緊張の連続　**問４**　十　**問５**　ウ　**問６**　好恵　**問７**　イ

四 **問１**　自然の中に　**問２**　自然　**問３**　**1**　紫外線　**2**　あたったものに変化をあたえる(という特徴)　**問４**　丈夫　**問５**　イ　**問６**　（例）　海中のプラスチックごみを食べた生物がたくさん死んでいるというニュースを見たことがあります。解決するためには，プラスチック製品をなるべく使わないようにし，捨てるときにはきちんと分別することが大切だと思います。

●漢字の書き取り

一 ⑤　机　⑥　郵便　⑦　厳(しく)　⑧　鉄棒

解　説

一　漢字の読み書き

①　一つのことに心を集中すること。　②　音読みは「ソン」で，「尊敬」などの熟語がある。「たっと(ぶ)」という訓読みもある。　③　音読みは「ボ」で，「暮色」などの熟語がある。

④　並んで立っている樹木。　⑤　音読みは「キ」で，「机上」などの熟語がある。　⑥　手紙や物品をあて先に送る制度。　⑦　音読みは「ゲン」で，「厳格」などの熟語がある。　⑧　体操競技で使用する鉄製の器具。

二　三字熟語の完成，慣用句の完成

1　①「青二才」は，年が若くて未熟な男性。　②「紅一点」は，多くの男性の中に一人だけいる女性。多くのものの中で一つだけ異彩を放つもの，という意味で使われることもある。　③「大黒柱」は，建物の中央にある特別に太い柱。家や国の中心となって支える人，という意味で使われることもある。　④「白眼視」は，冷たい目で見ること。

2　①「足を引っ張る」は，物事の進行や他者の成功のじゃまをすること。　②「胸がすく」は，胸のつかえが取れたように心が晴れやかになること。　③「目に余る」は，あまりにひどくて黙《だま》って見ていられないこと。　④「手を広げる」は，仕事の規模や行動の範囲《はんい》を広げること。

三　出典は森絵都《もりえと》の『永遠の出口』による。「私」たちのグループは，誕生会でされたことの仕返しとして，好恵《よしえ》を今後の誕生会に呼ばないということを決めたが，「私」は自分の誕生日が三週間後にくるということに気づき，気持ちが重くなる。

問１　「織姫《おりひめ》」はこと座の一等星であるベガ，「彦星《ひこぼし》」はわし座の一等星であるアルタイルのこと。七夕の伝説では，一年のうち七月七日だけ，天の川をはさんで，夫婦である織姫と彦星は会えることになっているが，「逢《あ》いびきを果たせず」とあるので，ベガとアルタイルが見られないくらい天気が悪かったと想像できる。

問２　「私」たちは，春子の提案で，好恵を今後の誕生会から閉めだすと決めた。つまり，「誕生会の恨《うら》み」を「誕生会で返す」という「復讐《ふくしゅう》」のために，好恵を「もう私たちのお誕生会には呼ばない」ことにしたのである。

問３　「私」は，「いつ，好恵に誕生会のことをきかれるのか」とか「いつ，好恵は自分が誕生会に招かれないことを悟《さと》るのか」といったことを心配し，「絶えずびくびくと好恵の視線ばかり」を気にしていた。だから，自分の誕生日になり，「毎日が緊張《きんちょう》の連続」という「苦痛」から，やっと解放されるという喜びを感じたのである。

問４　「十歳の誕生日」なので，十本の「蝋燭《ろうそく》」に火がともされていたとわかる。

問５　みんなが帰った後，「私」が好恵のことばかりを考え，胸の「もやもや」から解放されるどころか，「瞼《まぶた》の裏に焼きついた好恵の視線」に，なおも苦しめられていることから考える。「私」は，好恵を誕生会に呼ばなかったことがずっと気にかかっているので，誕生会が終わっても，気持ちがすっきりと晴れなかったのである。よって，正解はウ。アは「仲の良い友達みんなを招待して，疲れてしまった」が，エは「やり返すつもりが逆にやり返されてしまった」がそれぞれ本文からは読み取れない内容なのでふさわしくない。イの「お決まりの段取りもケーキも何もなかった」は「私」の誕生会後の様子とは直接関係がないのでふさわしくない。

問６　誕生会に来なかったのは好恵だけであり，プレゼントに自分の好きな「メモ帳」が入っていたことから，「私」は，家に来た「友達みたいな子」が，好恵だとすぐに気づいた。「私」は，好恵のことがずっと気になっていたので，気がついたときには，好恵の家へと向かうために自転車に乗っていたのである。

問７　「私」は，誕生会に呼ばれなかった好恵が「今日はどこで何を思い，過ごしていたんだろう」などと考え，「もやもや」した気持ちになっていたが，自分から好恵に話しにいくという勇気はなかった。そんなとき，好恵が自分へのプレゼントを用意してくれていたと知り，「私」は好恵に会いにいこうという思いにかられたのだと考えられる。「気がつくと，足が勝手に私を運んでいた」のように，「私」が自分の意思以外の力に動かされているように表現したり，「風」や「地面」などが「私」を好恵の家に運んでいくと描写《びょうしゃ》したりすることで，さまざまなものが「私」の勇気を後押ししてくれているということが，読者に伝わるような表現となっている。よって，正解はイ。アの「好恵に対して行ったことが許されていく」，ウの「さらなる大きな不安に呑《の》み込《こ》まれていく」，エの「いつも他人の意見に流されてばかりいる」がそれぞれ本文からは読み取れない内容なのでふさわしくない。

四　**出典は保坂直紀《ほさかなおき》の『クジラのおなかからプラスチック』による。**死んだあとに分解されて自然の中の物質にもどる生き物とは違《ちが》い，プラスチックは分解されて自然になくなるということがないため，ごみとなって海を汚《よご》すなどの大きな問題の原因になっているということについて説明されている文章。

問１　生き物の体を作っている酸素や炭素や水素などは，もとをたどれば「二酸化炭素や水など自然界にあった物質」である。また，生き物が死ぬと，「微生物《びせいぶつ》」が生き物の体を作っていたタンパク質などを分解して，二酸化炭素や水にもどす。つまり，生き物は「自然の中にあった物質から出発して，けっきょく最後には，また自然の中の物質にもどるというしくみ」をもっているということになる。

問２　生き物の体のもとになっている二酸化炭素や水などは「自然界」にある物質だが，石炭や石油を原料にして作ったプラスチックは，人間が作り出したものなので，「自然」にはない物質である。

問３　**１**　プラスチックの「高分子」は，紫外線《しがいせん》があたったとき，「切れて短く」なるため，もろくなって割れるのである。　**２**　紫外線にあたると人間の皮膚《ひふ》が「赤くはれたり黒っぽく日焼けしたり」することからもわかるように，紫外線には「あたったものに変化をあたえる」という「強い性質」＝「特徴《とくちょう》」がある。

問４　プラスチックの性質は第６段落で，「軽くて安くて」ガス管に使われるほど「丈夫」だと述べられている。しかし，紫外線があたるなどして，からみあった長い「分子が短くなる」とプラスチックとしての「丈夫」な性質が失われることになると説明している。

問５　「小さく割れてしまったプラスチックごみ」は「回収することがほとんど不可能」なので，「マイクロプラスチック」は「海を汚すプラスチックごみとして大きな問題になっている」という文脈になる。前のことがらを理由・原因として，後にその結果をつなげるときに用いる「だから」が入るとわかる。

問６　まず，今の世の中で，どのようなプラスチックについての問題が起こっているかを考える。自然には分解されないプラスチックは，本文で述べられているように，海洋汚染《おせん》の原因となっている。クジラや魚や海鳥の体内からプラスチックが出てきているという報告もあり，生態系への影《えい》響《きょう》も心配されている。また，プラスチックの原料である石油は有限であるため，プラスチックの作りすぎは資源不足につながるという意見もある。さらに，プラスチックは，燃やすと温室効果ガスをたくさん発生するので，地球温暖化の原因となることも問題視されている。以上のような問題点をふまえ，解決策を考える。買い物袋《ぶくろ》を持参したり，飲み物の容器を持ち歩いたり，使い捨てのプラスチック製の食器を使わないようにすることも必要だし，きちんと分別したり，清掃《せいそう》活動に参加したりするなどの努力も，解決につながる対策であると考えられる。実際に解答用紙に書くときには，誤字や脱字《だつじ》はないかだけでなく，自分の考えが読み手に伝わるように，わかりやすく具体的に述べられているかなどにも注意することが大切である。

2022年度　藤嶺学園藤沢中学校

〔電　話〕　0466(23)3150
〔所在地〕　〒251－0001　神奈川県藤沢市西富１－７－１
〔交　通〕　JR東海道線―藤沢駅より徒歩15分
小田急江ノ島線―藤沢本町駅より徒歩15分

【算　数】〈２科入試〉（50分）〈満点：100点〉

（注意事項）１．1～3は解答のみ，4・5は途中の式も書きなさい。
２．円周率を使う場合は，3.14で計算しなさい。

1　□にあてはまる数を答えなさい。

(1)　$49-42\div7+12\times5=\square$

(2)　$1\frac{1}{5}\div1\frac{1}{2}-\left(2\frac{1}{3}-1\frac{1}{2}\right)\times0.75=\square$

(3)　$25-\square\times3+32\div8=8$

(4)　$\frac{3}{4}+\square\div2\frac{1}{2}=1\frac{1}{4}$

(5)　$0.41\ \mathrm{km}^2=\square\ \mathrm{m}^2$

2　次の問いに答えなさい。

(1)　ある商品を１個450円で仕入れ600円で売ったところ、すべて売れて13500円の利益が出ました。商品は何個仕入れましたか。

(2)　12と７の最小公倍数の約数は何個ありますか。

(3)　表は面積が決まっている三角形の高さと底辺の長さの関係を表しています。㋐，㋑，㋒に入る数をすべて合わせるといくつですか。

高さ（cm）	1	2	3	㋒
底辺の長さ（cm）	48	㋐	㋑	12

(4)　Ａの袋《ふくろ》にはお菓子《かし》が 30 個、Ｂの袋には同じお菓子が 25 個入っています。Ａの袋とＢの袋をいくつか組み合わせると、17 人に余ることなく 10 個ずつ配れました。Ａの袋は何袋ありましたか。

(5)　現在、太郎くんは 12 才，お父さんは 44 才，お母さんは 40 才で弟が 1 人います。6 年前、両親の年れいの和は兄弟の年れいの和の 8 倍でした。現在、弟は何才ですか。

(6)　踏切《ふみきり》で待つＡさんの前を、長さ 300 m の電車が時速 108 km で通過しました。電車はＡさんの前を何秒で通過しましたか。

(7)　図の㋐の角の大きさは何度ですか。

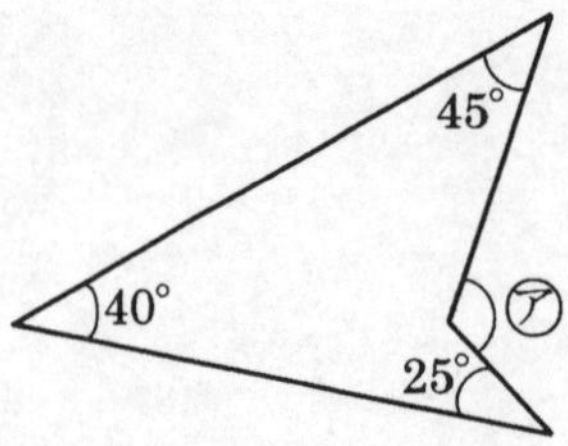

(8)　直径 40 cm の円と周の長さが同じ正方形があります。円の面積は正方形の面積より何 cm² 大きいですか。

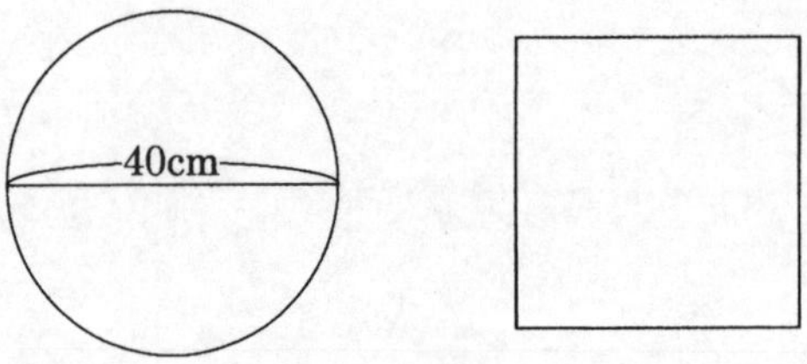

3 図のような道路に川をはさんでＡ地点とＢ地点があります。このとき、次の問いに答えなさい。

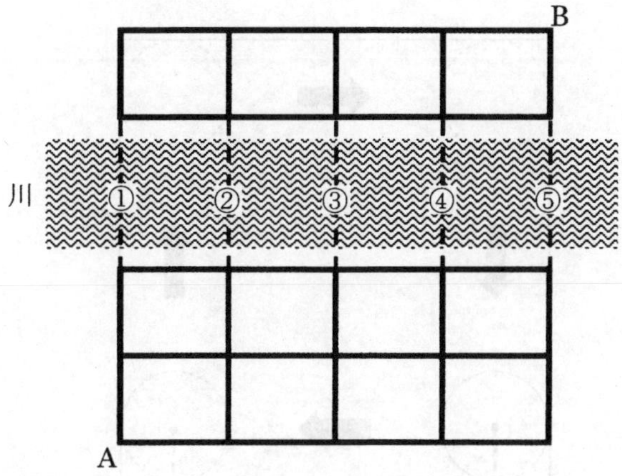

(1) 橋を①のところに架《か》けると、Ａ地点からＢ地点への最短コースは何通りありますか。

(2) Ａ地点からＢ地点への最短コースがもっとも多くあるのは、①～⑤のどこに橋を架けたときですか。また、そのときの最短コースは何通りありますか。

4 ５％の食塩水 100 g と３％の食塩水 200 g を混ぜて食塩水Ａを作りました。また、５％の食塩水に水を加えて食塩水Ａと同じ重さで同じ濃度《のうど》の食塩水Ｂを作りました。このとき、次の問いに答えなさい。

(1) 食塩水Ａに含《ふく》まれる食塩の重さは何 g ですか。

(2) 食塩水Ｂを作るために加えた水の重さは何 g ですか。

5 図のように半径 3 cm の円盤《えんばん》がすべることなく回転しながら正方形の内側に沿って 1 周しました。このとき、円盤はちょうど 4 回転しました。次の問いに答えなさい。

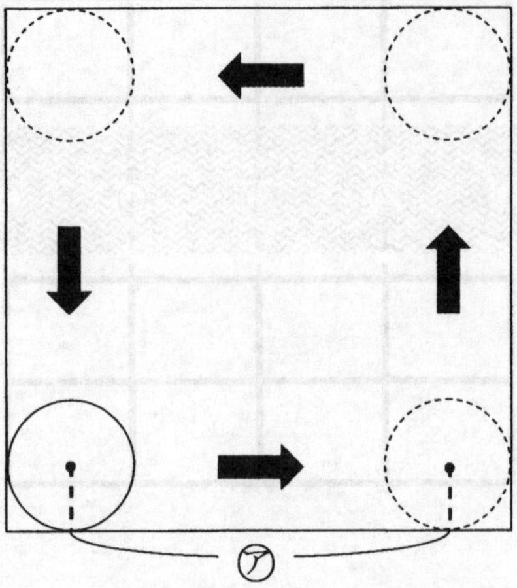

(1) 図の㋐の長さは何 cm ですか。

(2) 『半径 1 cm の円盤を同じ正方形の内側に沿って同じように 1 周したとき、円盤は ㋑ 回転以上しました。』 ㋑ に入るもっとも大きな整数を求めなさい。

問三　——部③「真の意味で多様性を受け入れるという社会１人ひとりの姿勢」とありますが、そのためにはどんなことが必要でしょうか。ふさわしくないものを次の中から一つ選び、記号で答えなさい。

ア　テロリストだった若者を社会が受け入れていくこと
イ　人権をはじめとするさまざまな権利を認めること
ウ　コミュニティの構成メンバーの結束を強くすること
エ　「テロリストは許さない」と強固な姿勢を示すこと

問四　——部④「しかしながら、真の意味で多様性を認めるということは、かならずしもキラキラした気持ちの良いものではありません」とありますが、それはなぜですか。「〜必要があるから」につながるように、本文中から十五字でぬき出して答えなさい。

問五　——部⑤「幻滅」とありますが、筆者がこれと同じような意味で使っている言葉を本文中から二字でぬき出して答えなさい。

問六　（　⑥　）に入る言葉を本文中から三字でぬき出して答えなさい。

問七　（　⑦　）に入る言葉を本文中から二字でぬき出して答えなさい。

る「幻滅」を生んだとき、彼らは再（　⑥　）するのです。

テロリストだった若者を受け入れるのは簡単なことではありませんが、さらなる惨劇《さんげき》を招かないためには、そのような人びとを（　⑦　）するのではなく、社会が受け入れていかなくてはなりません。博愛などではなく、国際社会がテロを防いでいくために必要なことなのです。

先ほどテロを原因不明の体調不良に例えましたが、そうした姿勢は、「温かくしてしっかりと睡眠《すいみん》をとる」ようなものです。明確な原因がわからない体調不良であったとしても、温かくして睡眠時間をしっかりととるということは１つの大切な、そして必要不可欠な、アプローチなのです。

（【Ａ】【Ｂ】ともに、永井陽右『ぼくは13歳《さい》、任務は自爆《じばく》テロ。』より）

※リクルート：誘《さそ》うこと。

※ジハード：その宗教にとって正しいとされる戦い。

問一　――部①「なぜ人はテロリストになるか」とありますが、テロリストは何を目的としていますか。本文中から七字でぬき出して答えなさい。

問二　――部②「だからこそぼくたちは怖いのです」とありますが、恐怖に駆られないために筆者は何が必要だと言っていますか。本文中から十三字でぬき出して答えなさい。

く、多様性を尊重するべきだという雰囲気《ふんいき》が社会のなかに出てきはじめた気がします。④しかしながら、真の意味で多様性を認めるということは、かならずしもキラキラした気持ちの良いものではありません。

多様性の尊重の裏には、人権の擁護《ようご》があります。だれにでも人権をはじめとするさまざまな権利があるのだから、それを認めようというわけです。わかりやすい要素は、肌《はだ》の色だったり、言語だったり、宗教だったりします。しかしもっと重要なものは、思想です。あなたにとって悪魔《あくま》に見える人であったとしても、あなたが大嫌《だいきら》いな人であったとしても、その多様性を尊重すべきなのです。

自分にとっての異端《いたん》を受け入れる。排除《はいじょ》しない。より深い多様性の理解と受容こそがテロを防ぐことにつながるのです。コミュニティの構成メンバーの結束を強くすること、気に入らない人を排除するのではなく、受け入れ、対話をしていくこと。仲間はずれを生み出さないこと、これらは若者のテロ組織への加入を防ぐためのもっとも重要な取り組みです。

また、テロ組織に加わったものの、さまざまな苦境に直面して投降するかどうか迷っているとき、社会側が「テロリストは許さない」と強固な姿勢を示していては、社会復帰の道は閉ざされてしまいます。テロ組織に※リクルートされた若者たちのなかで、少なくない数の人びとが、テロ組織に抱いていた理想と現実の落差におどろき、失望しています。

たとえば、「本当の※ジハードを実行しているのは我々だけだ。加入すれば、毎月50万円の給料に加え、妻と車を与える」と約束したから勧誘《かんゆう》に応じたのに、活動はジハードとはいえない残虐《ざんぎゃく》なものだったり、給与《きゅうよ》もずっと安かったりするのです。

そのようなテロ組織への「⑤幻滅《げんめつ》」こそが、脱過激化《だつかげきか》の鍵《かぎ》なのです。そのときに、社会や世界が、テロリストを絶対に許さないと息巻いていたらどうでしょうか。必死の覚悟《かくご》でテロ組織から逃《に》げてきた者への対応がさらな

た回答はないのです。

②だからこそぼくたちは怖いのです。いつどこでだれがテロを起こすかわからないから、予想ができないから、テロに恐怖《きょうふ》を抱《いだ》くのです。しかし、その恐怖に駆《か》られてしまってはテロリストの思うつぼです。テロリストはぼくたちの恐怖心をたくみに利用し、社会を分断し、支配することを狙《ねら》っています。テロリストが目的にしているのは、心理的ダメージです。だからこそ、テロリストの挑発《ちょうはつ》に乗ってはいけないのです。ぼくたちに必要なのは、冷静さとテロへの正しい理解です。

テロを原因不明の「体調不良」と考えてみましょう。さまざまに起こってくる症状《しょうじょう》の原因を特定することはできませんが、原因がわからないといって、なにもしないですますわけにもいきません。起こってくる症状に対して、「対症療法《りょうほう》」をおこなっていくはずです。

ぼくたちにはある程度の医学的常識の蓄積《ちくせき》があります。たとえば体温が下がれば免疫《めんえき》力が低下し、感染《かんせん》症にかかりやすくなります。ノドが赤く腫《は》れ、咳《せき》が出るようであれば、水分を十分とって安静にしています。体調不良の症状に合わせて、必要と思われる対処をしていきます。

テロも同じです。原因が完全にはわからなくても、人権が侵《おか》されたり、自由が奪《うば》われたり、将来や現状への絶望に苛《さいな》まれたり、生きるか死ぬかの瀬戸際《せとぎわ》に追《お》い込まれたりしたとき、暴力的過激主義が社会に出現することをぼくたちは経験則的に知っています。そうであれば、それらの原因を1つずつ解決していくことが重要です。

【B】

テロへの正しい理解、さらなる国際協力の強化に加え、もう1つ重要なことは、③真の意味で多様性を受け入れるという社会1人ひとりの姿勢です。最近、多様性という単語をいろいろな場面で聞くようになり、なんとな

ア　風知が一生懸命《いっしょうけんめい》に話していたのに最後まで聞いてもらえなかったから
イ　自分より大きい大人に自分の気持ちをぶつけるのが怖《こわ》かったから
ウ　風知が自分たちと一緒《いっしょ》に努力した結果を認めてもらえなかったから
エ　話をしているうちに気持ちが抑《おさ》えられなくなってしまったから

問七　（　⑦　）に入る言葉を本文中から二字でぬき出して答えなさい。

四　次の文章【A】【B】を読み、あとの問いに答えなさい。
（特に指示がない場合、句読点や記号は一字に数えます）

【A】

テロの目的にも、テロリストになる原因にも、テロの対処方法にも、さまざまな多様性があり、どれも画一的な説明ですますことはできません。テロが生み出される原因として、貧困《ひんこん》や教育の欠如《けつじょ》、差別、社会的不平等などがよく挙げられますが、もちろんそれらだけが原因ではありません。仮にこうした問題が解消されていたとしても、テロが起こらない保証はないのです。

①なぜ人はテロリストになるか、なぜテロ組織の影響《えいきょう》は一国の範囲《はんい》を超《こ》え、国際的な規模に拡大するのか、なぜ一定の地域を実効支配するほどの力を得るのか、その問いに明確に答える理論は存在しません。ぼくたちはわかりやすい答えを求めてしまいがちですが、現在、頻発《ひんぱつ》するテロの原因を解明し、それへの有効な対策を示し

問二 ——部②「おれ」の名前をフルネームで答えなさい。

問三 ——部③「ちがうだろ。そうじゃないだろ」とありますが、この時の「おれ」の気持ちとしてふさわしくないものを次の中から一つ選び、記号で答えなさい。

ア 結果のみを見て風知を評価しようとするおじさんに対して、過程も見て評価して欲しいと思っている

イ 風知たちの話を聞くことよりも、仕事を優先するおじさんに対して、最後まで話を聞くべきだと感じている

ウ 昨日一日の出来事について、熱心に語って聞かせる風知に対して、おじさんの態度に真剣《しんけん》さが感じられず、違和感《いわかん》を覚えている

エ おじさんにきちんと話ができない風知に対して、いらいらを隠《かく》せないのと同時に、友人として情けなさを感じている

問四 （④）に入る言葉を本文中から二字でぬき出して答えなさい。

問五 ——部⑤「あれ」とは何を指していますか。本文中から十一字でぬき出して答えなさい。

問六 ——部⑥「手がかってに目をぬぐっていた」とありますが、それはなぜですか。その理由としてふさわしくないものを次の中から一つ選び、記号で答えなさい。

しょぼくて、スッカスカで、ぜんぜん完璧《かんぺき》なんかじゃなくて。

それでも風知の――おれたちの卒業アルバムは、

「ちゃんと、すげえ価値があんだよ！」

その瞬間、視界がぐにゃりとゆがんでくずれた。

くそ。くそくそくそ。ごしごしと目をこする。

くやしかった。正面からにらみつけても、おれの背はまだ同じ目線には届かない。ガキみたいにわめきちらして、みっともなく泣いてるだけだ。

早く（ ⑦ ）になりたい。とつぜん、突《つ》きあげるようにそう思った。

（市川朔久子『よりみち３人修学旅行』より）

※課題：風知は遠くで暮らす父と会うにあたって、道中で出会う十人の写真とよせ書きを集めてくるという課題を父から与《あた》えられていた。

問一　――部①「おれと柊は朝食の片づけを買って出て」とありますが、彼らがそのようにした理由を説明した次の文の（　）に入る言葉を本文中から二十一字でぬき出して答えなさい。

風知とおじさんに（　二十一字　）してほしいから。

「あるよ、（　④　）なら。ちゃんとあるよ、そこに。あれが（　④　）だよ！」

顔をにらんだままテーブルを指さす。卒業アルバムが開いたまま置いてある。おじさんの目が一瞬、とまどったようにゆれた。

「ちゃんと見ろよ。頼むからちゃんと見てくれよ。ぜんぶ入ってるんだよ、⑤あれには。この一日、おれたちの見たものとかやったこととか、いろんなもんがぜんぶ――九人分でも、ひとり足りなくても、書いてなくても、見えなくても、あの二ページに、ぜんぶぜんぶ、入ってんだよ！」

言いながらだんだん声がでかくなる。柊と風知がびっくりしたような顔で聞いている。

「こいつが、必死で集めたんだよ。どんだけすげえかわかってんのかよ、それが。十人じゃなかったらなんだって言うんだよ。大人なのにそんなこともわかんないのかよ。そりゃおれらはクリアできなかったよ、課題も、修学旅行も。卒業アルバムだって、ぜんぶ写ってればよかったよ。それがベストだよ。そんなのわかってるよ、おれらがいちばんよくわかってる」

息がはずんだ。頬《ほお》が熱い。

「でもさ、そうじゃなきゃだめなのかよ。ぜんぶパーフェクトじゃなきゃだめなのかよ。ちょっとしか写ってなくても、写ってないとこがほとんどでも、でも、写ってないってことが写ってんだよ。それがどういうことかわかるかよ。かってに決めんじゃねえよ。子どもだからってバカにすんなよ、こっちだって人生かかってんだよ」

⑥手がかってに目をぬぐっていた。くそ、まじか。なんでぬれてんだよ。

「それを、かんたんに『結果』とか言ってんじゃねえよ。かってに切り捨ててんじゃねえよ。冗談《じょうだん》じゃない、あれは――」

からりと襖が開いておじさんが出てきた。ネクタイをしめながら忙しく部屋のなかを歩きまわる。もうアルバムには目もくれない。

「……あの、お父さん、つづきは」

「うん、話はだいたいわかった。聞かせてもらってよかった。いろいろあったんだな、昨日は。大崎君も、高峰《たかみね》君も、手伝ってくれてありがとう。君たちがいてくれたから、彼《かれ》もがんばれたんだと思う。お礼を言うよ」おれたちにうなずきかける。「でも風知。これが、おまえの出した結果だ」あごの先で示してみせる。

風知がしおれるように下を向いた。

「過程はどうあれ、結果がすべてだ。わかるな？」

「……はい」

消え入りそうに小さな声だった。

その瞬間《しゅんかん》、かっと頭が熱くなった。

③ちがうだろ。そうじゃないだろ。

でもなにがどうちがうのか言葉にできなかった。ぐっと手をにぎりしめる。

「みんな、ばたばたしてごめん。ほんとに悪いと思ってる。でも会えてよかった。これからも彼をよろしく頼《たの》むよ。風知、家を出るときまた電話して――」

かばんを持って玄関《げんかん》に向かう。反射的に足が動いた。

「待ってくれよ！」

腕《うで》を広げて行く手をさえぎる。おじさんは驚《おどろ》いて足を止めた。

「大崎くん？　どう――」

「うおっ」

「天馬、なにやって……」

――リリリリリ、リリリリリ

そのとき携帯の着信音が鳴った。おじさんのだった。急いで出る。

「はい、手塚《てづか》で――あっ、どうもお世話になっております。はい、――え？　はい」

身を乗りだして書類に手をのばし、忙《いそが》しくめくりはじめる。

――やれやれ、また中断か。

最後の一枚をすすぎ終えて水を止めたとき、おじさんの電話も終わった。

「みんな、悪いんだけど」言いながら席を立つ。

「え。……もう行っちゃうの？」

「すまん。急な呼びだしなんだ。断れない」

あわただしく出かける準備を始める。

そんな、これからがいいとこなのに。

だってこのあとおれたち、ロケ隊に遭うんだぞ？　撮影《さつえい》にも交じっちゃうんだぞ？　芸能人にサインももらって、それから神社に行って、ガッキーたちと石段で勝負を――。

おじさんは着《き》替《が》えるため、ぴしゃりと襖《ふすま》を閉めてしまった。

風知がしょんぼりと下を向いた。開いたページには、昨日集めたたくさんの寄せ書きがこっちを見あげている。そういえば神社の禰宜《ねぎ》さんに書いてもらったやつ、今でもなんて読むのかわからない。それも聞いてみたかったのに。

お。風知のやつ、あのヘンタイのおっさんのとこは飛ばすのか。まあ、それもそうか。めちゃくちゃ怒《おこ》られそうだもんな。

「駅の階段に小さい女の子がいて、しいちゃんっていうんだけど」

そうだったそうだった。あいつ、ほんとに手に負えなかった。ぎゅっとしがみつかれた小さい腕《うで》を思いだす。あとでコピーもらったら、あいつのサイン、どうしよう。あのぐちゃぐちゃ書き、やっぱり貼《は》ったほうがいいだろうか、おれのアルバムにも。

そうだ。おれのアルバム、帰ったらさっそく引っぱりださなくちゃな。

「お母さんがね、荷物多くてすごーくたいへんそうだったんだ。ひとりきりで。だからぼくたちベビーカーを――」

そこでおじさんがコーヒーをすする。

「ああ、電車に乗るのにそんなもの持って。あとで困るのはわかるだろうに」

「で、でも、すごく喜んでくれたよ。お礼にって、アメリカンドッグ買ってくれた」

「ふうん。そういえばスタンドがあるな、あの駅に」

「そう、それ！ すごくおいしかった。そのお母さん、親切だったよ。ぼくたちにも、知らない人に声をかけるならお店や駅の人にしなさいって言ってくれて」

「やれやれ。母親ってのはみんなそうだな。あれも危ない、これも危ないって。困ったもんだ。第一、男の子だろう、もう中学生の。どんな危ない目に遭《あ》うっていうのやら」

おれはとっさにふり返った。

「あ、あのっ、でもおれたち昨日――」びしゃっと蛇口《じゃぐち》の水がシャツにはねる。

おじさんはいっときだまって、「わかった」と言った。

「最初は、断られたんだ。電車のなかで会ったおばあさんたちだったんだけど――」

風知はアルバムを開いて、昨日からの出来事をひとつひとつ話していく。①おれと柊《しゅう》は朝食の片づけを買って出て、流しで皿を洗いながら背中でそれを聞いている。

特急を降りた駅の、駅員さんの敬礼がかっこよかったこと。スタンプも押《お》してくれたこと。

風知は携帯《けいたい》を開いて、ちゃんと写真も見せながら説明する。

祭り会場のかき氷屋のお姉さんは、『ギョーカイのひみつ』を教えてくれた。「ほんとにそうだと思う？　お父さん。あのシロップ、同じ味かな」「さあ、どうだろう。あんがい、そうかもしれないな」風知の声がなんとなくはずんでいる。②おれと柊は、時間をかけてうんとゆっくり皿を洗う。

「ねえお父さん、これどういう意味かな。すべての味があなたを喜ばせますって」

そういえば昨日そんなので大笑いしたっけ。グラスをすすぎながら、おれはあのときちらっとのぞいたお姉さんのおっぱいを思いだしていた。

「天馬、なににやけてんの」

「べっ、べつに」

風知とおじさんは一冊のアルバムを前にして、ひさしぶりに会った親子らしく、なかよく会話している。聞きながら、おれも嬉《うれ》しかった。よかった。しかられて気まずいままになるんじゃなくて。だって、せっかく会いに来たんだもんな。こんな遠くまで。

「えっと、それからぼくたち、つぎの駅に行ってね――」

2　次の漢字の部首名を選び、記号で答えなさい。

①　割　（ア　うかんむり　イ　なべぶた　ウ　くち　エ　りっとう）

②　領　（ア　れんが　イ　いち　ウ　おおがい　エ　かい）

③　術　（ア　ぎょうがまえ　イ　ぎょうにんべん　ウ　きへん　エ　にんべん）

④　導　（ア　しんにょう　イ　すん　ウ　くさかんむり　エ　くび）

三　次の文章を読み、あとの問いに答えなさい。

（特に指示がない場合、句読点や記号は一字に数えます）

「風知《ふうち》、帰りの電車は何時だったかな」

風知がごくんと口の中のものを飲みこむ。

「お昼ごろだよ。夕方には帰りつけるように。……お父さん、仕事？」

「うん、いや――」

「行ってもいいよ。ぼくたちだいじょうぶだから。ちゃんと自分たちで駅まで行けるよ、昨日だってずっとそうしてたし。――でも」そこで息つぎするようにちょっと間を置く。

「アルバム、見てくれない？　行っちゃう前に。※課題がまにあわなかったのはわかってる。でも、見てほしいんだ。ぼくたちが昨日、どんな人に会って、どんなこと書いてもらったか。どんなことがあって、どんなふうにがんばったか。それを聞いてほしい」

二〇二二年度 藤嶺学園藤沢中学校

【国　語】〈二科入試〉（五〇分）〈満点：一〇〇点〉

一　次の①～⑧の――線の漢字はひらがなに、カタカナは漢字に直しなさい。

①　異なる文化　　②　トマトが成熟する

③　戦力を補強する　　④　穀物の取引

⑤　コウチャを味わう　　⑥　ホウソウ紙を買う

⑦　セイザを探す　　⑧　ヨクジツの準備

二　次の１・２のそれぞれの問いに答えなさい。

１　次の□に入る字をア～エから一つずつ選び、記号で答えなさい。

①　□日常　　②　□親切　　③　□成年　　④　□価値

ア　不　　イ　無　　ウ　非　　エ　未

2022年度

藤嶺学園藤沢中学校 ▶解　答

※　編集上の都合により，２科試験の解説は省略させていただきました。

算　数　＜２科入試＞（50分）＜満点：100点＞

解　答

1 (1)　103　(2)　$\frac{7}{40}$　(3)　7　(4)　$1\frac{1}{4}$　(5)　410000　2 (1)　90　(2)　12　(3)　44　(4)　4　(5)　9　(6)　10　(7)　110　(8)　270.04　3 (1)　5　(2)　④，20通り　4 (1)　11　(2)　80　5 (1)　18.84　(2)　14

国　語　＜２科入試＞（50分）＜満点：100点＞

解　答

一 ①　こと(なる)　②　せいじゅく　③　ほきょう　④　こくもつ　⑤～⑧　下記を参照のこと。　二 **1**　①　ウ　②　ア　③　エ　④　イ　**2**　①　エ　②　ウ　③　ア　④　イ　三 **問1**　ひさしぶりに会った親子らしく，なかよく会話　**問2**　大崎天馬　**問3**　エ　**問4**　結果　**問5**　おれたちの卒業アルバム　**問6**　イ　**問7**　大人　四 **問1**　心理的ダメージ　**問2**　冷静さとテロへの正しい理解　**問3**　エ　**問4**　自分にとっての異端を受け入れる(必要があるから)　**問5**　失望　**問6**　過激化　**問7**　排除

●漢字の書き取り

一 ⑤　紅茶　⑥　包装　⑦　星座　⑧　翌日

Memo

2021年度　藤嶺学園藤沢中学校

〔電　話〕　0466(23)3150
〔所在地〕　〒251－0001　神奈川県藤沢市西富１－７－１
〔交　通〕　JR東海道線―藤沢駅より徒歩15分
　　　　　　小田急江ノ島線―藤沢本町駅より徒歩15分

【算　数】〈２科・４科入試第１回〉(50分)〈満点：100点〉

(注意事項) １．**1**～**3**は解答のみ，**4**・**5**は途中の式も書きなさい。
　　　　　２．円周率を使う場合は，3.14で計算しなさい。

1　□にあてはまる数を答えなさい。

(1)　$\left(\frac{1}{2}-\frac{1}{3}\right)+\left(\frac{1}{3}-\frac{1}{4}\right)+\left(\frac{1}{4}-\frac{1}{5}\right)=\square$

(2)　$4.6\times22+5.4\times22=\square$

(3)　$2\times\frac{5}{6}+\frac{1}{3}\div\square=3$

(4)　$\left(\frac{1}{2}\div2-\square\times\frac{1}{3}\right)\times12=1$

(5)　3 時間 20 分 21 秒 ＝□ 秒

2　次の問いに答えなさい。

(1)　30 と 21 の最小公倍数を答えなさい。

(2)　原価 250 円の商品を 20％の利益を見込《みこ》んで定価を付けたら 50 個すべて売れました。もうけはいくらですか。

(3)　秒速 8 m で走る乗り物が 10 km 走ったときにかかる時間は何分何秒ですか。

(4)　1 本 50 cm のテープ 20 本をのりしろ 2 cm でつなげて 1 つの長いテープにしました。できあがったテープの長さは何 m ですか。

(5)　あるお菓子《かし》は３個入りの袋《ふくろ》で買うと140円、８個入りの袋で買うと370円です。このお菓子をなるべく安い金額で50個買うといくらになりますか。

(6)　時計の針が９時50分を指しています。長針と短針の間の角の大きさは何度ですか。

(7)　３％の食塩水150 g に水50 g を加えました。この食塩水の濃度《のうど》は何％ですか。

(8)　図の斜線《しゃせん》部分の面積は何 cm² ですか。

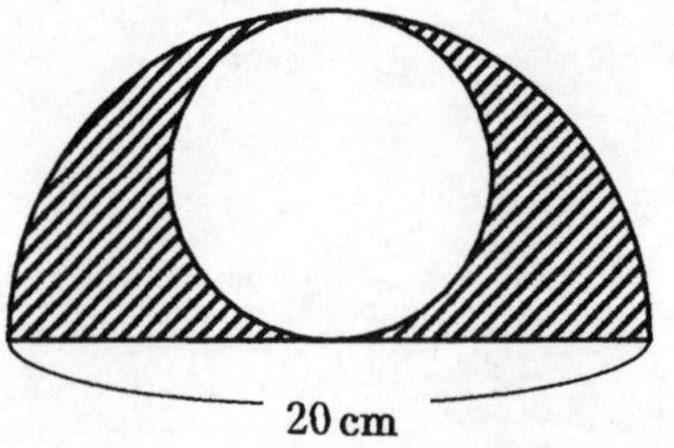

3　表１は、 A～J の10個のアルファベットに０～９の10個の数字を１つずつ対応させたものです。C には３, I には７が対応しています。また、表２はアルファベット同士の関係を、式に表したものです。計算結果が２けたの数のときは［ ］を用いて表しています。式①の［HB］は、H が十の位、B が一の位を表しています。このとき、次の問いに答えなさい。

表１

アルファベット	A	B	C	D	E	F	G	H	I	J
対応させた数			3						7	

表２

式①	C＋I＝［HB］
式②	A×A×A＝E
式③	E×I＝［FD］
式④	F＋G＝J

(1)　H に対応する数字を答えなさい。

(2)　E に対応する数字を答えなさい。

(3)　４に対応するアルファベットを答えなさい。

4　図のような縦 30 cm，横 40 cm，高さ 30 cm の空の水そうに、底面積が 200 cm^2 の直方体のおもりが入っています。この水そうに一定の割合で水を入れていきました。途中《とちゅう》で水の入れる割合をはじめの２倍にすると、水を入れ始めてからちょうど 20 分で水そうがいっぱいになりました。グラフはそのときの様子を表しています。このとき、次の問いに答えなさい。

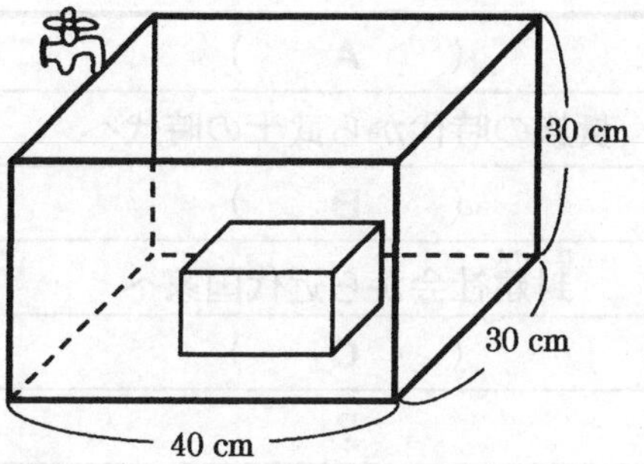

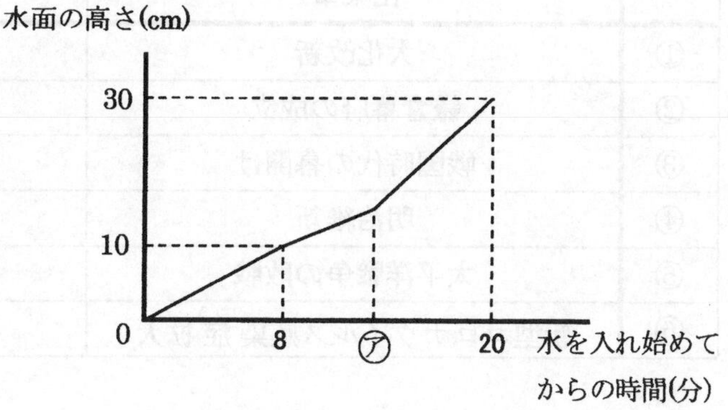

(1)　はじめは毎分何Ｌの割合で水を入れましたか。

(2)　グラフの㋐に入る数を答えなさい。

5　１両 20 m の車両がつながっています。15 両の列車Ａが、長さ 1.5 km のトンネルに列車の最前部が入ってから列車の最後部が出てくるまでに 100 秒かかりました。また、10 両の列車Ｂが反対方向から走ってきた列車Ｃと出会ってからすれ違《ちが》い終わるまでに 10 秒かかりました。このとき、次の問いに答えなさい。ただし、どの列車も同じ速さで走っているものとします。

(1)　列車の速さは時速何 km ですか。

(2)　列車Ｃは何両ですか。

【社　会】〈2科・4科入試第1回〉 (40分) 〈満点：70点〉

1 日本の歴史は、世の中の大きな変化を経《へ》ながらすすんできました。次の表は、そうした大きな変化となったできごとについてまとめたものです。この表を見ながら、あとの問いに答えなさい。

	出来事	世の中の変化
①	大化改新	（　**A**　）
②	鎌倉幕府の成立	貴族の時代から武士の時代へ
③	戦国時代の幕開け	（　**B**　）
④	明治維新	封建《ほうけん》社会から近代国家へ
⑤	太平洋戦争の敗戦	（　**C**　）
⑥	新型コロナウイルス感染症《しょう》拡大	?

問1　表中の空欄《らん》**A**~**C**にあてはまる文章を次の中からそれぞれ選び、記号で答えなさい。

ア．民主主義の社会へ　　　イ．中央集権国家の建設へ

ウ．社会主義の体制へ　　　エ．実力主義の時代へ

問2　①について、これより前の時代に、推古天皇の甥《おい》で憲法十七条などを制定し、天皇中心の国づくりをすすめたのは誰《だれ》ですか。

問3　①のできごとのきっかけとなった事件で滅《ほろ》ぼされた一族は何氏ですか。

問4　②について、源頼朝が征夷大将軍に就任したのは西暦《れき》何年ですか。

問5　②に関連して、平清盛が就任したことのある役職を次の中から1つ選び、記号で答えなさい。

ア．摂政　　イ．関白　　ウ．太政大臣　　エ．征夷大将軍

問6　③は1467年に始まった戦乱がきっかけと考えられています。その戦乱とは何ですか。

問7　③に関連して、1590年に小田原の北条氏を倒《たお》して、戦乱の世を終わらせたのは誰ですか。

問８　④以降のできごととして**誤《あやま》っているもの**を、次の中から１つ選び、記号で答えなさい。

ア．廃藩置県の実施《じっし》　　イ．鹿鳴館の建設

ウ．日米修好通商条約の調印　　エ．大日本帝国憲法の公布

問９　④において主導的な役割を果たした西郷隆盛、桂小五郎の出身藩《はん》を次の中からそれぞれ選び、記号で答えなさい。

ア．土佐　　イ．長州　　ウ．薩摩　　エ．肥前

問10　④の目的は豊かで強い国をつくることでした。これに関連して、

⑴北海道におかれた、開拓《かいたく》とロシアへの備えを目的とした兵を何といいますか。

⑵年貢にかわるものとして、地主が負担することになった税金を何といいますか。

問11　⑤に至るまでの戦争の経過を記した次のア～エの文を**起きた順番に**並べかえて、記号で答えなさい。

ア．連合国がポツダム宣言を発表　　イ．長崎に原爆投下

ウ．広島に原爆投下　　エ．沖縄全土で戦闘《せんとう》

問12　⑤以降のできごととして**誤《あやま》っているもの**を、次の中から**２つ**選び、記号で答えなさい。

ア．朝鮮戦争が始まる　　イ．八幡製鉄所が設立される

ウ．国際連盟が結成される　　エ．サンフランシスコ平和条約が結ばれる

オ．ベルリンの壁《かべ》が築かれる

2 次の地図中の**A**～**E**は、いくつかの戦争に関する遺跡の所在地を示《しめ》しています。また、以下の文**A**～**E**は、所在地**A**～**E**を説明したものです。これらを見ながら、あとの問いに答えなさい。

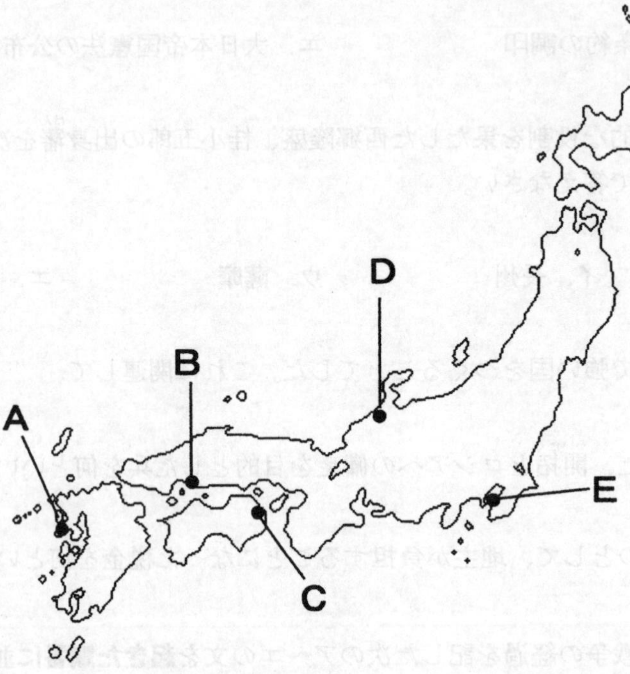

A　古くから、外国への玄関《げんかん》口として発展してきた都市です。江戸時代には、国内唯一《ゆいいつ》の貿易港があり、今でも異国情緒《じょうちょ》のある街並みが見られ、観光地として人気があります。

B　①河口付近で土砂が堆積《たいせき》し、川が分流してできた平野に広がる都市です。また、この都市は地域の中核《ちゅうかく》都市でもあります。

C　この都市は、大鳴門橋で（　②　）島と結ばれており、この橋の下は激しい渦潮《うずしお》が発生することで知られています。

D　江戸時代から栄えており、現在は県庁所在地になっている都市です。夏には③山を越《こ》えて吹《ふ》き下ろす暖かく乾いた風によって気温が高くなる現象が見られます。

E　（　④　）半島と房総半島を入口として、太平洋に面した湾です。毎日、タンカーやコンテナ船など多くの船舶《せんぱく》が通航しています。

問１　地図中**Ａ～Ｅ**の遺跡名を次の中からそれぞれ選び、記号で答えなさい。

ア．東京湾要塞《ようさい》跡　　イ．原爆ドーム　　ウ．長崎原爆遺跡

エ．板東俘虜《ふりょ》収容所跡《あと》　　オ．旧金沢陸軍兵器支廠《ししょう》　　カ．大阪城公園地下壕《ごう》跡

※俘虜：戦争において敵方に捕《とら》えられた者のこと
※兵器支廠：兵器の購入・保管・支給・修理などを行う官営工場

問２　説明文**Ａ・Ｂ**の都市で盛んな工業を次の中からそれぞれ選び、記号で答えなさい。

ア．自動車　　イ．繊維《せんい》　　ウ．セメント

エ．薬品　　オ．造船

問３　説明文**Ｂ**の都市を含《ふく》む、関東から九州にいたる、帯状に連なる工業地帯・地域のことを何といいますか。

問４　下線部①のような地形を何といいますか。

問５　空欄②・④にあてはまる言葉をそれぞれ答えなさい。

問６　下線部③を何といいますか。

問７　近年、戦争遺跡を保存・活用しようとする動きが全国で活発化しています。その理由として**ふさわしくないもの**を次の中から１つ選び、記号で答えなさい。

ア．戦争の記憶《きおく》を風化させないようにするため。

イ．保存整備により、国防に利用するため。

ウ．新たな観光資源として活用するため。

エ．地域のたどってきた歴史を再認識していくため。

3 次の図は、日本の行政機構の一部を示したものです。あとの問いに答えなさい。

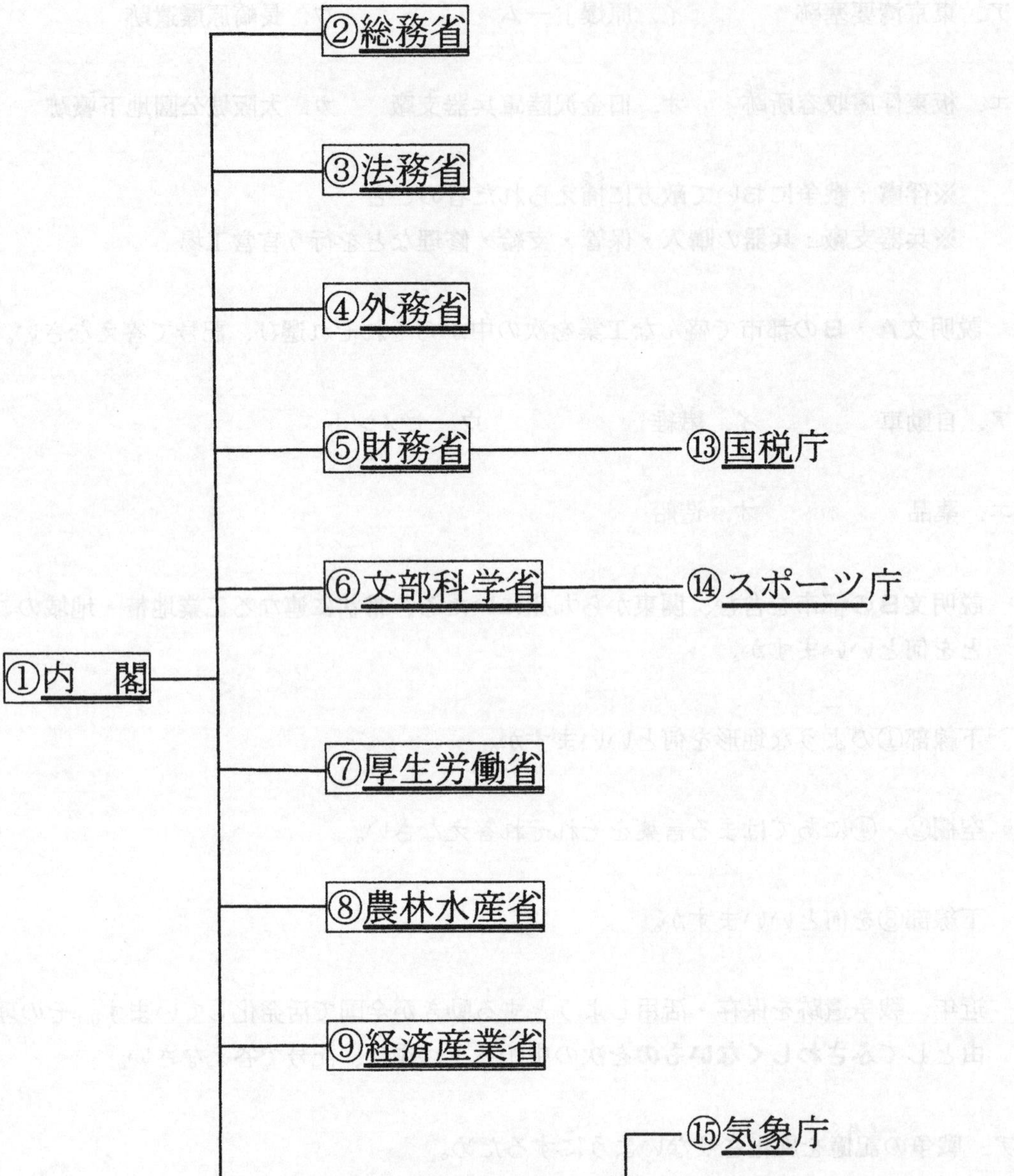

問1　下線部①について、内閣総理大臣の権限として**誤っているもの**を次の中から1つ選び、記号で答えなさい。

ア．他の国務大臣を任命・罷免《ひめん》する権限

イ．内閣を代表し、自衛隊を指揮監督する権限

ウ．予算を議決する権限

エ．閣議を開く権限

問2　下線部①について、正しいものを次の中から1つ選び、記号で答えなさい。

ア．内閣総理大臣は、国会議員から選ばなくてもよい。

イ．国務大臣の過半数は国会議員でなくてもよい。

ウ．内閣は、衆議院を解散することができない。

エ．内閣は国会に対して連帯して責任を負う。

問3　下線部②では、国民の利便性を高め、公平・公正な社会を実現することを目的として、国内に住民登録のある全ての人に12桁《けた》の個人番号を付けました。この制度を何といいますか。**カタカナ**で答えなさい。

問4　下線部③の説明として、正しいものを次の中から1つ選び、記号で答えなさい。

ア．教育・学問・芸術や文化・スポーツに関する行政機関。

イ．国民の健康増進・社会保障の充実《じゅうじつ》・失業対策などを行う行政機関。

ウ．道路やダム建設などの整備や、気象業務などを行う行政機関。

エ．出入国の管理・審査《しんさ》や国民の権利を守ることなどを行う行政機関。

問5　下線部④について、政府や政府関係機関が途上《とじょう》国の発展のために資金や技術を提供することを何といいますか。次の中から１つ選び、記号で答えなさい。

ア．ＯＤＡ　　イ．ＮＧＯ　　ウ．ＦＴＡ　　エ．ＩＯＣ

問6　下線部⑤について、日本の２０２０年度一般会計予算で最も多く歳出している項目《こうもく》を次の中から１つ選び、記号で答えなさい。

ア．防衛費　　イ．公共事業費　　ウ．地方交付税交付金　　エ．社会保障費

問7　下線部⑥について、昨年（2020年）、日本のスーパーコンピュータが、スパコンランキング（TOP500）において世界第１位を獲得《かくとく》しました。このコンピュータの名前を次の中から１つ選び、記号で答えなさい。

ア．京　　イ．兆　　ウ．富岳　　エ．風洞

問8　下線部⑦について、日本では労働基準法によって労働時間が決められています。１日の労働時間は原則として何時間までですか。

問9　下線部⑧について、農産物の関税撤廃《てっぱい》など経済の自由化を目的とした、環《かん》太平洋地域の国々による経済協定を何といいますか。**アルファベット３字**で答えなさい。

問10　下線部⑨について、日本は原油を海外からの輸入に依存《いぞん》しています。原油の最大の輸入先を次の中から１つ選び、記号で答えなさい。

ア．オーストラリア　　イ．アラブ首長国連邦

ウ．アメリカ　　エ．サウジアラビア

問11　下線部⑩では、２０２７年に東京と名古屋間の開通をめざし、リニアモーターカーの路線計画を進めています。このリニアモーターカーは何の力を利用して進みますか。次の中から１つ選び、記号で答えなさい。

ア．水素　　イ．磁気　　ウ．窒素《ちっそ》　　エ．ウラン

問 12　下線部⑪に関連して、足尾銅山鉱毒事件の時、天皇に直訴《じきそ》状を掲《かか》げて農民らの窮状《きゅうじょう》を訴《うった》えた人物の名前を答えなさい。

問 13　下線部⑫に関連して、次の（　　　）にあてはまる言葉を入れ、「非核三原則」を完成させなさい。

「核兵器を、もたず、つくらず、（　　　　　）」

問 14　下線部⑬について、日本では所得（収入）の多い人ほど税率が高くなる仕組みを採用しています。この制度を何といいますか。

問 15　下線部⑭について、１９６４年、アジアで最初のオリンピックが開催《かいさい》された都市を答えなさい。

問 16　下線部⑮について、気圧の単位として正しいものを次の中から１つ選び、記号で答えなさい。

ア．ヘクトパスカル　　　イ．ミリシーベルト

ウ．デシベル　　　エ．ギガバイト

問 17　下線部⑯について、２０１９年に日本を訪れた外国人観光客は、どこの国からの観光客がもっとも多かったですか。次の中から１つ選び、記号で答えなさい。

ア．アメリカ　　　イ．中国　　　ウ．フランス　　　エ．イギリス

問 18　下線部⑰について、２０１９年現在、原子力発電所として**稼働《かどう》していないもの**を、次の中から１つ選び、記号で答えなさい。

ア．関西電力大飯発電所　　　イ．関西電力高浜発電所

ウ．九州電力玄海原子力発電所　　　エ．東京電力福島第一原子力発電所

【理　科】〈2科・4科入試第1回〉（40分）〈満点：70点〉

1

A

つぎの①～⑨に示したように，豆電球と乾《かん》電池を組み合わせて豆電球が点灯する回路をいくつか作りました。豆電球や乾電池はすべて新品で同じものを使い，豆電球が２つの回路では２つとも同じ明るさで点灯しました。明るさを比べる場合はそのうちの一方と比べます。あとの問いに答えなさい。

①　豆電球１つと，乾電池１つをつなぐ
②　豆電球２つを並列にし，乾電池１つにつなぐ
③　豆電球２つを直列にし，乾電池１つにつなぐ
④　豆電球１つと，乾電池２つを並列にしたものをつなぐ
⑤　豆電球１つと，乾電池２つを直列にしたものをつなぐ
⑥　豆電球２つを直列にし，乾電池２つを直列にしたものをつなぐ
⑦　豆電球２つを直列にし，乾電池２つを並列にしたものをつなぐ
⑧　豆電球２つを並列にし，乾電池２つを直列にしたものをつなぐ
⑨　豆電球２つを並列にし，乾電池２つを並列にしたものをつなぐ

(1) 回路①②③の豆電球の明るさについて正しく述べているのはどれですか。つぎの**ア～カ**から選び，記号で答えなさい。

ア　回路①と回路②の豆電球はほぼ同じ明るさで，回路③の豆電球はそれらより暗い
イ　回路①と回路②の豆電球はほぼ同じ明るさで，回路③の豆電球はそれらより明るい
ウ　回路①と回路③の豆電球はほぼ同じ明るさで，回路②の豆電球はそれらより暗い
エ　回路①と回路③の豆電球はほぼ同じ明るさで，回路②の豆電球はそれらより明るい
オ　回路②と回路③の豆電球はほぼ同じ明るさで，回路①の豆電球はそれらより暗い
カ　回路②と回路③の豆電球はほぼ同じ明るさで，回路①の豆電球はそれらより明るい

(2) 回路①②③の乾電池の減り方について正しく述べているのはどれですか。つぎの**ア～カ**から選び，記号で答えなさい。

ア　回路①が最も減り方がおそく，回路②が最も減り方が速い
イ　回路①が最も減り方がおそく，回路③が最も減り方が速い
ウ　回路②が最も減り方がおそく，回路③が最も減り方が速い
エ　回路②が最も減り方がおそく，回路①が最も減り方が速い
オ　回路③が最も減り方がおそく，回路①が最も減り方が速い
カ　回路③が最も減り方がおそく，回路②が最も減り方が速い

(3) 回路①④⑤の豆電球の明るさについて正しく述べているのはどれですか。つぎの**ア**～**カ**から選び，記号で答えなさい。

ア　回路①と回路④の豆電球はほぼ同じ明るさで，回路⑤の豆電球はそれらより暗い
イ　回路①と回路④の豆電球はほぼ同じ明るさで，回路⑤の豆電球はそれらより明るい
ウ　回路①と回路⑤の豆電球はほぼ同じ明るさで，回路④の豆電球はそれらより暗い
エ　回路①と回路⑤の豆電球はほぼ同じ明るさで，回路④の豆電球はそれらより明るい
オ　回路④と回路⑤の豆電球はほぼ同じ明るさで，回路①の豆電球はそれらより暗い
カ　回路④と回路⑤の豆電球はほぼ同じ明るさで，回路①の豆電球はそれらより明るい

(4) 回路⑥⑦⑧⑨の中で，豆電球が最も明るく点灯した回路はどれですか。つぎの**ア**～**エ**から選び，記号で答えなさい。

ア　回路⑥　　**イ**　回路⑦　　**ウ**　回路⑧　　**エ**　回路⑨

(5) 回路⑥⑦⑧⑨の中で，豆電球が最も暗く点灯した回路はどれですか。つぎの**ア**～**エ**から選び，記号で答えなさい。

ア　回路⑥　　**イ**　回路⑦　　**ウ**　回路⑧　　**エ**　回路⑨

(6) 回路⑥⑦⑧⑨の中で，豆電球が同じ明るさで点灯した回路はどれとどれですか。つぎの**ア**～**カ**から選び，記号で答えなさい。

ア　回路⑥と回路⑦　　**イ**　回路⑦と回路⑧　　**ウ**　回路⑧と回路⑨
エ　回路⑦と回路⑨　　**オ**　回路⑥と回路⑨　　**カ**　回路⑥と回路⑧

(7) 回路⑥⑦⑧⑨の中で，乾電池の減り方が最も速い回路はどれですか。つぎの**ア**～**エ**から選び，記号で答えなさい。

ア　回路⑥　　**イ**　回路⑦　　**ウ**　回路⑧　　**エ**　回路⑨

(8) 回路⑥⑦⑧⑨の中で，乾電池の減り方が最もおそい回路はどれですか。つぎの**ア**～**エ**から選び，記号で答えなさい。

ア　回路⑥　　**イ**　回路⑦　　**ウ**　回路⑧　　**エ**　回路⑨

(9) 回路⑥⑦⑧⑨の中で，電池の減り方が同じ回路はどれとどれですか。つぎの**ア**～**カ**から選び，記号で答えなさい。

ア　回路⑥と回路⑦　　**イ**　回路⑦と回路⑧　　**ウ**　回路⑧と回路⑨
エ　回路⑦と回路⑨　　**オ**　回路⑥と回路⑨　　**カ**　回路⑥と回路⑧

(10) 回路②～回路⑨の中で，回路①の豆電球と同じ明るさで点灯した回路は回路①のほかにいくつありますか。つぎの**ア**～**ク**から選び，記号で答えなさい。

ア　1つ　　**イ**　2つ　　**ウ**　3つ　　**エ**　4つ
オ　5つ　　**カ**　6つ　　**キ**　7つ　　**ク**　8つ

B

ものの温まり方や熱の伝わり方について以下の問いに答えなさい。

(11) 水や空気を温めると，温まった空気や水が上へ，冷たい空気や水が下へ移動し全体が温まっていきます。このような熱の伝わり方を何と言いますか。つぎの**ア～エ**から選び，記号で答えなさい。

ア 伝導　**イ** 対流　**ウ** 放射　**エ** 熱流

(12) 金属の一部を熱すると，やがて金属全体が熱くなります。このような熱の伝わり方を何と言いますか。つぎの**ア～エ**から選び，記号で答えなさい。

ア 伝導　**イ** 対流　**ウ** 放射　**エ** 熱流

(13) 太陽の光があたり続けると物が熱くなります。このような熱の伝わり方を何と言いますか。つぎの**ア～エ**から選び，記号で答えなさい。

ア 伝導　**イ** 対流　**ウ** 放射　**エ** 熱流

(14) 銀，銅，鉄を熱が伝わりやすい順に並べるとどうなりますか。つぎの**ア～カ**から選び，記号で答えなさい。

ア 鉄，銀，銅　**イ** 鉄，銅，銀　**ウ** 銀，鉄，銅
エ 銀，銅，鉄　**オ** 銅，銀，鉄　**カ** 銅，鉄，銀

(15) 日光によって物が温まるとき，色によって温まり方がちがいます。とう明，白，黒を温まりやすい順に並べるとどうなりますか。つぎの**ア～カ**から選び，記号で答えなさい。

ア 黒，白，とう明　**イ** 黒，とう明，白　**ウ** 白，黒，とう明
エ とう明，黒，白　**オ** 白，とう明，黒　**カ** とう明，白，黒

2

A

昨年の7月1日から日本ではレジぶくろの有料化が始まりました。これはプラスチックごみを減らすための取り組みのひとつです。以前プラスチックごみは，外国で処理をしてもらっていました。しかし，プラスチックごみが日本から持ちこまれていた国々も処理ができなくなってしまったために，日本国内で処理せざるを得なくなってしまったのです。日本国内でのプラスチックごみの処理は主にサーマルリサイクルといって，プラスチックをペレットという小さなつぶにして，石油や石炭の代わりに燃料として使うものです。

つぎの（1）～（6）の文の空らんに当てはまる語句を，あとの**ア・イ**から選び，記号で答えなさい。

(1) プラスチックは燃やすと二酸化炭素が出る。この記述は（　　）。

ア 正しい　**イ** 誤り

(2) ペットボトルなどのプラスチックは，び生物によって分解されやすい。この記述は（　　）。

ア　正しい　　　**イ**　誤り

(3) レジぶくろに使われているプラスチックはおもにポリエチレンというものです。これはペットボトルに使われているプラスチックと同じものです。この記述は（　　）。

ア　正しい　　　**イ**　誤り

(4) 最近，ニュースなどで耳にするマイクロプラスチックはプラスチックとは別のものである。この記述は（　　）。

ア　正しい　　　**イ**　誤り

(5) ペットボトルのキャップとボトルは異なる種類のプラスチックである。この記述は（　　）。

ア　正しい　　　**イ**　誤り

(6) ペットボトルに熱を加えるとやわらかくなり，変形する。この記述は（　　）。

ア　正しい　　　**イ**　誤り

B

あえんは塩酸と反応して水素を発生します。あえんの重さと塩酸の体積をいろいろ変えて実験したものをまとめたものがつぎの表です。あとの問いに答えなさい。なお，実験で使用した塩酸はすべて同じこさのものです。

	あえんの重さ (g)	塩酸の体積 (mL)	発生した気体の体積 (mL)
１回目	0.10	8	35
２回目	0.20	8	70
３回目	0.30	8	100
４回目	0.40	10	125
５回目	0.50	10	125

(7) １回目の実験であえんと塩酸ではどちらかが反応せずに残っていました。残ったものはどちらですか。つぎの**ア・イ**から選び，記号で答えなさい。

ア　あえん　　　　**イ**　塩酸

(8) ４回目の実験であえんと塩酸ではどちらかが反応せずに残っていました。残ったものはどちらですか。つぎの**ア・イ**から選び，記号で答えなさい。

ア　あえん　　　　**イ**　塩酸

(9)　５回目の実験のあと，塩酸をじゅうぶんに加えると発生する水素の体積はどれだけですか。つぎの**ア**～**エ**から選び，記号で答えなさい。

ア　25 mL　　　**イ**　35 mL　　　**ウ**　50 mL　　　**エ**　175 mL

(10)　３回目の実験であえんと塩酸ではどちらかが反応せずに残っていました。残ったあえんか塩酸をすべて反応させて水素をさらに発生させるにはどうしたらよいですか。つぎの**ア**～**オ**から選び，記号で答えなさい。

ア　あえんを 0.05 g 加える
イ　あえんを 0.10 g 加える
ウ　あえんを 0.15 g 加える
エ　塩酸を 0.2 mL 加える
オ　塩酸を 0.4 mL 加える

3

A

植物の蒸散について調べるために，つぎのような実験をしました。この実験について，あとの問いに答えなさい。

（実験）

ある植物の新しい小枝，試験管，ワセリン，油を用いて，全ての試験管に 45 cm^3 の水を入れて次のA～Eをつくり，日光の当たる量や温度は同じ条件のところに置きました。それぞれの小枝についている葉の面積は全て等しく，くきの表面積も全て等しいとします。また，ワセリンと油は水および空気を通しません。

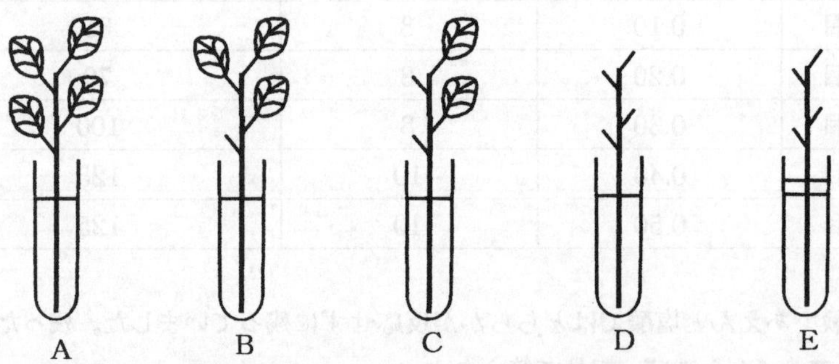

A　４枚の葉の裏にワセリンをぬって，試験管に入れた
B　葉だけを１枚取り除いて，葉を取り除いた切り口と残った３枚の葉の表にワセリンをぬって，試験管に入れた
C　葉だけを２枚取り除いて，葉を取り除いた切り口にワセリンをぬって，そのまま試験管に入れた
D　葉だけを全て取り除いて，葉を取り除いた切り口にワセリンをぬって，そのまま試験管に入れた
E　葉だけを全て取り除いて，葉を取り除いた切り口にワセリンをぬって，水面上に油をうかせた試験管に入れた

（結果）24 時間後，それぞれの試験管に残った水の量を調べたら，次の表のようになりました。

試験管	A	B	C	D	E
残った水の量 (cm^3)	30	27		42	43

(1) この実験における水面やくきからの水の蒸発について，正しいものをつぎの**ア〜エ**から選び，記号で答えなさい。

ア　水の蒸発は水面からは行われるが，くきからは行われない

イ　水の蒸発はくきからは行われるが，水面からは行われない

ウ　水の蒸発は水面やくきからも行われる

エ　水面やくきからの水の蒸発は行われない

(2) この実験における１枚あたりの葉での水の蒸発について，正しいものをつぎの**ア〜エ**から選び，記号で答えなさい。

ア　葉の表側の方が，葉の裏側より蒸発量が多い

イ　葉の裏側の方が，葉の表側より蒸発量が多い

ウ　葉の表側と裏側では，蒸発量はほとんど変わらない

エ　この実験からは，葉の表側と裏側の蒸発量のちがいはわからない

(3) この実験で１枚の葉の表側だけから蒸発した水の量は何 cm^3 ですか。つぎの**ア〜オ**から選び，記号で答えなさい。

ア　3 cm^3　　**イ**　5 cm^3　　**ウ**　8 cm^3　　**エ**　11 cm^3　　**オ**　12 cm^3

(4) 表の試験管Cにおいて残った水の量は何 cm^3 になると考えられますか。つぎの**ア〜オ**から選び，記号で答えなさい。

ア　15 cm^3　　**イ**　26 cm^3　　**ウ**　32 cm^3　　**エ**　36 cm^3　　**オ**　40 cm^3

B

2020 年は新型コロナウイルスが世界的に広がり，呼吸する際の飛沫《ひまつ》感染を防ぐため多くの人々がマスクを着用するようになりました。ヒトの鼻や口から入った空気は気管を通って肺に入り，この空気中の酸素の一部が肺胞《はいほう》から毛細血管中の血液に取り入れられ，二酸化炭素は体外へ出されます。呼吸および血液について，以下の問いに答えなさい。

(5) ヒトは肺呼吸を行いますが，ヒト以外にも肺呼吸をする動物がいます。その組み合わせとして正しいものを，つぎの**ア〜オ**から選び，記号で答えなさい。

ア　クジラ・マグロ　　**イ**　ウミヘビ・メダカ　　**ウ**　イモリ・フナ

エ　カブトムシ・ペンギン　　**オ**　イルカ・ウミガメ

(6) 一生のうちでエラ呼吸をする期間のある動物がいます。その組み合わせとして正しいものを，つぎの**ア**～**オ**から選び，記号で答えなさい。

ア トカゲ・ハマグリ　　**イ** カタツムリ・コオロギ　　**ウ** ミミズ・ヒトデ

エ メダカ・アマガエル　　**オ** ザリガニ・ヤモリ

右の図は血液をけんび鏡で観察し，スケッチしたものです。この図について，以下の問いに答えなさい。

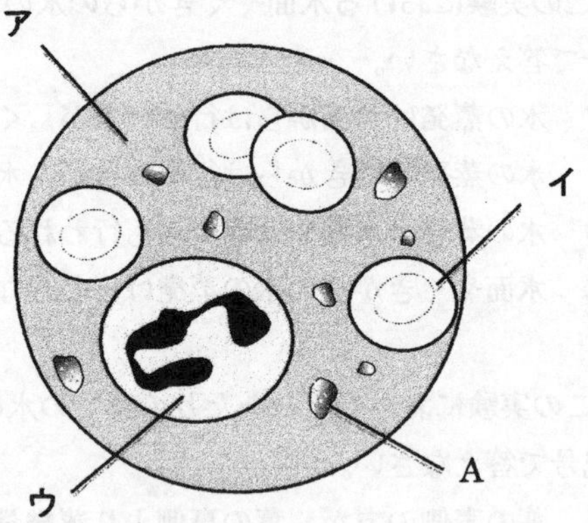

(7) 体内に入りこんだ細《さい》きんやウイルスをとらえて殺すはたらきを行うものはどれですか。図の**ア**～**ウ**から選び，記号で答えなさい。

(8) 酸素と結合し，からだの全体に運ぶはたらきを行うものはどれですか。図の**ア**～**ウ**から選び，記号で答えなさい。

(9) 養分や二酸化炭素，不要物を運ぶはたらきを行うものはどれですか。図の**ア**～**ウ**から選び，記号で答えなさい。

(10) 図のAはどのようなはたらきを行いますか。２０字以内で答えなさい。

4

A

たい積岩について，つぎの (1) ～ (5) の文の空らんに当てはまる語句を，あとの**ア**・**イ**から選び，記号で答えなさい。

(1) たい積岩を作るつぶは，すべて川の流水のはたらきを受けているので，角がとれて丸くなっている。

この記述は（　　　）。

ア 正しい　　**イ** 誤り

(2) たい積するときに，生物の死がいがふくまれることがあるので，たい積岩には化石がふくまれることがある。

この記述は（　　　）。

ア 正しい　　**イ** 誤り

(3) その地層がたい積した時代の自然かん境を知ることができる化石を，示準化石という。
この記述は（　　　　）。
ア　正しい　　　**イ**　誤り

(4) サンゴの化石が見つかったことからわかることとして，その地層がたい積した時代はそこが湖だったと推測される。
この記述は（　　　　）。
ア　正しい　　　**イ**　誤り

(5) アンモナイトの化石が見つかったことからわかることとして，その地層がたい積した時代は，キョウリュウがさかえていたと推測される。
この記述は（　　　　）。
ア　正しい　　　**イ**　誤り

B

気象に関するつぎの文中の空らん (6) ～ (14) に当てはまる語句を，あとの語群**ア**～**ソ**から選び，記号で答えなさい。

冬の日本付近の天気図を書くと，気圧配置が（　6　）になっている。そのため，冬には（　7　）の風がふくことが多い。また，冬の天気は，日本海側では（　8　）が多い。逆に，冬の太平洋側の天気は（　9　）が多い。

夏の日本付近の天気図を書くと，気圧配置が（　10　）になっている。そのため，夏には（　11　）の風がふくことが多い。

夏に日本に上陸することが多い台風は（　12　）が発達したものである。そのため，中心に向かって（　13　）回りに強い風がふきこむ。

これらを観測するために日本が運用している静止気象衛星の名は，（　14　）である。

語群

ア　南高北低	**イ**　西高東低	**ウ**　南西	**エ**　南東	**オ**　北西
カ　北東	**キ**　雪や雨	**ク**　晴れ	**ケ**　高気圧	**コ**　熱帯低気圧
サ　温帯低気圧	**シ**　時計	**ス**　反時計	**セ**　あさがお	**ソ**　ひまわり

(15) 上の問題では，季節ごとの風の向きを問いましたが，１日の中でも風の向きは変わります。晴れた日の日中の海沿いでは，海から陸に向かって「海風」がふきます。そして夜になると逆に，陸から海に向かって「陸風」がふきます。地表では冷たいほうから暖かいほうに風がふきます。これは砂と水の温まりやすさ・冷めやすさから説明ができます。それを，「水に対して砂のほうが」に続く形で，20字以内で答えなさい。

問二　――――部②「すごく心がおだやかだと認識できる人」とありますが、なぜその人たちは心がおだやかなのでしょうか。それについて説明した次の文の【　】にあてはまる言葉を本文中から二字でぬき出して答えなさい。

その人たちには【二字】となるものがあるから

問三　（③）～（⑥）には同じ言葉が入ります。入るのにふさわしい言葉を本文中からぬき出して答えなさい。

問四　（⑦）に入ることばを本文中から三字でぬき出して答えなさい。

問五　次の文章は本文を読んだ生徒たちの会話です。これを読んで、本文の内容と異なる発言をしている生徒をひとり選び、ア～エの記号で答えなさい。

ア　生徒Ａ「これまで『死＝こわい』だと思っていたよ」
イ　生徒Ｂ「ぼくもそういう思いでいたよ。でも、それだけじゃないというのは驚《おどろ》きだったな」
ウ　生徒Ｃ「けれど、教育によって死のこわさを乗り越えられるという筆者の意見は本当に正しいのかな」
エ　生徒Ｄ「いやいやみんな、筆者は『死はこわいと思うこと』を否定はしていない点を見落としてはいないかい」

問六　――――部⑧「たとえどんな困難がその身に降りかかってきても」とありますが、あなたが今までの人生の中で困難を乗り越えた体験を一〇〇字程度で書きなさい。

※それがどんな困難だったか、そしてそれをどう乗り越えたかを書くこと。

死とは多くの人にとって、たしかにこわいものです。だからといって「死がこわいのが正しい」という教育がいいとは決して思いません。その理由は、もうおわかり頂けたと思います。死の恐怖《きょうふ》によって心が不安定になる人がいる。安定を取り戻すためには、死の恐怖を乗り越《こ》えなければならないのです。病気を抱《かか》えながら、生きていかなければならない青年もいるかもしれない。いまは健康でも、将来死の病に冒《おか》される青年もいるかもしれない。そう考えたときに「死はこわいと思うことが正しい」という教育はきわめて乱暴だと思います。

これから私たちが歩く人生の道は決して平坦《へいたん》ではなくて、でこぼこしていて、転んだりつまずいたり、雨が降ったりいろいろなことがあります。

一人ひとり苦しみは違《ちが》うかもしれないけれども、それぞれが自分の支えというものをしっかりと、育み、築くことができたとき、⑧たとえどんな困難がその身に降りかかってきても、たとえば病気でいのちを落とすような困難であっても、おだやかさを保つことができるのです。

人は、自分の支えを得たとき、たとえ苦しみの中にあっても、人を傷つけず、自分自身を傷つけないで、おだやかに生きられる可能性があります。

このことを、私はいのちの教育の本質として考えてほしいと思っているのです。

（小澤竹俊『いのちはなぜ大切なのか』より）

※ホスピス…死期に近い患者に安らぎを与え、看護する施設。筆者はホスピスに携わる医師である。

第五章…本文は全体で六章で構成されているうちの第二章にあたる。

問一 ――部①「死」とありますが、他の言い方で表現している部分を本文中から三字でぬき出して答えなさい。

日毎日思っています。（　⑥　）大丈夫だと言います。

　これらは、「関係性」と表現します。決して自分が一人ではなくて、多くの仲間、家族であったりスタッフであったり、信仰を持つ人は神様であったり、そういう支えがあったときに、人は死が近くても、おだやかでいられるのです。

　ある五十代の女性は、初めて自分の病を知らされたとき、一度だけ取り乱して泣きました。しかし泣いたのはその一度だけです。あとは「なるようにしかならない」と開き直ったら、とても楽になったといいます。

　この、独特の手放し感はすごく大事です。自分でコントロールできなくなったときに、それを手放す感覚、大きなものにゆだねるという感覚があると、おだやかさを取り戻《もど》す力になるということを感じています。

　あるいは、七十代の女性は、自分が亡くなったあとの準備——葬儀《そうぎ》のこと、財産のこと、そういうことの準備を全部整えることができた。だから、いつお迎えが来ても安心だと言うのです。

　同様に八十代の男性は、いままで自分ひとりで守ってきた先祖のお墓を、信頼できるお孫さんが守ってくれると約束をしてくれたのだそうです。自分が死んだ後、お墓のことが気がかりだったのだけど、これで将来安心できた、あとは神や仏に任せるしかない。こんなふうに話してくれました。

　健康なときは、いろいろ自ら行うことができます。一人でトイレに行くこと、一人でお風呂《ふろ》にはいること、一人で買い物に行くことができるなどです。しかし、病気が進行するにつれて、今までできていたことが一つ一つできなくなっていきます。これは、大変つらい苦しみです。

　しかし、たとえ自分でできなくても、自分の行いたい大切なことがらを、心から信頼できる誰《だれ》かにゆだねること、（　⑦　）ことができたならば、たとえ死が身近に迫《せま》っていても、おだやかでいられると認識する可能性が見えてきます。これは、※第五章で自分の自由（自律）という概念《がいねん》として紹《しょう》介《かい》したいと思います。

四　次の文章を読み、あとの問いに答えなさい。

（特に指示がない場合、句読点や記号は一字に数えます）

ふつうは、①死はこわいと思いますね。なかには、死はこわくないという人もいるでしょう。

死はこわいのか、こわくないのか。これは、どちらが正しくて、どちらが間違《まちが》っているとはいえないということを、前に述べました。そのことを私は、※ホスピスの経験を通じて、強く実感しています。

ホスピスに入院してくる患者《かんじゃ》さんは、もうすぐ自分が死ぬということがわかっている人たちです。にもかかわらず、②すごく心がおだやかだと認識できる人がいます。つまり、「死がこわくない」のです。

そういう人たちに、「なぜあなたは、間もなくお迎《むか》えがくるとわかっているにもかかわらず、おだやかでいられるのですか」とたずねると、それぞれの答えが返ってきます。

ある三十代の女性は、自然が大好きな人です。冬山で遭難《そうなん》して、あやうくいのちを落とすような経験もしましたが、無事に生還《せいかん》できました。自分は常に自然が守ってくれた気がする。そして、家族がいて、一緒《いっしょ》に山に登った仲間がいて、みんな私のことを思ってくれる。ホスピスのスタッフ、看護師さんたちがついていてくれている。（　③　）私は大丈夫《だいじょうぶ》。そんなふうに答える人がいます。

ある八十代の女性は、信仰《しんこう》を持っていました。こうして生きていくことは、ひとつひとつが感謝に思えて、神様が守ってくれていると感じる。（　④　）大丈夫。

あるいは、五十代の女性は、死んでもあの世から子どもたちの成長を見守ることができると信じています。たとえ私が目に見えない存在になっても、ずっと子どもたちとつながっていることができる。（　⑤　）私は、間もなくお迎えが来てしまうけれども、こわくはありません、と言います。

別の八十代の女性は、亡くなったおじいさんが「おいでおいで」と呼んでいる。大好きなあのおじいさんにまた会える。そう思えたら、死ぬことそのものは決してこわくない。早く会いたいなあと毎

問四　（　④　）にあてはまる言葉を本文中からぬき出して答えなさい。

問五　（　⑤　）にあてはまる言葉を次の中から一つ選び、記号で答えなさい。

ア　闘争《とうそう》心　　イ　嫌悪《けんお》感　　ウ　仲間意識　　エ　想像する力

問六　――部⑥「空が、泣いているみたいだ」とありますが、これはぼくのどんな気持ちを表していますか。次の中から、もっともふさわしいものを選び、記号で答えなさい。

ア　あきれる気持ち
イ　くやしい気持ち
ウ　後ろめたい気持ち
エ　とまどう気持ち

問七　次の一文が入るのにふさわしい場所を本文中から探し、直後の五字で答えなさい。

「植田は、植田だから、いいんだ。おまえのままでいけ！」

きっと、断られるんだろうな……。

「植田らしい説明だったよ。おまえ、高校のときと変わっていないなあ。」

苫米地がほめているのか、なぐさめてくれているのか、わからなかった。

東京駅までの、ほんのわずかな距離《きょり》。雨がやたらと冷たく、感じられた。

説明が、うまくできなかったのかもしれない。ぼくは、自分の無力さと※古網《こあみ》の期待にこたえられなかったことに、落ちこんでいた。

（岩貞るみこ『しっぽをなくしたイルカ』より）

※海獣…海に生息するほ乳類のこと。

古網…沖縄美ら海水族館の新人飼育員。イルカの飼育係で、フジの訓練を担当することになる。

問一　――部①「ぼく」の職業を本文中からぬき出して答えなさい。

問二　――部②「鉄砲玉」とありますが、これはどういう姿をたとえたものですか。本文中から十五字でぬき出して答えなさい。

問三　――部③「大企業のブリヂストンにたのむ」とありますが、何をたのもうとしているのですか。次の文の【　】にあてはまる言葉をそれぞれ本文中からぬき出して答えなさい。

【Ａ（三字）】が壊死した【Ｂ（二字）】にもういちど【Ｃ（七字）】あげるため【Ｄ（二字）】の【Ａ（三字）】をつくってもらうこと。

短い沈黙《ちんもく》のあと、加藤部長が、ぼくにたずねる。

「イルカの人工尾びれなんて、ほかでもつくっているんですか？」

「いいえ。でもカメの手びれはあります。サメに手びれを食べられたウミガメに、アメリカの『グッドイヤー』がつくりました。」

加藤部長たちが、身を乗りだすようにして話を聞いている。ライバル会社の名前が出てきて、（⑤）がかきたてられたのだろうか。

「でも、イルカはだれもつくったことがありません。」

その瞬間《しゅんかん》、加藤部長の表情が変わった。いままでだれもつくったことがない。『世界初』と聞いて、魂《たましい》をゆさぶられない技術者はいない。

「ですが……。」

ほかのブリヂストンの人が言う。

「私たちは、タイヤやゴム製品をつくっている会社です。生き物は経験がありません。」

「はい。」

「今日は、お話だけ、ということでしたので。つくるかどうかは、あらためてご連絡《れんらく》させていただきたいのですが。」

「そうですか。」

こんな無茶な話を聞いてくれただけでも、感謝しなくちゃいけない。

「お時間をいただき、ありがとうございました。」

そう言うと、応接室をあとにした。

ブリヂストンの本社ビルを出ると、雨がふっていた。

⑥空が、泣いているみたいだ。

「なあ、苦米地、どうだったかなあ。」

はっきりとした返事がもらえなかった。それに、生き物はダメだと言っていた。

決心すると、大きく息をすいこんだ。

「まず、この写真を見てください。」

病気のときの、フジの尾《お》びれの写真を見せる。

半分以上白くなった尾びれの先が、たよりなく丸まっている。

ブリヂストンの人たちが、はっとしたように見つめる。

「壊死《えし》の原因は、わかりません。この症状《しょうじょう》で、助かったイルカもいません。でも、手術をして、くさった部分を大きく切り落としたところ、壊死が止まりました。」

つぎに、いまのフジの尾びれの写真を見せる。

小さな小さな、うちわのような尾びれ。とてもイルカの尾びれとは思えない。

「尾びれの七十五パーセントを切り落としました。この尾びれで、フジは泳ぐことができません。ただ、浮《う》いています。毎日、毎日、浮くだけなんです。」

イルカについて、フジについて、できるかぎりブリヂストンの人たちに伝えた。

イルカは仲間と集団で、生活をする動物であること。

フジは子育てが上手な、お母さんイルカであるということ。

だけど、泳げないフジは、ずっと毎日、ひとりぼっちでいること。

このままでは、食べて浮くだけの生活になってしまうということ。

うまく説明できているかどうかなんて、わからない。

ただ、少しでもブリヂストンの人に、フジのことを知ってほしかった。

もう夢中だった。

「あの子を。」

思わず立ち上がって、アタマを下げていた。

「あの子を助けたいんです。もういちど、仲間と泳がせてあげたいんです!」

お願いします。お願いします!

「沖縄美《ちゅ》ら海《うみ》水族館の植田です！」

ぼくはアタマを思いきり下げる。つぎにアタマを上げたとき、見えたものは、ぼくの金髪ちょんまげに固まっている、ブリヂストンの人たちだった。

その顔には、あきらかに『これが獣医《じゅうい》か？』と書いてある。

ほら！　だから、せめてネクタイしてきたほうが、よかったじゃないか！

ぼくはとなりにいる、苦米地を見る。

苦米地は、知らん顔してイスに座ろうとしている。

あ、おい、こらっ！

「加藤《かとう》です。」

「斉藤《さいとう》です。」

すらりと背の高い加藤部長。ひとなつっこい笑顔の斉藤さん。斉藤さんは、加藤部長が信頼《しんらい》している、スポンジ技術を専門にしている人だ。

このふたりの技術者と苦米地をふくめ、ブリヂストン側はぜんぶで六人。

六対一。ケンカなら、ぜったいに負けている。

「どうぞ。」

イスをすすめられる。緊張する。うまく説明できるだろうか。

ふと、苦米地と目が合った。

目が、そう言っていた。

そうだ。うまくやろうとする必要はない。

ぼくは、ぼくなのだ。そしてぼくのなかには、沖縄美ら海水族館の飼育係、全員の思いがある。いまは、それを、そのまま伝えるだけだ。

せっかくもらえた時間。ここでフジのことを知ってもらえなければ、ブリヂストンに協力してもらえなければ、一生、フジはあのままだ。

「顔面強打。」

「あれ、痛かったなー。」

ぼくは高校時代のことを思い出して、ちょっとなつかしくなる。

「目の前のことに、一所懸命《いっしょけんめい》になるんだよな。」

「まわりが見えていないって？」

「そ、あいかわらず。」

ぼくはもういちど、ビルを見る。

「……やっぱり、③大企業《きぎょう》のブリヂストンにたのむのなんて、むりなのかな。」

ここまできたけれど、急に不安になる。

「それは、おまえ次第。」

「だからやっぱり、（④）してきたほうが……。」

「ばーか。植田《うえだ》は、植田だからいいんじゃないか。いこうぜ。」

苫米地に言われて、ビルの正面玄関《げんかん》からはいる。

都会の雰囲気《ふんいき》、きれいな受付の女性がふたり。

緊張《きんちょう》する！

ぼくは、まだ、だれもいない応接室にとおされた。

案内された部屋は、大きな机がどん。りっぱなイスがどん、どん。

観葉植物が置いてあって、これぞ一流企業のオフィスという感じだ。

飼育日誌や、資料や、ウェットスーツがいろいろちらばっている、※海獣《かいじゅう》課の部屋とはちがう。あきらかにちがう。

さらに緊張してきた。

「お待たせしました。」

出た。ブリヂストンの人だ！

三 次の文章を読み、あとの問いに答えなさい。

(特に指示がない場合、句読点や記号は一字に数えます)

二週間後の十二月。①ぼくは東京のドまんなかにいた。東京駅からすぐの、ブリヂストンの本社。

自慢《じまん》じゃないけれど、北海道の大学を卒業してから、ずっと沖縄《おきなわ》の水族館で働いている。ふだんの仕事服は、短パンにサンダルだ。今日は、めいっぱいがんばってストライプのシャツに、ベージュのズボン姿。それでも、背広姿の人が行きかう東京で、ぼくの姿は浮《う》いている。

「なあ。やっぱり、ネクタイしてきたほうが、よかったんじゃないか?」

ラフな服装のぼくは、となりにいる苫米地《とまべち》に聞いてみる。

苫米地は、不安なぼくにつきあって、今日はいっしょにきてくれたのだ。

「おまえ、そんなモン、持っていないだろ。」

「貸してくれたって、いいだろう。」

「それに、その金髪《きんぱつ》ちょんまげで、いまさらなに言ってんだよ。」

苫米地は、あきれたように言う。

ああ、そうか。ぼくは金髪ちょんまげだった。自分じゃ、ときどき忘れるのだ。

自分の顔なんて、朝、歯をみがくときぐらいしか見ないし。

「それにしても、植田は、あいかわらずの②鉄砲玉《てっぽうだま》だな。」

「なんだよ、それ。」

ぼくはちょっと、むっとする。

「バスケのときも、コートから飛び出すボールを追っかけて、突《つ》っ走っていただろ。」

「ああ?」

「ボールはちゃんと、コートにもどすくせに、おまえ、勢いあまって壁《かべ》にどーん!」

そんなこともあったっけ。

二〇二一年度 藤嶺学園藤沢中学校

【国語】〈二科・四科入試第一回〉(五〇分)〈満点：一〇〇点〉

一 次の①～⑧の――線の漢字はひらがなに、カタカナは漢字に直しなさい。

① 他の生徒の模範となる。
② 伝統をうけ継ぐ。
③ 横暴なふるまい。
④ 制服を貸与する。
⑤ 八百屋をイトナむ。
⑥ カンセイをあげる。
⑦ 小学生タイショウの作品。
⑧ すばやい行動にカンシンする。

二 次の1・2のそれぞれの問いに答えなさい。

1 次の①～④の漢字の総画数を算用数字で答えなさい。

① 道　② 興　③ 巻　④ 観

2 次の①～④の□に共通する漢字一字を答えなさい。

① 立て板に□・□をさす・□を打ったような静けさ
② 二の□を踏《ふ》む・□が棒になる・□元にも及《およ》ばない
③ □が痛い・□に逆らう・□にたこができる
④ □紙に戻《もど》す・□い目で見る・□を切る

2021年度

藤嶺学園藤沢中学校　▶解説と解答

算　数　＜２科・４科入試第１回＞（50分）＜満点：100点＞

解　答

1 (1) $\frac{3}{10}$　(2) 220　(3) $\frac{1}{4}$　(4) $\frac{1}{2}$　(5) 12021秒　2 (1) 210　(2) 2500円　(3) 20分50秒　(4) 9.62m　(5) 2320円　(6) 5度　(7) 2.25%　(8) 78.5cm^2　3 (1) 1　(2) 8　(3) G　4 (1) 毎分1.25L　(2) 12.8　5 (1) 時速64.8km　(2) 8両

解　説

1 計算のくふう，逆算，単位の計算

(1) $\left(\frac{1}{2}-\frac{1}{3}\right)+\left(\frac{1}{3}-\frac{1}{4}\right)+\left(\frac{1}{4}-\frac{1}{5}\right)=\frac{1}{2}-\frac{1}{3}+\frac{1}{3}-\frac{1}{4}+\frac{1}{4}-\frac{1}{5}=\frac{1}{2}-\frac{1}{5}=\frac{5}{10}-\frac{2}{10}=\frac{3}{10}$

(2) $A\times B+C\times B=(A+C)\times B$となることを利用すると，4.6×22＋5.4×22＝(4.6＋5.4)×22＝10×22＝220

(3) $2\times\frac{5}{6}+\frac{1}{3}\div\square=3$より，$\frac{5}{3}+\frac{1}{3}\div\square=3$，$\frac{1}{3}\div\square=3-\frac{5}{3}=\frac{9}{3}-\frac{5}{3}=\frac{4}{3}$　よって，$\square=\frac{1}{3}\div\frac{4}{3}=\frac{1}{3}\times\frac{3}{4}=\frac{1}{4}$

(4) $\left(\frac{1}{2}\div 2-\square\times\frac{1}{3}\right)\times 12=1$より，$\left(\frac{1}{2\times 2}-\square\times\frac{1}{3}\right)\times 12=1$，$\left(\frac{1}{4}-\square\times\frac{1}{3}\right)\times 12=1$，$\frac{1}{4}-\square\times\frac{1}{3}=1\div 12=\frac{1}{12}$，$\square\times\frac{1}{3}=\frac{1}{4}-\frac{1}{12}=\frac{3}{12}-\frac{1}{12}=\frac{2}{12}=\frac{1}{6}$　よって，$\square=\frac{1}{6}\div\frac{1}{3}=\frac{1}{6}\times\frac{3}{1}=\frac{1}{2}$

(5) 1時間＝60分より，3時間は，3×60＝180(分)なので，3時間20分は，180＋20＝200(分)である。また，1分＝60秒より，200分は，200×60＝12000(秒)となる。よって，3時間20分21秒＝200分＋21秒＝12000秒＋21秒＝12021秒

2 約数と倍数，売買損益，速さ，植木算，条件の整理，時計算，濃度《のうど》，面積

(1) 右の図1より，30と21の最小公倍数は，3×10×7＝210となる。

図1

```
3) 30  21
   10   7
```

(2) 1個あたりの利益は，原価250円の20%なので，250×0.2＝50(円)となり，50個すべて売れたから，もうけは，50×50＝2500(円)とわかる。

(3) 1km＝1000mより，10km＝10000mである。この道のりを秒速8mで走ったとき，かかる時間は，(時間)＝(道のり)÷(速さ)より，10000÷8＝1250(秒)とわかる。1分＝60秒なので，1250秒は，1250÷60＝20あまり50より，20分50秒である。

(4) のりしろがないとすると，テープの長さの合計は，50×20＝1000(cm)である。また，テープを20本つなぐのに必要なのりしろは，20－1＝19(か所)であり，テープをのりしろ2cmでつなげると，のりしろの分だけ長さが短くなるので，全体の長さは，1000－2×19＝962(cm)となる。これは，1m＝100cmより，962÷100＝9.62(m)となる。

(5) 3個入りの袋《ふくろ》で買うと1個あたり，$140\div 3=46\frac{2}{3}$(円)，8個入りの袋で買うと1個あたり，$370\div 8=46\frac{1}{4}$(円)である。$\frac{2}{3}$は$\frac{1}{4}$より大きいので，8個入りの袋の方が1個あたりの金額は安い。

そこで，合計金額をできるだけ安くするには，８個入りの袋をなるべく多く買えばよい。また，合計個数は50個だから，３個入りをx袋，８個入りをy袋買うとすると，$3\times x+8\times y=50$(個)と表せる。xとyは整数なので，この式にあてはまるxとyの組の中で，yが最も大きくなるのは，右の図２より，xが６，yが４のときとわかる。よって，３個入りを６袋，８個入りを４袋買うとき，金額が最も安くなり，このときのお菓子《かし》の合計金額は，140×６＋370×４＝2320(円)と求められる。

図２

$3\times x+8\times y=50$	
$\frac{2}{3}$	6
$\frac{10}{3}$	5
6	4
⋮	⋮

(6)　９時50分の時計の針は右の図３のようになり，イの角度を求めればよい。図３のアの角度は，短針が，９時から９時50分までの50分間に動く角度と等しい。また，短針は１時間に，360÷12＝30(度)動き，１分間に，30÷60＝0.5(度)動くので，アの角度は，0.5×50＝25(度)とわかる。さらに，９時50分のとき，長針はちょうど10の数字を指しており，９と10の数字の間の角度は，360÷12＝30(度)だから，アとイの角度の和は30度である。よって，イの角度は，30－25＝５(度)と求められる。

図３

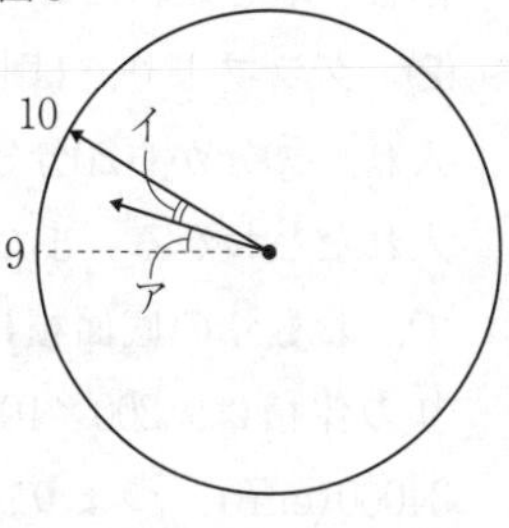

(7)　３％の食塩水150ｇに含《ふく》まれる食塩の重さは，(食塩の重さ)＝(食塩水の重さ)×(濃度)より，150×0.03＝4.5(ｇ)とわかる。150ｇの食塩水に水50ｇを加えると，食塩水の重さは，150＋50＝200(ｇ)となるが，食塩の重さは4.5ｇのまま変わらない。よって，このときの濃度は，(濃度)＝(食塩の重さ)÷(食塩水の重さ)より，4.5÷200＝0.0225，0.0225×100＝2.25(％)と求められる。

(8)　右の図４で斜線《しゃせん》部分の面積を求めるには，半円の面積から，白い円の面積を引けばよい。まず，半円の半径は，20÷２＝10(cm)なので，半円の面積は，10×10×3.14÷２＝50×3.14(cm^2)となる。また，白い円の直径は10cmなので，半径は，10÷２＝５(cm)となり，白い円の面積は，５×５×3.14＝25×3.14(cm^2)である。よって，斜線部分の面積は，50×3.14－25×3.14＝(50－25)×3.14＝78.5(cm^2)と求められる。

図４

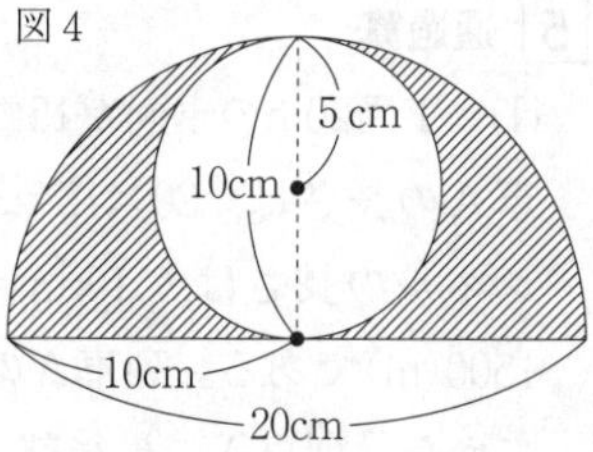

3　条件の整理

(1)　式①より，$C+I=[HB]$であり，$C=3$，$I=7$だから，$[HB]=3+7=10$とわかる。よって，$H=1$，$B=0$となる。

(2)　式②より，$A\times A\times A=E$である。$A=1$の場合，$E=1\times1\times1=1$となり，AとEが等しくなるので，条件に合わない。また，Aが３以上の場合，Eは，$3\times3\times3=27$以上となり，１けたの数でないから，条件に合わない。よって，$A=2$で，$E=2\times2\times2=8$とわかる。

(3)　式③より，$E\times I=[FD]$であり，$E=8$，$I=7$だから，$[FD]=8\times7=56$より，$F=5$，$D=6$とわかる。これまでにわかった数字をまとめると，右下の表のようになるので，GとJは４か９となる。式④より，$F+G=J$なので，$5+G=J$となり，$G=4$，$J=9$とわかる。よって，４に対応するアルファベットはGである。

A	B	C	D	E	F	G	H	I	J
2	0	3	6	8	5		1	7	

4　グラフ―水の深さと体積，つるかめ算

(1)　問題文中のグラフより，８分後に下の図１のように，水面がおもりの高さと同じ10cmとなる

(水を入れる割合を２倍にするとグラフは急になるので，２倍にしたのは㋐分後である)。はじめの８分間で水が入った部分の底面は，真上から見ると，右下の図２でかげをつけた部分であり，その面積は，30×40－200＝1000(cm^2)である。すると，はじめの８分間で入った水の体積は，1000×10＝10000(cm^3)となり，１分間で入った水の体積は，10000÷８＝1250(cm^3)と求められる。これは，１Ｌ＝1000cm^{3}より，1250÷1000＝1.25(L)だから，はじめは毎分1.25Lの割合で水を入れたとわかる。

図１

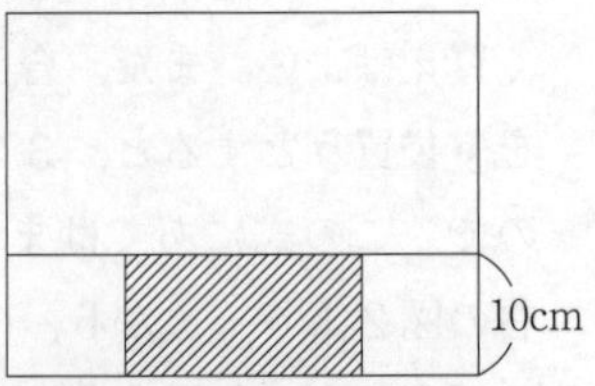

図２

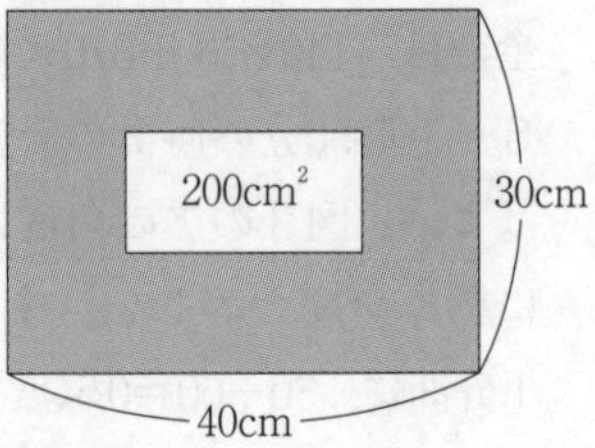

⑵　グラフより，はじめから㋐分までは，毎分1.25Lの割合で水を入れ，㋐分から20分までは，毎分，1.25×２＝2.5(L)の割合で水を入れたとわかる。また，水そうの容積は，30×40×30＝36000(cm^3)で，おもりの底面積は200cm^2，おもりの高さは10cmなので，おもりの体積は，200×10＝2000(cm^3)となる。よって，20分間で入れた水の体積は，36000－2000＝34000(cm^3)，つまり，34000÷1000＝34(Ｌ)である。ここで，20分間すべて毎分2.5Lの割合で水を入れたとすると，入れた水の体積は，2.5×20＝50(L)となり，実際よりも，50－34＝16(Ｌ)多くなる。そこで毎分2.5Lの割合で入れる時間を減らして，かわりに毎分1.25Lの割合で入れる時間を増やすと，入れた水の体積は１分あたり，2.5－1.25＝1.25(L)ずつ減る。よって，毎分1.25Lの割合で水を入れた時間は，16÷1.25＝12.8(分)だから，㋐は12.8とわかる。

5　通過算

⑴　１両20mの車両が15両つながっているので，列車Ａの長さは，20×15＝300(m)となる。また，トンネルの長さは，１km＝1000mより，1.5×1000＝1500(m)である。列車Ａの最前部がトンネルに入ってから，列車Ａの最後部がトンネルから出てくるまでの100秒間で，上の図１のように，列車Ａの最前部は，1500＋300＝1800(m)移動する。よって，列車Ａの速さは，秒速，1800÷100＝18(m)と求められる。１時間＝60分＝60×60＝3600秒，１km＝1000mより，秒速18mを時速に直すと，18×3600÷1000＝64.8(km)となる。

図１

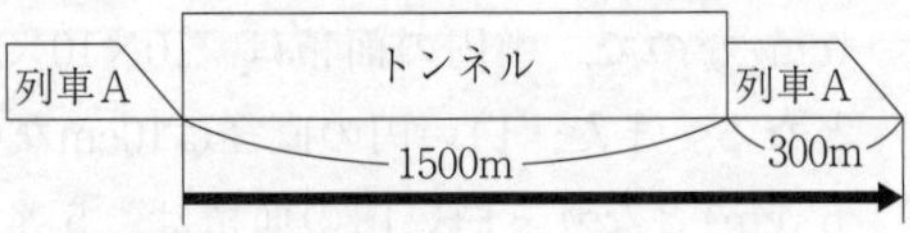

⑵　列車Ｂの長さは，20×10＝200(m)で，⑴より，列車ＢとＣの速さはともに秒速18mだから，２つの列車がすれ違《ちが》うときのようすは，右の図２のようになる。列車ＢとＣの最前部が出会ってから，最後部が出会う(すれ違い終わる)までの10秒間で，列車ＢとＣの最後部は合わせて２つの列車の長さの和だけ進むので，２つの列車の長さの和は，18×10＋18×10＝360(m)と求められる。よって，列車Ｃの長さは，360－200＝160(m)だから，列車Ｃは，160÷20＝８(両)とわかる。

図２

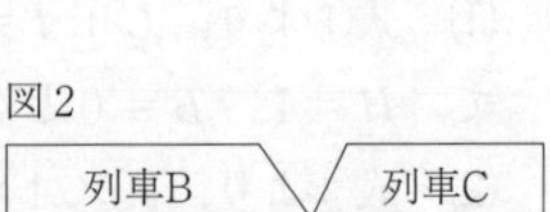

社　会　＜２科・４科入試第１回＞（40分）＜満点：70点＞

解　答

1 **問１**　Ａ　イ　　Ｂ　エ　　Ｃ　ア　　**問２**　聖徳太子　　**問３**　蘇我(氏)　　**問４**　1192(年)　　**問５**　ウ　　**問６**　応仁の乱　　**問７**　豊臣秀吉　　**問８**　ウ　　**問９**　西郷…ウ，桂…イ　　**問10**　(1)　屯田兵　　(2)　地租　　**問11**　エ(→)ア(→)ウ(→)イ　　**問12**　イ，ウ

2 **問１**　Ａ　ウ　　Ｂ　イ　　Ｃ　エ　　Ｄ　オ　　Ｅ　ア　　**問２**　Ａ　オ　　Ｂ　ア　　**問３**　太平洋ベルト(地帯)　　**問４**　三角州　　**問５**　②　淡路　　④　三浦　　**問６**　フェーン(現象)　　**問７**　イ

3 **問１**　ウ　　**問２**　エ　　**問３**　マイナンバー(制度)　　**問４**　エ　　**問５**　ア　　**問６**　エ　　**問７**　ウ　　**問８**　8(時間)　　**問９**　TPP　　**問10**　エ　　**問11**　イ　　**問12**　田中正造　　**問13**　もちこませず　　**問14**　累進課税(制度)　　**問15**　東京　　**問16**　ア　　**問17**　イ　　**問18**　エ

1　各時代の歴史的なことがらについての問題

問１　Ａ　645年，中大兄《なかのおおえの》皇子と中臣鎌足《なかとみのかまたり》らは，天皇を中心とする中央集権国家の建設をめざして，大化改新とよばれる一連の政治改革を始めた。よって，イがあてはまる。　Ｂ　戦国時代には，身分が下の者が身分が上の者を実力で倒して力をふるうという下剋上《げこくじょう》の風潮が広がった。よって，エがあてはまる。　Ｃ　太平洋戦争に敗れた日本はGHQ(連合国軍最高司令官総司令部)の占領統治を受け，その指示のもとで，財閥《ざいばつ》解体や農地改革，女性参政権の実現など，さまざまな民主化政策が実施された。よって，アがあてはまる。

問２　聖徳太子は推古天皇の甥《おい》にあたり，593年から推古天皇の摂政《せっしょう》として政治に参加した。聖徳太子は推古天皇や蘇我《そがの》馬子らと協力して天皇中心の国づくりをすすめ，603年には冠位十二階を定めて有能な役人を登用できるようにした。また，604年には憲法十七条を出し，役人の心がまえを示した。

問３　645年，天皇中心の国づくりをめざした中大兄皇子と中臣鎌足は，皇室をしのぐほどの力をふるっていた蘇我入鹿《いるか》・蝦夷《えみし》父子を倒して蘇我氏を滅《ほろ》ぼした。これを乙巳《いっし》の変といい，このあと，中大兄皇子らは政治改革に取りかかった。

問４　源頼朝は1185年に平氏を滅ぼし，国ごとに守護，荘園と公領ごとに地頭をおくことを朝廷から認められた。1192年には征夷《せいい》大将軍に任じられ，名実ともに鎌倉幕府を成立させた。

問５　1167年，平清盛は武士として初めて太政《だいじょう》大臣に就任し，大きな権力をにぎった。

問６　1467年，室町幕府の第８代将軍足利義政の後継《こうけい》者争いに，有力守護大名の勢力争いなどが結びついて，応仁の乱が起こった。戦乱は1477年まで11年にわたって続き，幕府の権威《けんい》が失われて戦国時代が始まるきっかけとなった。

問７　豊臣秀吉は1582年に主君の織田信長が本能寺の変で亡くなると，その後継者として名乗りを上げ，全国統一事業に乗り出した。そして，四国地方や九州地方を支配下に入れると，1590年には小田原の北条氏を倒し，東北地方を平定して全国統一をなしとげた。

問８　明治時代は1868年から始まり，このときすすめられた政治改革を明治維新という。日米修好通商条約は，江戸幕府の大老井伊直弼《なおすけ》が1858年にアメリカと結んだ条約なので，ウが誤っている。

なお．アは1871年，イは1883年，エは1889年のできごと。

問９　西郷隆盛は薩摩藩(鹿児島県)出身，桂小五郎(木戸孝允《たかよし》)は長州藩(山口県)出身の武士・政治家である。両者に薩摩藩出身の大久保利通《としみち》を加えた３人は，倒幕と明治維新において主導的な役割を果たしたことから，「維新の三傑《さんけつ》」とよばれる。

問10　(1)　明治政府は蝦夷《えぞ》地を北海道と改めると，屯田兵《とんでんへい》とよばれる兵を現地に派遣した。屯田兵は東北地方の士族などから募集され，北海道の開拓《かいたく》や，ロシアの脅威《きょうい》に備えた北方警備にあたった。　(2)　明治政府は，財政の安定などをめざして1873年に地租改正を行った。地租改正では，地価(土地の価値)の３％を地租として，土地の所有者が現金で納めることとされた。

問11　ア～エはいずれも1945年のできごとで，アは７月，イは８月９日，ウは８月６日，エは４月のことなので，起きた順にエ→ア→ウ→イとなる。

問12　太平洋戦争の敗戦は，1945年８月のことである。アは1950年，イは1901年(操業開始の年)，ウは1920年，エは1951年，オは1961年のできごとなので，イとウが誤っている。

2　戦争遺跡を題材とした問題

問１　**Ａ～Ｅ**　Ａは長崎市を指しているのでウが，Ｄは石川県の県庁所在地である金沢市を指しているのでオが，Ｅは東京湾の入口を指しているのでアが，それぞれあてはまる。Ｂが指している広島市には，太平洋戦争末期の1945年８月６日，人類史上初めて原子爆弾が投下され，多くの犠牲者《ぎせいしゃ》が出た。当時爆心地付近にあった原爆ドーム(広島産業奨励《しょうれい》館の焼け跡)はそのままの姿で保存され，原子爆弾のおそろしさを後世に伝える「負の遺産」として，ユネスコ(国連教育科学文化機関)の世界文化遺産に登録された。また，Ｃは徳島県鳴門《なると》市を指しており，ここには第一次世界大戦で日本軍の捕虜《ほりょ》となったドイツ兵が収容された，板東俘虜《ふりょ》収容所がある。　なお，カは大阪府にある。

問２　**Ａ**　長崎市には古くから造船所がつくられ，造船業がさかんに行われてきた。　**Ｂ**　広島市には日本有数の自動車メーカーの本社や工場が立地しており，自動車工業がさかんである。

問３　関東地方南部から九州地方北部には，帯状に工業地帯・地域が連なっている。これを太平洋ベルト(地帯)といい，人口の多い大都市が多くふくまれる。

問４　河口付近に土砂が堆積《たいせき》し，川が分流してできた平地を三角州という。広島市は，太田川の三角州上に市街地が形成された都市である。

問５　②　大鳴門橋は，本州四国連絡《れんらく》橋の「神戸－鳴門ルート」を構成する橋の１つで，徳島県鳴門市と兵庫県の淡路《あわじ》島を結んでいる。　④　東京湾は，千葉県の房総《ぼうそう》半島と神奈川県の三浦半島に囲まれた海で，太平洋に続いている。

問６　湿った風が山を越《こ》えるさいに雨を降らせたのち，乾いた風となって温度を上げながら山を吹《ふ》き下ろす現象を，フェーン現象という。夏に南風が吹くと，日本海側の地域はフェーン現象によって，厳しい暑さになることがある。

問７　戦争遺跡を保存整備しても国防に利用できるわけではないので，イはふさわしくない。

3　日本の行政機構を題材とした問題

問１　予算を議決するのは国会の権限なので，ウが誤っている。

問２　ア　内閣総理大臣は，国会議員の中から国会が指名する。　イ　日本国憲法の規定により，国務大臣は過半数が国会議員でなくてはならない。　ウ　衆議院は内閣不信任決議をする権限を持つが，一方で内閣は衆議院を解散する権限を持っている。　エ　議院内閣制がとられている日本では，内閣が国会に対して連帯して責任を負うので，正しい。

問３　マイナンバー制度は，日本に住民票を持つすべての人に12桁《けた》の個人番号を割り当てることで，国や地方自治体など複数の機関が持つ個人の情報を１つの情報としてつなげ，管理できるようにしたものである。これにより，税や社会保障における国民の手続きの簡略化や，行政の効率化が期待されている。

問４　法務省は，出入国の管理や審査，国民の権利を守る仕事などを担っているので，エが正しい。なお，アは文部科学省，イは厚生労働省，ウは国土交通省について説明した文。

問５　政府や政府関係機関が，途上国の発展のために資金や技術を提供することを政府開発援助といい，ODA と略される。なお，イは非政府組織，ウは自由貿易協定，エは国際オリンピック委員会の略称。

問６　2020年度一般会計予算の歳出で最も大きな割合を占《し》めているのは，少子高齢化の進行にともなって増大している社会保障費で，その割合は歳出全体の３分の１以上にもなっている。

問７　2020年のスパコンランキング（TOP500）では，日本のスーパーコンピュータ「富岳《ふがく》」が世界第１位を獲得した。

問８　労働基準法は，賃金や労働時間など，労働条件の最低基準を定めた法律で，労働時間については原則として１日に８時間，１週間に40時間を超《こ》えて労働させてはいけないと規定している。

問９　TPP（環太平洋パートナーシップ協定）は，加盟国間での自由貿易をすすめるためのもので，日本・オーストラリア・カナダ・マレーシア・メキシコ・チリ・シンガポールなど，太平洋を取り巻く11か国が署名し，2018年12月に発効した。

問10　日本の原油の輸入先は西アジア地域に大きくかたよっており，サウジアラビアが最大の輸入相手国になっている。統計資料は『日本国勢図会』2020／21年版による。

問11　リニアモーターカーは，磁気《じき》の力を利用して車体をうかせ，前にすすむしくみになっている。摩擦がないため高速で移動できるほか，振動《しんどう》がほとんどないことも特徴である。

問12　明治時代後半，栃木県北部にあった足尾銅山から流れ出た鉱毒が渡良瀬川流域の田畑を汚染し，周辺住民に大きな被害が出た。これが足尾銅山鉱毒事件で，地元選出の衆議院議員であった田中正造は議会でこれを取り上げたが，被害がやまなかったため，議員を辞職し，天皇に直訴《じきそ》を試みるなど農民らとともに窮状《きゅうじょう》を訴《うった》えた。

問13　非核三原則とは，「核兵器を，もたず，つくらず，もちこませず」という日本政府の核兵器に対する基本方針で，1967年に佐藤栄作首相が表明した。

問14　所得（収入）の多い人ほど税率が高くなるしくみを，累進《るいしん》課税制度という。累進課税制度には，集めた税を社会保障などにあてることによって所得を再分配し，所得の格差を縮めるはたらきがある。

問15　1964年10月，アジアで最初のオリンピックが東京で開催《かいさい》され，日本の戦後復興を世界に印象づけた。

問16　ヘクトパスカルは圧力の単位で，気圧の単位としても用いられている。

問17　2019年に日本を訪れた外国人観光客のうち最も多かったのは，中国からの観光客である。これは，地理的に近い中国が急速な経済成長をとげたことに加え，ビザの要件が緩和《かんわ》されたことで，中国から日本への旅行がしやすくなったためである。

問18　東京電力福島第一原子力発電所は，2011年の東日本大震災のさいに発生した事故のあと，再稼働《かどう》することなく2014年に廃止された。2021年６月現在も，廃炉《はいろ》作業が行われている。

理　科　＜２科・４科入試第１回＞（40分）＜満点：70点＞

解　答

1　⑴　ア　⑵　カ　⑶　イ　⑷　ウ　⑸　イ　⑹　オ　⑺　ウ　⑻　イ　⑼　オ　⑽　エ　⑾　イ　⑿　ア　⒀　ウ　⒁　エ　⒂　ア　2　⑴　ア　⑵　イ　⑶　イ　⑷　イ　⑸　ア　⑹　ア　⑺　イ　⑻　ア　⑼　ウ　⑽　オ

3　⑴　ウ　⑵　イ　⑶　ア　⑷　イ　⑸　オ　⑹　エ　⑺　ウ　⑻　イ　⑼　ア　⑽　（例）ケガなどで出血したときに血液を固める。　4　⑴　イ　⑵　ア　⑶　イ　⑷　イ　⑸　ア　⑹　イ　⑺　オ　⑻　キ　⑼　ク　⑽　ア　⑾　エ　⑿　コ　⒀　ス　⒁　ソ　⒂　（例）（水に対して砂のほうが）あたたまりやすく，冷めやすいから。

解　説

1　豆電球と回路，熱の伝わり方についての問題

⑴　回路①～回路⑨を図に表すと下のようになり，回路①に流れる電流の大きさを１としたときの，それぞれの豆電球，乾《かん》電池に流れる電流を示してある。このとき，豆電球に流れる電流が大きいほど豆電球は明るくつき，乾電池に流れる電流が大きいほど乾電池の減り方は速くなる。回路②の２個の豆電球を流れる電流の大きさは１ずつ，回路③の２個の豆電球を流れる電流は0.5ずつである。したがって，回路①と回路②の豆電球はほぼ同じ明るさで，回路③の豆電球はそれらより暗い。

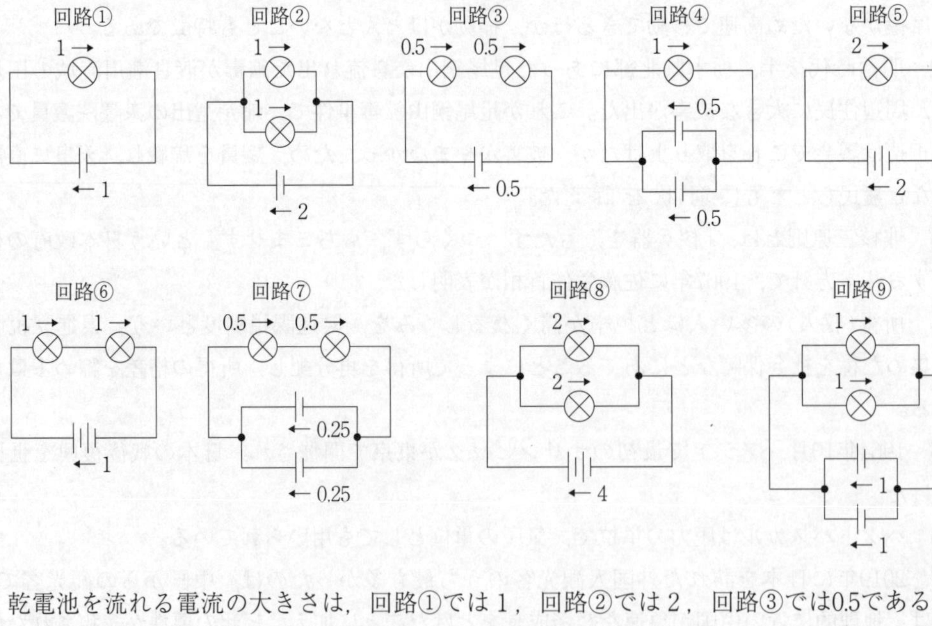

⑵　乾電池を流れる電流の大きさは，回路①では１，回路②では２，回路③では0.5である。した

がって，乾電池の減り方は，回路③が最もおそく，回路②が最も速い。

⑶　豆電球を流れる電流の大きさは，回路④では1，回路⑤では2である。したがって，回路①と回路④の豆電球はほぼ同じ明るさで，回路⑤の豆電球はそれらより明るい。

⑷～⑹　豆電球を流れる電流の大きさは，回路⑥では1ずつ，回路⑦では0.5ずつ，回路⑧では2ずつ，回路⑨では1ずつである。したがって，回路⑧の豆電球が最も明るく点灯し，回路⑦の豆電球が最も暗く点灯する。また，回路⑥と回路⑨の豆電球は同じ明るさで点灯する。

⑺～⑼　乾電池を流れる電流の大きさは，回路⑥では1ずつ，回路⑦では0.25ずつ，回路⑧では4ずつ，回路⑨では1ずつである。したがって，乾電池の減り方は，回路⑧が最も速く，回路⑦が最もおそい。また，回路⑥と回路⑨の乾電池の減り方は同じである。

⑽　回路①の豆電球と同じ明るさで点灯する豆電球をふくむ回路は，回路②，回路④，回路⑥，回路⑨の4つである。

⑾　温まった空気や水はまわりの水や空気より同じ体積で比べると軽いため上へ移動し，上にある冷たい空気や水が下へ移動して全体が温まる。このような熱の伝わり方を対流という。

⑿　熱したところから熱が順々に伝わり，やがて全体が熱くなるような熱の伝わり方を伝導という。

⒀　太陽の光のように，はなれた物に直接熱が伝わるような熱の伝わり方を放射という。

⒁　おもな金属を熱が伝わりやすい順に並べると，銀，銅，金，アルミニウム，鉄となる。

⒂　太陽の光はとう明なものは素通りしてしまうので，とう明が最も温まりにくい。一方，黒色は太陽の光を吸収するため，最も温まりやすい。

2　プラスチックの種類と性質，あえんと塩酸の反応についての問題

⑴　炭素をふくむ物質を燃やすと二酸化炭素が発生する。プラスチックは炭素をふくんでいるので，燃やすと二酸化炭素が出る。

⑵　ペットボトルなどのプラスチックは，び生物によって分解されにくい。

⑶　ペットボトルに使われているのは，ポリエチレンテレフタラートというプラスチックで，レジぶくろに使われているポリエチレンとは異なる種類のプラスチックである。

⑷　一般《いっぱん》にマイクロプラスチックは直径5mm以下にまで細かくなったプラスチックのことをいう。

⑸　ペットボトルのキャップに使われているのは，ポリプロピレンというプラスチックなどで，これはペットボトル本体とは異なる種類のプラスチックである。

⑹　プラスチックには熱を加えるとやわらかくなり，変形するという性質がある。

⑺　1回目の実験と2回目の実験を比べると，塩酸の体積を変えずに，あえんの重さを2倍にしたとき，発生した気体の体積も2倍になっている。よって，1回目の実験では，あえんがすべて反応し，塩酸が残っていたことがわかる。

⑻　4回目の実験と5回目の実験を比べると，塩酸の体積を変えずに，あえんの重さを増やしても，発生する気体の体積は変わっていない。したがって，4回目の実験では塩酸がすべて反応し，あえんが残っていたと考えられる。

⑼　あえん0.50gが完全に反応したときに発生する気体の体積は，$35\times\frac{0.50}{0.10}=175$(mL)である。したがって，5回目の実験のあと，塩酸をじゅうぶんに加えたときに発生する水素の体積は，$175-125=50$(mL)となる。

⑽　あえん0.30gがすべて塩酸と反応すると，$35\times\frac{0.30}{0.10}=105$(mL)の水素が発生する。しかし，3

回目の実験では，100mLしか水素が発生していないので，塩酸がすべて反応し，あえんが残っていたことがわかる。この残ったあえんに塩酸を加えてすべて反応させると，さらに，105－100＝5(mL)の水素が発生する。(8)で述べたことより，塩酸10mLがすべて反応すると125mLの水素が発生することから，残ったあえんをすべて反応させるために加える塩酸は，$10\times\frac{5}{125}=0.4$(mL)と求められる。

3 植物の蒸散，動物の呼吸，血液の成分についての問題

(1)～(3)　実験の結果をまとめると，右の表のようになる。Eの結果から，くきから蒸発した水の量は2cm^3，DとEの結果から，水面から蒸発した水の量は，3－2＝1(cm^3)，AとDの結果から，4枚の葉の表側から蒸発した水の量は，15－3＝12(cm^3)となり，1枚の葉の表側から蒸発した水の量は，12÷4＝3(cm^3)とわかる。また，BとDの結果から，3枚の葉の裏側から蒸発した水の量は，18－3＝15(cm^3)となり，1枚の葉の裏側から蒸発した水の量は，15÷3＝5(cm^3)とわかる。これらのことから，水面やくきからも水は蒸発していることがわかり，葉の表側と裏側とでは，裏側の方が蒸発量が多いこともわかる。

試験管	表	裏	くき	水面	減った水の量(cm^3)
A	○(4枚)		○	○	45−30＝15
B		○(3枚)	○	○	45−27＝18
C	○(2枚)	○(2枚)	○	○	
D			○	○	45−42＝3
E			○		45−43＝2

(○は水が蒸発したことを示す)

(4)　試験管Cで減った水の量は，2枚の葉の表側，2枚の葉の裏側，くき，水面から蒸発した水の量の和だから，3×2＋5×2＋1＋2＝19(cm^3)である。したがって，残った水の量は，45－19＝26(cm^3)である。

(5)　一般に肺呼吸を行う動物の仲間は，両生類の成体，は虫類，鳥類，ほ乳類である。よって，オのイルカ(ほ乳類)とウミガメ(は虫類)の組み合わせが適する。

(6)　一生のうちでエラ呼吸をする期間がある動物の仲間には，魚類(メダカなど)，両生類(アマガエルなど)がある。それ以外にも貝の仲間やザリガニなどもエラ呼吸をする。

(7)～(10)　アは血しょうで，養分や二酸化炭素，不要物などを運び，イは赤血球で，酸素と結合し，酸素をからだ全体に運ぶ。ウは白血球で，体内に入りこんだ細きんやウイルスをとらえて殺す。Aは血小板で，出血したときに血液を固めるはたらきを行う。

4 たい積岩の特ちょう，日本付近の季節と天気についての問題

(1)　たい積岩のうち，ぎょう灰岩は火山灰などがたい積してできた岩石で，多くは川の流水のはたらきを受けていないので，つぶが角ばっている。

(2)　たい積するときに，大昔の生物や，生物のすんでいたあとなどがふくまれることがあるので，たい積岩にはそれらの化石がふくまれることがある。

(3)　化石がふくまれていた地層のたい積した地質年代を知ることができる化石を示準化石といい，その地層がたい積した時代の自然かん境を知ることができる化石を示相化石という。

(4)　サンゴは，あたたかく浅い，きれいな海に生息する生物で，湖には生息していない。

(5)　アンモナイトは中生代の代表的な化石である。そのほか，中生代の化石としてはキョウリュウなどがある。

(6)～(9)　冬は日本の西側にあるユーラシア大陸上に高気圧，東側にある太平洋上に低気圧があるこ

とが多い。このような気圧配置を西高東低といい，日本では大陸側から太平洋側に向かって北西の季節風がふくことが多い。このため，日本海側では雪や雨の日が多く，太平洋側では乾燥《かんそう》した晴れの日が続くことが多い。

⑽，⑾　夏は日本の南の太平洋上に高気圧，北の大陸上に低気圧があることが多い。このような気圧配置を南高北低といい，太平洋側から大陸側に向かって南東の季節風がふくことが多い。

⑿，⒀　台風は赤道付近で発生した熱帯低気圧が発達したもので，中心付近の最大風速が秒速17.2m以上になったものをいう。台風では中心付近に向かって反時計回りに強い風がふきこむ。

⒁　日本が運用している静止気象衛星は「ひまわり」とよばれる。「ひまわり」は，赤道上空を地球の自転と同じ周期で回っているため，いつも同じ地域を観測することができる。

⒂　水に対して砂のほうがあたたまりやすく，冷めやすい。そのため，晴れた日の日中の海沿いでは，陸のほうがあたたまりやすいことから温度が高くなり，上昇《じょうしょう》気流が生じて気圧が低くなるため，海から陸に向かって海風がふく。また，夜になると陸のほうが冷えやすいことから温度が低くなり，下降気流が生じて気圧が高くなるため，陸から海に向かって陸風がふく。

国語　＜２科・４科入試第１回＞（50分）＜満点：100点＞

解答

一　①　もはん　②　つ(ぐ)　③　おうぼう　④　たいよ　⑤～⑧　下記を参照のこと。
二　**1**　①　12　②　16　③　9　④　18　**2**　①　水　②　足　③　耳　④　白　三　**問1**　獣医　**問2**　目の前のことに，一所懸命になる　**問3**　**A**　尾びれ　**B**　フジ　**C**　仲間と泳がせて　**D**　人工(ゴム)　**問4**　ネクタイ　**問5**　ア　**問6**　イ　**問7**　目が，そう　四　**問1**　お迎え　**問2**　支え　**問3**　だから(，)　**問4**　手放す　**問5**　ウ　**問6**　(例)　私は六年生の運動会の直前にけがをして，リレーに出られなくなった。最初はとても落ちこんだが，練習を手伝うことで選手になれない人の気持ちに気づき，この人たちのためにもがんばろうと前向きな気持ちになれた。

●漢字の書き取り

一　⑤　営(む)　⑥　歓声　⑦　対象　⑧　感心

解説

一　漢字の読み書き

①　見習わなければならない手本。　②　音読みは「ケイ」で，「継続」などの熟語がある。　③　腕力《わんりょく》や権力にまかせて，乱暴，無法なふるまいをすること。　④　物や金を貸し与《あた》えること。　⑤　音読みは「エイ」で，「営業」などの熟語がある。　⑥　喜びをおさえきれずにあげる声。　⑦　目標となるもの。　⑧　心に深く感じること。

二　漢字の画数，慣用句の知識

1　①　音読みは「ドウ」で，「道路」などの熟語がある。総画数は12画。　②　音読みは「キョウ」「コウ」で，「興味」「興奮」などの熟語がある。総画数は16画。　③　音読みは「カン」で，「圧巻」などの熟語がある。総画数は９画。　④　音読みは「カン」で，「観察」などの熟語がある。総画数は18画。

2　①「立て板に水」とは，よどみなくすらすらとよく話すさま。「水をさす」とは，“物事がうまく進んでいる事にじゃまをする”という意味。「水を打ったような」とは，その場にいるたくさんの人々が静まりかえるさま。　②「二の足を踏《ふ》む」とは，“決断することができずに，ためらう”という意味。「足が棒になる」とは，“長い時間歩いたりして，足がとても疲《つか》れる”という意味。「足元にも及《およ》ばない」とは，“相手の実力があまりにもすぐれているので，自分とは比べものにならない”という意味。　③「耳が痛い」とは，他人の言葉が自分の弱点をついているので，聞くのがつらいようす。「耳に逆らう」とは，“聞いていて不愉快《ゆかい》に感じる”という意味。「耳にたこができる」とは，“同じことを何度も聞かされて，うんざりする”という意味。　④「白紙に戻《もど》す」とは，“これまでの経緯《けいい》をなかったものにして，元の状態に返す”という意味。「白い目で見る」とは，“悪意がこもったつめたい目で人を見る”という意味。「白を切る」とは，“知っているのにわざと知らないふりをする”という意味。

三　**出典は岩貞《いわさだ》るみこの『しっぽをなくしたイルカ』による。**沖縄の美《ちゅ》ら海水族館で働いている獣《じゅう》医《い》の植田《うえだ》(ぼく)は，尾《お》びれが壊死《えし》したイルカのフジを，もういちど仲間と泳がせてあげるために，人工の尾びれを作ってほしいと，ブリヂストンの本社にお願いしに行く。

問１　「金髪ちょんまげ」である「ぼく」を見た「ブリヂストンの人たち」の顔には，「あきらかに『これが獣医か？』と」書かれていたとある。よって，「ぼく」の職業は「獣医」だとわかる。

問２　「鉄砲玉《てっぽうだま》」とは，行ったらもうそれっきり戻ってこない人のこと。苫米地《とまべち》は高校時代のバスケの思い出を話した後で，「目の前のことに，一所懸命《けんめい》になるんだよな」と言っている。

問３　**A～D**　「ぼく」はブリヂストンの人たちにフジの尾びれの写真を見せ，「あの子を助けたいんです。もういちど，仲間と泳がせてあげたいんです！」と言って頭を下げている。それに対して加藤《かとう》部長は「イルカの人工尾びれなんて，ほかでもつくっているんですか？」とたずねている。したがって，「尾びれ」が壊死した「フジ」を「仲間と泳がせて」あげるため「人工」の「尾びれ」をつくってもらうことをたのもうとしているのだとわかる。

問４　文章の初めで，ラフな服装の「ぼく」は，背広姿の人が行きかう東京で，自分の姿が浮《う》いているのを感じ，苫米地に「なあ。やっぱり，ネクタイしてきたほうが，よかったんじゃないか？」と聞いている。あいさつをする場面でも「ほら！　だから，せめてネクタイしてきたほうが，よかったじゃないか！」と苫米地を見ていることから，空らん④には「ネクタイ」が合う。

問５　植田がアメリカの「グッドイヤー」というライバル会社の名前を出したことで，「加藤部長たちが，身を乗り出すようにして話を聞いている」ので，競争相手とたたかう「闘争《とうそう》心」がかきたてられたものと考えられる。

問６　ブリヂストンの本社ビルを出た「ぼく」は，「はっきりとした返事がもらえなかった。それに，生き物はダメだと言っていた。きっと，断られるんだろうな」と考えている。人工尾びれをつくってもらうことをうまくたのめなかったと感じ，くやしく思っているのだと考えられる。

問７　ブリヂストンの人たちと顔を合わせた「ぼく」が緊張《きんちょう》して，うまく説明できるか不安になっている場面で，苫米地と目が合った時に「目が，そう言っていた」とあるので，その直前に「植田は，植田だから，いいんだ。おまえのままでいけ！」という苫米地の言葉が入ると考えられる。

四　**出典は小澤竹俊《おざわたけとし》の『いのちはなぜ大切なのか』による。**人は，自分の支えを得たとき，たとえ苦しみの中にあっても，人を傷つけず，自分自身を傷つけないで，おだやかに生きられる可能性があり，そのことをいのちの教育の本質として考えるべきだと述べている。

問１　ホスピスに入院していて，死をこわがっていない患者《かんじゃ》さんたちに，「なぜあなたは，間もなくお迎《むか》えがくるとわかっているにもかかわらず，おだやかでいられるのですか」とたずねるということから，「死」を「お迎え」と言いかえているとわかる。

問２　患者さんの答えの例をあげた後に，仲間や家族，スタッフや神様などの「支えがあったときに，人は死が近くても，おだやかでいられる」と筆者は述べている。

問３　空らんの前ではさまざまな事情をあげ，後では「大丈夫《だいじょうぶ》」，死ぬことがこわくないとしている。したがって前に述べたことがらを受けて，それを理由として順当に起こる内容を導く言葉が合う。後の段落で，自分が亡《な》くなったあとの準備を全部整えることができた「七十代の女性」が，「だから，いつお迎えが来ても安心だ」と言う例があげられているので，「だから」があてはまるとわかる。

問４　二つ目の大段落の二番目の形式段落で，「この，独特の手放し感はすごく大事です」として，「自分でコントロールできなくなったときに，それを手放す感覚，大きなものにゆだねるという感覚があると，おだやかさを取り戻す力になる」と述べられている。

問５　最後の大段落の最初の形式段落で筆者は，「死とは多くの人にとって，たしかにこわいもの」ではあるが，「死がこわいのが正しい」という教育がいいとは決して思わないとしている。「死の恐怖《きょうふ》によって心が不安定になる人」がおり，安定を取り戻すためには死の恐怖を乗り越《こ》えなければならないとも述べている。しかし，教育によって死の恐怖を乗り越えられるとは述べていないので，ウは誤り。

問６　自分がこれまでの人生の中で乗り越えた困難がどんなものだったか，それをどのように乗り越えたのかということを具体的に説明する。

Dr.福井の

入試に勝つ！ 脳とからだのウルトラ科学

睡眠時間や休み時間も勉強!?

みんなは寝不足になっていないかな？　もしそうなら大変だ。睡眠時間が少ないと，体にも悪いし，脳にも悪い。なぜなら，眠っている間に，脳は海馬《かいば》という部分に記憶をくっつけているんだから。つまり，自分が眠っている間も頭は勉強しているわけだ。それに，成長ホルモン（体内に出される背をのばす薬みたいなもの）も眠っている間に出されている。昔から言われている「寝る子は育つ」は，医学的にも正しいことなんだ。

寝不足だと，勉強の成果も上がらないし，体も大きくなりにくく，いいことがない。だから，睡眠時間はちゃんと確保するように心がけよう。ただし，だからといって寝すぎるのもダメ。アメリカの学者タウブによると，10時間以上も眠ると，逆に能力や集中力がダウンしたという研究報告があるんだ。

睡眠時間と同じくらい大切なのが，休み時間だ。適度に休憩するのが勉強をはかどらせるコツといえる。何時間もぶっ続けで勉強するよりも，50分勉強して10分休むことをくり返すようにしたほうがよい。休み時間は，散歩や体操などをして体を動かそう。かたまった体をほぐして，つかれた脳を休ませるためだ。マンガを読んだりテレビを見たりするのは，頭を休めたことにならないから要注意！

頭の疲れに関連して，勉強の順序にもふれておこう。算数の応用問題や理科の計算問題，国語の読解問題などを勉強するときには，脳のおもに前頭葉という部分を使う。それに対して，国語の知識問題（漢字や語句など）や社会などの勉強では，おもに海馬《かいば》という部分を使う。したがって，それらを交互に勉強すると，１日中勉強しても疲れにくい。

Dr.福井（福《ふく》井《い》一成《かずしげ》）…医学博士。開成中・高から東大・文Ⅱに入学後，再受験して翌年東大・理Ⅲに合格。同大医学部卒。さまざまな勉強法や脳科学に関する著書多数。

Memo

Memo

出題ベスト10シリーズ

①国語読解ベスト10

②漢字合格の2790題

③計算合格の820題

④図形問題ベスト10

■過去の入試問題から出題例の多い問題を選んで編集・構成。受験関係者の間でも好評です！

有名中学入試問題集

●男子校編

●女子校編

■中学入試の全容をさぐる!!
■首都圏の中学を中心に、全国有名中学の最新入試問題を収録!!

※表紙は昨年度のものです。

算数の過去問25年分

■筑波大学附属駒場
■麻布
■開成

○名門３校に絶対合格したいという気持ちに応えるため過去問実績No.1の声の教育社が出した答えです。

都立中高一貫校 適性検査問題集

■都立一貫校と同じ検査形式で学べる！

●自己採点のしにくい作文には「採点ガイド」を掲載。
●保護者向けのページも充実。
●私立中学の適性検査型・思考力試験対策にもおすすめ！

スーパー過去問の 解説執筆・解答作成スタッフ（在宅）募集！ ※募集要項の詳細は、10月に弊社ホームページ上に掲載します。

2025年度用
中学スーパー過去問

■編集人 声の教育社・編集部
■発行所 株式会社 声の教育社
〒162-0814 東京都新宿区新小川町8-15
☎03-5261-5061(代) FAX03-5261-5062
https://www.koenokyoikusha.co.jp

※本書の内容についての一切の責任は当社にあります。内容・解説・解答・その他は当社ホームページよりお問い合わせ下さい。

ストリーミング配信による入試問題の解説動画

2025年度用web過去問　ラインナップ

■ 男子・女子・共学（全動画）見放題
36,080円（税込）

■ 男子・共学 見放題
29,480円（税込）

■ 女子・共学 見放題
28,490円（税込）

● 中学受験「声教web過去問（過去問プラス・過去問ライブ）」（算数・社会・理科・国語）

3〜5年間 **24校**

過去問プラス

麻布中学校	桜蔭中学校	開成中学校	慶應義塾中等部	渋谷教育学園渋谷中学校
女子学院中学校	筑波大学附属駒場中学校	豊島岡女子学園中学校	広尾学園中学校	三田国際学園中学校
早稲田中学校	浅野中学校	慶應義塾普通部	聖光学院中学校	市川中学校
渋谷教育学園幕張中学校	栄東中学校			

過去問ライブ

栄光学園中学校	サレジオ学院中学校	中央大学附属横浜中学校	桐蔭学園中等教育学校	東京都市大学付属中学校
フェリス女学院中学校	法政大学第二中学校			

● 中学受験「オンライン過去問塾」（算数・社会・理科）

3〜5年間 **50校以上**

東京	青山学院中等部	東京	国学院大学久我山中学校	東京	明治大学付属明治中学校	千葉	芝浦工業大学柏中学校	埼玉	栄東中学校
東京	麻布中学校	東京	渋谷教育学園渋谷中学校	東京	早稲田中学校	千葉	渋谷教育学園幕張中学校	埼玉	淑徳与野中学校
東京	跡見学園中学校	東京	城北中学校	東京	都立中高一貫校 共同作成問題	千葉	昭和学院秀英中学校	埼玉	西武学園文理中学校
東京	江戸川女子中学校	東京	女子学院中学校	東京	都立大泉高校附属中学校	千葉	専修大学松戸中学校	埼玉	獨協埼玉中学校
東京	桜蔭中学校	東京	巣鴨中学校	東京	都立白鷗高校附属中学校	千葉	東邦大学付属東邦中学校	埼玉	立教新座中学校
東京	鷗友学園女子中学校	東京	桐朋中学校	東京	都立両国高校附属中学校	千葉	千葉日本大学第一中学校	茨城	江戸川学園取手中学校
東京	大妻中学校	東京	豊島岡女子学園中学校	神奈川	神奈川大学附属中学校	千葉	東海大学付属浦安中等部	茨城	土浦日本大学中等教育学校
東京	海城中学校	東京	日本大学第三中学校	神奈川	桐光学園中学校	千葉	麗澤中学校	茨城	茗溪学園中学校
東京	開成中学校	東京	雙葉中学校	神奈川	県立相模原・平塚中等教育学校	千葉	県立千葉・東葛飾中学校		
東京	開智日本橋中学校	東京	本郷中学校	神奈川	市立南高校附属中学校	千葉	市立稲毛国際中等教育学校		
東京	吉祥女子中学校	東京	三輪田学園中学校	千葉	市川中学校	埼玉	浦和明の星女子中学校		
東京	共立女子中学校	東京	武蔵中学校	千葉	国府台女子学院中学部	埼玉	開智中学校		

web過去問 Q&A

過去問が動画化！
声の教育社の編集者や中高受験のプロ講師など、
過去問を知りつくしたスタッフが動画で解説します。

Q どこで購入できますか？

A 声の教育社のHPでお買い求めいただけます。

Q 受講にあたり、テキストは必要ですか？

A 基本的には過去問題集がお手元にあることを前提としたコンテンツとなっております。

Q 全問解説ですか？

A 「オンライン過去問塾」シリーズは基本的に全問解説ですが、国語の解説はございません。「声教web過去問」シリーズは合格のカギとなる問題をピックアップして解説するもので、全問解説ではございません。なお、「声教web過去問」と「オンライン過去問塾」のいずれでも取り上げられている学校がありますが、授業は別の講師によるもので、同一のコンテンツではございません。

Q 動画はいつまで視聴できますか？

A ご購入年度２月末までご視聴いただけます。
複数年視聴するためには年度が変わるたびに購入が必要となります。

よくある解答用紙のご質問

01

実物のサイズにできない

拡大率にしたがってコピーすると，「解答欄」が実物大になります。配点などを含むため，用紙は実物よりも大きくなることがあります。

02

A3用紙に収まらない

拡大率164％以上の解答用紙は実物のサイズ（「出題傾向＆対策」をご覧ください）が大きいために，Ａ３に収まらない場合があります。

03

拡大率が書かれていない

複数ページにわたる解答用紙は，いずれかのページに拡大率を記載しています。どこにも表記がない場合は，正確な拡大率が不明です。

04

１ページに２つある

１ページに２つ解答用紙が掲載されている場合は，正確な拡大率が不明です。ほかの試験回の同じ教科をご参考になさってください。

藤嶺学園藤沢中学校

【別冊】入試問題解答用紙編

禁無断転載

解答用紙は本体からていねいに抜きとり、別冊としてご使用ください。

※　実際の解答欄の大きさで練習するには、指定の倍率で拡大コピーしてください。なお、ページの上下に小社作成の見出しや配点を記載しているため、コピー後の用紙サイズが実物の解答用紙と異なる場合があります。

●入試結果表

— は非公表

年度	回	項目	国語	算数	社会	理科	２科合計	４科合計	２科合格	４科合格
2024	２科・４科	配点(満点)	100	100	70	70	200	340	最高点	最高点
		合格者平均点	—	—	—	—	138.4*	195.7*	140	234
		受験者平均点	59.3	48.3	40.5	36.0	107.6	184.1	最低点	最低点
		キミの得点							106	171
	２科	配点(満点)	100	100			200		最高点	
		合格者平均点	—	—			144.8*		192	
		受験者平均点	62.1	64.9			127.0		最低点	
		キミの得点							110	
2023	２科・４科 第１回	配点(満点)	100	100	70	70	200	340	最高点	最高点
		合格者平均点	56.0	59.5	39.5	42.9	115.5	197.9	153	252
		受験者平均点	47.5	46.7	36.4	40.9	94.2	171.5	最低点	最低点
		キミの得点							102	172
	２科	配点(満点)	100	100			200		最高点	
		合格者平均点	76.8	74.0			150.8		189	
		受験者平均点	70.6	66.7			137.3		最低点	
		キミの得点							116	
2022	２科・４科 第１回	配点(満点)	100	100	70	70	200	340	最高点	最高点
		合格者平均点	74.1	54.9	44.9	37.6	129.0	211.5	172	267
		受験者平均点	64.4	48.0	39.6	32.0	112.4	184.0	最低点	最低点
		キミの得点							125	184
	２科	配点(満点)	100	100			200		最高点	
		合格者平均点	76.9	75.1			152.0		188	
		受験者平均点	52.4	50.8			103.2		最低点	
		キミの得点							129	
2021	２科・４科 第１回	配点(満点)	100	100	70	70	200	340	最高点	最高点
		合格者平均点	66.8	69.8	42.8	44.7	143.0*	224.1	162	270
		受験者平均点	57.6	59.2	40.6	40.0	118.8*	197.4	最低点	最低点
		キミの得点							138	186

※　表中のデータは学校公表のものです。ただし、２科合計・４科合計は各教科の平均点を合計したものなので、目安としてご覧ください(*は学校公表のもの)。

声の教育社

2024年度　藤嶺学園藤沢中学校　２科・４科

算数解答用紙

番号		氏名		評点	／100

1

(1)　　(2)　　(3)

(4)　　(5)　　度

2

(1)　　円　　(2)　　個　　(3)　　kg

(4)　　才　　(5)　　秒速　　m　　(6)

(7)　　(8)　　度

3

(1)　　個　　(2)　　白　　個，黒　　個

4

(1)

(答)　　分　　秒

(2)

(答)　　m

5

(1)

(答)　　m²

(2)

(答)　　m

(注) この解答用紙は実物を縮小してあります。Ａ３用紙に159％拡大コピーすると、ほぼ実物大で使用できます。(タイトルと配点表は含みません)

〔算　数〕100点(推定配点)

1，2　各５点×13　3　(1)　５点　(2)　６点　4，5　各６点×４

2024年度　　藤嶺学園藤沢中学校　２科・４科

社会解答用紙

番号		氏名		評点	／70

1

問1		問2		問3	(1)		
問3	(2)　天皇	問4		問5		問6	
問7	(1)	(2)		問8		問9	
問10	の戦い	問11		問12			
問13		問14	年　月　日	問15			

2

問1	①	②	③	問2	(1)　現象		
問2	(2)　現象	(3)　現象	(4)				
問3		問4		問5		問6	
問7		問8					

3

問1		問2		問3	A	B	C
問4		問5		問6		問7	省
問8		問9		問10		問11	
問12		問13	制度	問14			
問15		問16		問17	制度		

(注)　この解答用紙は実物を縮小してあります。Ａ３用紙に150％拡大コピーすると、ほぼ実物大で使用できます。(タイトルと配点表は含みません)

〔社　会〕70点(推定配点)

1　問1，問2　各2点×2　問3(1)　1点　(2)　2点　問4～問7　各1点×5　問8～問10　各2点×3　問11　1点　問12　2点　問13　1点　問14　2点　問15　1点　2　問1　各1点×3　問2　各2点×4　問3～問8　各1点×8　3　問1～問3　各1点×5　問4　2点　問5，問6　各1点×2　問7　2点　問8～問11　各1点×5　問12，問13　各2点×2　問14，問15　各1点×2　問16，問17　各2点×2

2024年度　藤嶺学園藤沢中学校　２科・４科

理科解答用紙

番号		氏名		評点	／70

1

(1)		(2)		(3)		(4)		(5)	
(6)		(7)		(8)		(9)		(10)	
(11)		(12)		(13)		(14)		(15)	

2

(1)		(2)		(3)		(4)		(5)	
(6)		(7)		(8)		(9)		(10)	
(11)		(12)		(13)		(14)		(15)	

3

(1)		(2)		(3)		(4)		(5)	
(6)		(7)		(8)		(9)		(10)	
(11)									
(12)		(13)							

4

(1)		(2)		(3)		(4)		(5)	
(6)		(7)		(8)		(9)		(10)	
(11)		(12)		(13)		(14)		(15)	

（注）この解答用紙は実物を縮小してあります。Ａ３用紙に145％拡大コピーすると、ほぼ実物大で使用できます。（タイトルと配点表は含みません）

〔理　科〕70点（推定配点）

1 (1)～(12)　各１点×12　(13)～(15)　各２点×３　2 (1)～(5)　各１点×５　(6)～(8)　各２点×３　(9)～(15)　各１点×７　3 (1)～(5)　各１点×５　(6)　２点　(7)～(11)　各１点×５　(12)，(13)　各２点×２　4 (1)～(4)　各１点×４　(5)　２点　(6)～(10)　各１点×５　(11)　２点　(12)～(14)　各１点×３　(15)　２点

二〇二四年度　藤嶺学園藤沢中学校　二科・四科

国語解答用紙

番号　氏名　評点　／100

一

① ② ③ ④ しい

⑤ ⑥ ⑦ ⑧

二

1 ① ② ③ ④

2 ① ② ③ ④

三

問一　問二

問三

問四　問五　問六　問七

四

問一　問二　問三

問四　から

問五　から

問六　20字　40字　60字　80字　100字　120字

(注) この解答用紙は実物を縮小してあります。A３用紙に163％拡大コピーすると、ほぼ実物大で使用できます。(タイトルと配点表は含みません)

〔国　語〕100点(推定配点)

一，二　各２点×16　三　各５点×７　四　問１，問２　各４点×２　問３～問５　各５点×３　問６　10点

2024年度　　藤嶺学園藤沢中学校

算数解答用紙　2科

番号		氏名		評点	／100

1	(1)		(2)		(3)	
	(4)		(5)	秒		
2	(1)	個	(2)	円	(3)	才
	(4)	本	(5)	日目	(6)	分
	(7)	g	(8)	cm^2		
3	(1)	枚目	(2)			

4 (1)

(答) ＿＿＿＿＿＿ 円

(2)

(答) ＿＿＿＿＿＿ 円

5 (1)

(答) ＿＿＿ : ＿＿＿

(2)

(答) ＿＿＿＿＿＿ cm

(注) この解答用紙は実物を縮小してあります。A３用紙に163%拡大コピーすると、ほぼ実物大で使用できます。(タイトルと配点表は含みません)

〔算　数〕100点(推定配点)

1, 2 各５点×13　3 (1) ５点　(2) ６点　4, 5 各６点×４

二〇二四年度　藤嶺学園藤沢中学校

国語解答用紙　二科

番号　　氏名　　評点　／100

一

①　②　③　④ える

⑤　⑥　⑦　⑧

二

1　①　②　③　④

2　①　②　③　④

三

問一　Ⅰ　Ⅱ

問二　問三　問四　問五

問六　Ⅰ　Ⅱ　Ⅲ

四

問一　から

問二　Ⅰ　Ⅱ

問三　問四

問五

問六

問七

（注）この解答用紙は実物を縮小してあります。Ａ３用紙に163％拡大コピーすると、ほぼ実物大で使用できます。（タイトルと配点表は含みません）

〔国　語〕100点(推定配点)

一，二　各２点×16　三，四　各４点×17

2023年度　藤嶺学園藤沢中学校　２科・４科第１回

算数解答用紙

番号		氏名		評点	／100

1	(1)		(2)		(3)	
	(4)		(5)	km		
2	(1)		(2)	個	(3)	冊
	(4)	才	(5)	m	(6)	本
	(7)	g	(8)	cm²		
3	(1)		(2)		(3)	

4 (1)

(答)　　　　分

(2)

(答)　　　　分

(3)

(答)　　　　分　　　　秒

5 (1)

(答)　時速　　　　km

(2)

(答)　時速　　　　km

(3)

(答)　時速　　　　km

（注）この解答用紙は実物を縮小してあります。Ａ３用紙に163％拡大コピーすると、ほぼ実物大で使用できます。（タイトルと配点表は含みません）

〔算　数〕100点（推定配点）

1　各４点×５　2　(1)～(5)　各４点×５　(6)～(8)　各５点×３　3～5　各５点×９

2023年度　藤嶺学園藤沢中学校　２科・４科第１回

社会解答用紙

番号		氏名		評点	／70

1

問1　　条約	問2 (1)	(2)	
問2 (3) 戦前	戦後	問3	問4 (1)
問4 (2) 日清	日露	問5 (1)	(2)
問6 (1)	(2)	(3)	
問7	問8	問9	問10

2

問1 A	B	C	問2 あ
問2 い	う	問3	
問4 記号	国名	問5	問6
問7			

3

問1	問2	問3	問4　　憲法
問5	問6	問7	
問8	問9		
問10	問11	問12	問13　　％
問14	問15	問16	
問17	問18		

（注）この解答用紙は実物を縮小してあります。A３用紙に161％拡大コピーすると、ほぼ実物大で使用できます。（タイトルと配点表は含みません）

〔社　会〕70点(推定配点)

1　問１　２点　問２(1)　１点　(2)　２点　(3)　各１点×２　問３　２点　問４　各１点×３　問５(1)　２点＜完答＞　(2)　１点　問６　(1)　２点　(2)　１点　(3)　２点　問７，問８　各１点×２　問９，問10　各２点×２　2　問１　各１点×３　問２　各２点×３　問３，問４　各１点×４　問５　２点＜完答＞　問６，問７　各２点×２　3　問１～問３　各１点×３　問４，問５　各２点×２　問６，問７　各１点×２　問８　２点　問９～問12　各１点×５　問13～問15　各２点×３　問16～問18　各１点×３

2023年度　藤嶺学園藤沢中学校　２科・４科第１回

理科解答用紙

番号		氏名		評点	／70

1

(1)		(2)		(3)		(4)		(5)	
(6)		(7)		(8)		(9)		(10)	
(11)		(12)		(13)		(14)		(15)	

2

(1)		(2)		(3)		(4)		(5)	
(6)		(7)		(8)		(9)		(10)	

3

(1)		(2)		(3)		(4)		(5)	
(6)		(7)		(8)		(9)		(10)	
(11)		(12)		(13)					
(14)									

4

(1)		(2)		(3)		(4)		(5)	
(6)		(7)		(8)		(9)		(10)	
(11)		(12)		(13)		(14)		(15)	

（注）この解答用紙は実物を縮小してあります。Ａ３用紙に140％拡大コピーすると、ほぼ実物大で使用できます。（タイトルと配点表は含みません）

〔理　科〕70点（推定配点）

1　(1)～(10)　各１点×10　(11)～(15)　各２点×５　2　各２点×10　3　(1)～(13)　各１点×13　(14)　２点　4　各１点×15

二〇二三年度　藤嶺学園藤沢中学校　二科・四科第一回

国語解答用紙

番号　　氏名　　評点 ／100

一

①　②　③　④

⑤　⑥　⑦　⑧

二

1　①　②　③　④

2　①　②　③　④

三

問一　問二

問三　ⅰ　ⅱ　ⅲ

問四

問五

問六　問七　問八

四

問一　問二

問三

問四　こと

問五

問六　20字　40字　60字　80字　100字　120字

（注）この解答用紙は実物を縮小してあります。Ａ３用紙に163％拡大コピーすると、ほぼ実物大で使用できます。（タイトルと配点表は含みません）

〔国　語〕100点（推定配点）

一，二　各２点×16　三　問１，問２　各３点×２　問３～問８　各４点×８　四　問１～問５　各４点×５　問６　10点

2023年度　藤嶺学園藤沢中学校

算数解答用紙　２科

番号		氏名		評点	／100

1	(1)		(2)		(3)	
	(4)		(5)	m		
2	(1)		(2)		(3)	本
	(4)	km	(5)	度	(6)	年前
	(7)	%	(8)	cm^2		
3	(1)	個	(2)	cm		

4 (1)

(答) ＿＿＿＿＿＿＿＿ 個

(2)

(答) ＿＿＿＿＿＿＿＿ 個

5 (1)

(答) ＿＿＿＿＿＿＿＿

(2)

(答) ＿＿＿＿＿＿＿＿ cm

(注) この解答用紙は実物を縮小してあります。Ａ３用紙に163%拡大コピーすると、ほぼ実物大で使用できます。(タイトルと配点表は含みません)

〔算　数〕100点(推定配点)

1, 2　各５点×13　3　(1)　５点　(2)　６点　4, 5　各６点×４

二〇二二年度　藤嶺学園藤沢中学校

国語解答用紙　二科

番号		氏名		評点	／100

一
①　②　③　④
⑤　⑥　⑦　⑧

二
1　①　②　③　④
2　①　②　③　④

三
問一
問二
問三　③　④
問四
問五
問六　問七　問八

四
問一　から
問二　問三
問四　から
問五
問六　A　B　C　D
問七

（注）この解答用紙は実物を縮小してあります。A３用紙に156%拡大コピーすると、ほぼ実物大で使用できます。（タイトルと配点表は含みません）

〔国　語〕100点(推定配点)

一, 二　各２点×16　三　各４点×９　四　問１～問５　各４点×５　問６　各２点×４　問７　４点

2022年度　　藤嶺学園藤沢中学校　２科・４科第１回

算数解答用紙

番号		氏名		評点	／100

1	(1)		(2)		(3)	
	(4)		(5)	kg		
2	(1)		(2)	日目	(3)	m
	(4)	才	(5)	m	(6)	m^2
	(7)	%	(8)	cm^2		
3	(1)	回	(2)	cm		

4 (1)

（答）毎日　　　　個ずつ

(2)

（答）　　　　個

5 (1)

（答）分速　　　　m

(2)

（答）時速　　　　km

(3)

（答）　　　　km

（注）この解答用紙は実物を縮小してあります。Ａ３用紙に156％拡大コピーすると、ほぼ実物大で使用できます。（タイトルと配点表は含みません）

〔算　数〕100点（推定配点）

1～5　各５点×20

2022年度　藤嶺学園藤沢中学校　２科・４科第１回

社会解答用紙

番号		氏名		評点	／70

1

問１		問２		問３			
問４	⑴		⑵		問５		
問６	⑴		⑵		問７	⑴	⑵
問８	⑴		⑵		問９		
問10	⑴		⑵		問11		

2

問１	⑤	⑥	⑦	問２		問３	
問４		問５		問６		問７	工業地帯
問８	現象	問９	1		2		
問10							

3

問１		問２	歳	問３	⑴	⑵	％
問４		問５		問６		問７	
問８		問９	の義務	問10		問11	
問12		問13		問14		問15	
問16		問17	納税				

（注）この解答用紙は実物を縮小してあります。Ａ３用紙に135％拡大コピーすると、ほぼ実物大で使用できます。（タイトルと配点表は含みません）

〔社　会〕70点（推定配点）

1　問１～問６　各１点×８　問７～問11　各２点×９　**2**　問１～問４　各１点×６　問５～問10　各２点×７

3　問１～問11　各１点×12　問12～問17　各２点×６

2022年度　藤嶺学園藤沢中学校　２科・４科第１回

理科解答用紙

番号		氏名		評点	／70

1

(1)		(2)		(3)		(4)		(5)	
(6)		(7)		(8)		(9)		(10)	

2

(1)		(2)		(3)		(4)		(5)	
(6)		(7)		(8)		(9)		(10)	
(11)									
(12)		(13)		(14)					

3

(1)		(2)		(3)		(4)		(5)	
(6)		(7)		(8)		(9)		(10)	
(11)		(12)		(13)					
(14)									

4

(1)		(2)		(3)		(4)		(5)	
(6)		(7)		(8)		(9)		(10)	
(11)		(12)		(13)		(14)			
(15)									

（注）この解答用紙は実物を縮小してあります。Ａ３用紙に147％拡大コピーすると、ほぼ実物大で使用できます。（タイトルと配点表は含みません）

〔理　科〕70点（推定配点）

1　各１点×10　2　(1)～(10)　各１点×10　(11)～(14)　各２点×４　3　(1)～(8)　各１点×８　(9)～(13)　各２点×５　(14)　３点　4　(1)～(10)　各１点×10　(11)～(14)　各２点×４　(15)　３点

二〇二二年度　藤嶺学園藤沢中学校　二科・四科第一回

国語解答用紙

番号　　氏名　　評点 ／100

一
①　②　③ い　④ れる
⑤　⑥　⑦　⑧ しく

二
1 ①　②　③　④
2 ①　②　③　④

三
問一
問二
問三
問四　問五　問六　問七

四
問一　問二
問三 Ⅰ　Ⅱ　という特徴
問四　問五
問六
20字　40字　60字　80字　100字　120字

（注）この解答用紙は実物を縮小してあります。Ａ３用紙に154％拡大コピーすると、ほぼ実物大で使用できます。（タイトルと配点表は含みません）

〔国　語〕100点（推定配点）

一，二　各２点×16　三　問１～問３　各５点×３　問４，問５　各４点×２　問６　５点　問７　４点　四　問１　５点　問２　４点　問３　各４点×２　問４　５点　問５　４点　問６　10点

2022年度　藤嶺学園藤沢中学校

算数解答用紙　2科

番号		氏名		評点	／100

1	(1)		(2)		(3)	
	(4)		(5)	m^2		
2	(1)	個	(2)	個	(3)	
	(4)	袋《ふくろ》	(5)	才	(6)	秒
	(7)	度	(8)	cm^2		
3	(1)	通り	(2)	①〜⑤	通り	

4 (1)

（答）　　　　g

(2)

（答）　　　　g

5 (1)

（答）　　　　cm

(2)

（答）

（注）この解答用紙は実物を縮小してあります。A３用紙に156％拡大コピーすると、ほぼ実物大で使用できます。（タイトルと配点表は含みません）

〔算　数〕100点（推定配点）

1 各５点×５　2 各５点×８　3 各５点×３　4 各５点×２　5 各５点×２

二〇二二年度　藤嶺学園藤沢中学校

国語解答用紙　二科

番号		氏名		評点	／100

一

① なる　②　③　④

⑤　⑥　⑦　⑧

二

1　①　②　③　④

2　①　②　③　④

三

問一

問二

問三

問四

問五

問六

問七

四

問一

問二

問三

問四　必要があるから

問五

問六

問七

（注）この解答用紙は実物を縮小してあります。A３用紙に154％拡大コピーすると、ほぼ実物大で使用できます。（タイトルと配点表は含みません）

〔国　語〕100点（推定配点）

一，二　各２点×16　三　問１，問２　各５点×２　問３　４点　問４～問７　各５点×４　四　問１，問２　各５点×２　問３　４点　問４～問７　各５点×４

２０２１年度　藤嶺学園藤沢中学校　２科・４科第１回

算数解答用紙

番号		氏名		評点	／100

注意　1～3は答のみ，4，5は途中《とちゅう》式も書きなさい。

1	(1)		(2)		(3)	
	(4)		(5)	秒		
2	(1)		(2)	円	(3)	分　秒
	(4)	m	(5)	円	(6)	度
	(7)	%	(8)	cm^2		
3	(1)		(2)		(3)	

4 (1)

（答）毎分　　　　L

(2)

（答）

5 (1)

（答）時速　　　　km

(2)

（答）　　　　両

（注）この解答用紙は実物を縮小してあります。Ｂ５→Ａ３（163%）に拡大コピーすると，ほぼ実物大の解答欄になります。

〔算　数〕100点（推定配点）

1～5　各５点×20

２０２１年度　藤嶺学園藤沢中学校　２科・４科第１回

社会解答用紙

番号		氏名		評点	／70

1

問1	A		B		C		問2		
問3	氏	問4	年	問5					
問6		問7		問8					
問9	西郷		桂		問10	(1)		(2)	
問11	→　→　→	問12							

2

問1	A		B		C		D		E	
問2	A		B		問3					
問4		問5	②		④					
問6	現象	問7								

3

問1		問2		問3	制度	問4			
問5		問6		問7		問8	時間		
問9		問10		問11		問12			
問13		問14	制度	問15					
問16		問17		問18					

（注）この解答用紙は実物を縮小してあります。Ｂ５→Ａ３（163%）に拡大コピーすると、ほぼ実物大の解答欄になります。

〔社　会〕70点(推定配点)

1 問1，問2　各1点×4　問3，問4　各2点×2　問5　1点　問6，問7　各2点×2　問8，問9　各1点×3　問10，問11　各2点×3＜問11は完答＞　問12　各1点×2　2 問1　各1点×5　問2～問6　各2点×7　問7　1点　3 問1，問2　各1点×2　問3，問4　各2点×2　問5～問7　各1点×3　問8，問9　各2点×2　問10，問11　各1点×2　問12～問15　各2点×4　問16～問18　各1点×3

2021年度　藤嶺学園藤沢中学校　2科・4科第1回

理科解答用紙

番号		氏名		評点	／70

1

(1)		(2)		(3)		(4)		(5)	
(6)		(7)		(8)		(9)		(10)	
(11)		(12)		(13)		(14)		(15)	

2

(1)		(2)		(3)		(4)		(5)	
(6)		(7)		(8)		(9)		(10)	

3

(1)		(2)		(3)		(4)			
(5)		(6)		(7)		(8)		(9)	
(10)									

4

(1)		(2)		(3)		(4)		(5)	
(6)		(7)		(8)		(9)		(10)	
(11)		(12)		(13)		(14)			
(15)	水に対して砂のほうが								

（注）この解答用紙は実物を縮小してあります。Ｂ５→Ｂ４(141%)に拡大コピーすると、ほぼ実物大の解答欄になります。

〔理　科〕70点(推定配点)

1 各１点×15　2 (1)～(6) 各１点×6　(7)～(10) 各２点×4　3 (1)～(4) 各１点×4　(5)～(10) 各２点×6　4 (1)～(5) 各１点×5　(6)～(15) 各２点×10

二〇二二年度　藤嶺学園藤沢中学校　二科・四科第一回

国語解答用紙

番号		氏名		評点	/100

一

①		②	ぐ	③		④	
⑤	む	⑥		⑦		⑧	

二

1	①		②		③		④	
2	①		②		③		④	

三

問一

問二

問三　A　B　C　D

問四

問五　問六

問七

四

問一

問二

問三

問四

問五

問六

（注）この解答用紙は実物を縮小してあります。B５→A３（163％）に拡大コピーすると、ほぼ実物大の解答欄になります。

〔国　語〕100点(推定配点)

一, 二　各２点×16　三　問１, 問２　各４点×２　問３　各３点×４　問４～問６　各４点×３　問７　５点　四　問１～問４　各４点×４　問５　５点　問６　10点

Memo

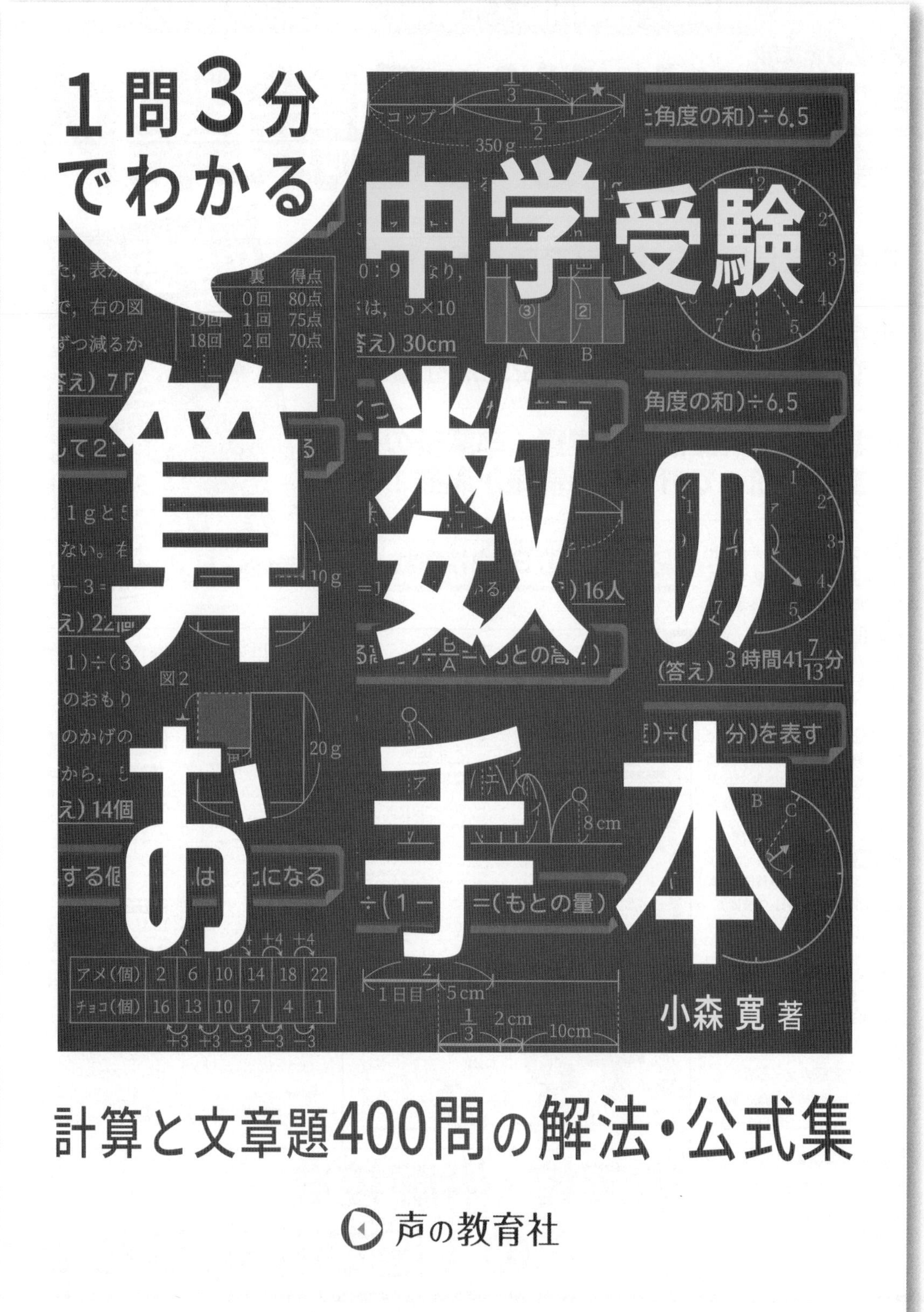
1問3分
でわかる
中学受験
算数の
お手本
小森 寛 著
計算と文章題400問の解法・公式集
声の教育社

〒162-0814　東京都新宿区新小川町8-15
TEL.03-5261-5061　FAX.03-5261-5062
https://www.koenokyoikusha.co.jp